Environmental Design
for Hospice,
Palliative Care Unit

ホスピス・緩和ケアのための
環境デザイン

松本啓俊・竹宮健司 著

鹿島出版会

執筆担当
第1章：竹宮健司
第2章：竹宮健司
第3章：松本啓俊
第4章：竹宮健司

まえがき

　わが国のホスピス・緩和ケアは、英国のセントクリストファーホスピスで学んだ先達によりその理念が紹介され、先駆的な取り組みが始められた。1990年に診療報酬に緩和ケア病棟入院料が新設され、医療経営的な裏付けが整うと、全国に緩和ケア病棟の開設が相次ぎ、この20年間に緩和ケア病棟の量的な整備は一定の成果をみた。

　ホスピスケアが日本に紹介された当初、「ホスピスは建物を指すのではなくケアの理念である」ことが強調され、建物とケアが対立するかのように紹介される時期があった。緩和ケア病棟の中には豪華な設備や装飾を持つ施設がつくられるようになると、緩和ケアにとって建物や屋外の環境はますます副次的な要素と捉えられる傾向が強くなった。

　しかし、ホスピスケアを実践するための環境とは、副次的な要素なのだろうか。ホスピスケアは患者とその家族を対象として全人的なケアを提供することを目標としている。たとえ残された時間がわずかなものであっても、苦痛の症状をとり、その人らしい生活を送ることを支援しようとする考え方である。そのためには、「さまざまな身体症状や精神状態にある患者と家族をどのような環境で支えていくのか」は重要な問題となる。ケアと環境は対立の構図ではなく、両者は補完し合う車の両輪として捉えていくべきと考える。

　本書では、ケアを提供する側と受ける側の両者の視点から、ホスピス・緩和ケアのために真に求められる環境を見つめ直すべく、これまでさまざまな方法で行ってきた施設環境の利用実態を捉える研究事例や海外のホスピスの環境構成手法を紹介している。

　本書がこれからのホスピス・緩和ケアの環境構成を思索する一助になれば幸いである。

目　次

まえがき

第1章　ホスピス・緩和ケアの発展経緯 ─── 1

1.1 現代ホスピスの誕生 ─── 2
1.2 がんと緩和ケア ─── 3
- 1.2.1 疾患としてのがんの特徴 ─── 3
- 1.2.2 がん医療と Quality of life ─── 4
- 1.2.3 WHO（世界保健機関）の緩和ケアの定義 ─── 6

1.3 日本の緩和ケア関連施策の動向 ─── 8
- 1.3.1 死亡原因としてのがん ─── 8
- 1.3.2 緩和ケア病棟入院料 ─── 11
- 1.3.3 緩和ケア診療加算 ─── 14
- 1.3.4 がん対策基本法 ─── 17

第2章　日本のホスピス・緩和ケア病棟 ─── 21

2.1 緩和ケア病棟の施設利用特性 ─── 22
- 2.1.1 緩和ケア病棟の必要病床数の推計 ─── 22
- 2.1.2 緩和ケア病棟の利用実態分析 ─── 29
- 2.1.3 緩和ケア病棟の利用患者の受療行動分析 ─── 41
- 2.1.4 緩和ケア病棟の看護行為分析 ─── 45
- 2.1.5 緩和ケア病棟の生活 ─── 65
- 2.1.6 緩和ケア病棟の設備と運営体制（1990〜2000） ─── 94

2.2 緩和ケア病棟の療養環境計画 ─── 103
- 2.2.1 PCUデザインの鍵—施設管理者の評価 ─── 103
- 2.2.2 患者や家族の視点でみた施設環境 ─── 105
- 2.2.3 〈計画案〉提案事例 ─── 107

2.3 緩和ケア病棟事例 ─── 110
- 事例1　宮城県立がんセンター緩和ケア病棟　2002年 ─── 110
- 事例2　近藤内科病院緩和ケア病棟　2002年 ─── 112
- 事例3　東京都立豊島病院緩和ケア病棟　1999年 ─── 113
- 事例4　福井県済生会病院緩和ケア病棟　1998年 ─── 115

第3章　世界のホスピス・緩和ケア病棟 ―――――119

3.1　海外のホスピス・緩和ケアサービスの現状 ――――――121
- 3.1.1　イギリスのホスピス・緩和ケア ――――121
- 3.1.2　ドイツのホスピス・緩和ケア ――――124
- 3.1.3　アメリカのホスピス・緩和ケア ――――125
- 3.1.4　カナダの緩和ケア ――――126
- 3.1.5　フランスのホスピス・緩和ケア ――――127
- 3.1.6　イタリアのホスピスケア ――――129

3.2　海外のホスピス・緩和ケア施設事例 ――――――132
- 事例1　セントクリストファーホスピス ――――132
- 事例2　プリンセスアリスホスピス ――――133
- 事例3　セントフランシスホスピス ――――136
- 事例4　マリーキュリーセンター ――――139
- 事例5　ストラスキャロンホスピス ――――140
- 事例6　セントコロンバスホスピス ――――142
- 事例7　セントフランシスホスピス ――――143
- 事例8　レクリングハウゼンホスピス ――――146
- 事例9　ドクターミルドレッドシェールハウスと緩和療法ホスピス ――――149
- 事例10　セントエリザベツホスピス ――――152
- 事例11　シュトットガルトホスピス ――――154
- 事例12　リヴヌーヴ基金ホスピス ――――156
- 事例13　リバーサイドホスピス-コバッカーハウス ――――158
- 事例14　ホスピスオブウェスタンリザーブ ――――161
- 事例15　クリーブランドクリニック緩和ケアユニット ――――164
- 事例16　ロイヤルビクトリア病院緩和ケアユニット ――――165
- 事例17　オタワ地域緩和ケアセンター ――――166
- 事例18　ケーシーハウスホスピス ――――167
- 事例19　セイクレッドハートホスピス ――――168
- 事例20　メアリポッターホスピス ――――169
- 事例21　テオマンガホスピス ――――172
- 事例22　カリナコティホスピス ――――174
- 事例23　セントヨーラ病院緩和ケアユニット ――――177
- 事例24　デイホスピス・テセイケアユニット ――――178

3.3　海外のホスピス・緩和ケア施設の環境デザイン ――――――179
- 3.3.1　周辺環境の形成 ――――180
- 3.3.2　建物の外観のデザイン ――――182
- 3.3.3　建物の内部環境・空間のデザイン ――――183

第4章　子どものためのホスピス────191

4.1　イギリスの小児ホスピス──────192
- 4.1.1　調査の概要──────192
- 4.1.2　小児ホスピスの目的──────193
- 4.1.3　小児ホスピス発展の経緯──────194

4.2　小児ホスピスの現状──────196
- 4.2.1　施設基準──────196
- 4.2.2　対象疾患──────197
- 4.2.3　死亡率・有病率──────198
- 4.2.4　小児ホスピスの運営体制──────200

4.3　小児ホスピスの建築的特徴──────201
- 4.3.1　平面類型──────201
- 4.3.2　平面構成──────202
- 4.3.3　面積構成──────204
- 4.3.4　諸室構成・設備──────205

4.4　子どもと家族のニーズに即した支援体制──────213
- 4.4.1　役割と現状──────213
- 4.4.2　運営体制──────214
- 4.4.3　建築的特徴──────214
- 4.4.4　イギリスの小児ホスピスから学ぶこと──────214

4.5　施設事例──────215
- 事例1　リトルヘブンチルドレンズホスピス──────215
- 事例2　ナオミハウスチルドレンズホスピス──────217
- 事例3　チェイスチルドレンズホスピス──────218
- 事例4　ヘレンハウスチルドレンズホスピス──────220

あとがき

第1章
ホスピス・緩和ケアの発展経緯

本章では、ホスピス・緩和ケアが求められてきた背景と発展の経緯について概観する。

1.1　現代ホスピスの誕生

ここでは、現代のホスピスに至る来歴を大まかに整理しておこう。ホーキット（S.Hawkett）[*1]によれば、ホスピスケアの起源をたどると、4世紀までさかのぼる。聖地への巡礼に向かう巡礼者が休息をとる場所をホスピスと呼んでいた。そもそもホスピスという言葉は、客を意味し、家に迎え入れた客の世話をするところから始まったとされている。

その後、中世になると、ホスピスは病気になった巡礼者の世話をする場所に変わっていった。巡礼者の中には、年をとった者もいて、病気になってそのまま亡くなる者もいた。次第にホスピスという場所は、死にゆく人々を看取る場所としての役割を目的にするようになっていった。この時代には、ホスピスは宗教団体によって運営され、シスターたちがホスピスケアを提供したことで有名になった。このシスターたちが開発した亡くなる人々へのケアの方法が、徐々にヨーロッパに広まり、18世紀にはイギリスに伝わり、フローレンス・ナイチンゲールにも影響を与えたといわれている。

19世紀の終わりになると、イギリスでもホスピス専用の施設がつくられるようになった。当初は大規模な施設がつくられ、その中でも特に大きくて有名なホスピスがセントジョセフホスピス（St.Joseph Hospice）であった。イギリスでは、戦後、医療技術の進歩によって感染症は激減したが、1950年代に入ると、がん（悪性新生物）は死亡原因の上位を占めるようになった。当初、化学療法や放射線療法などによる治療が続けられたが、その限界も明らかになり、病院での死が大半を占めるようになった結果、死は日常生活から切り離され、がんの末期患者に対する問題が顕在化し始めた。

こうした問題に真っ向から取り組み始めた医師シシリー・ソンダース（Cicely Saunders）は、このセントジョセフホスピスでホスピスケアの基礎を学び、疼痛緩和の研究を行った。また、同時にホスピスを設立する基金をつくり、

[*1] 季羽倭文子監修、ホスピスケア研究会編『ホスピスケアのデザイン』三輪書店、1988年、第1章「ホスピスムーブメント」

1967年にセントクリストファーホスピス（St.Chiristophe's Hospice）を設立した（写真1.1）。ソンダースは、ここでがんの痛みをもった患者とその家族のためのホスピスケアプログラムを確立したのである。

写真1.1　セントクリストファーホスピス

ホスピスという場所は、巡礼のお世話をする場所から、もっと大きな意味をもつ現代のホスピスへと発展してきた。ホーキットは「現在のホスピスとは建物だけでなく、知識・技術・態度、それらが包括されている言葉です。疾患の経過、患者自身が体験している疾患プロセスの理解も大切ですし、高い水準の看護が必要です。また、ケアをする態度、患者や家族をサポートする、患者や家族の気持ちを受け入れる、そういうことすべてを含むことができる知識と技術と態度という三つの要素は、建物の中だけでなく、どこでも展開できるのです」と説明している。

また、ホスピスケアには症状コントロール、リハビリテーション、ケアの継続、ターミナルケアの四つの要素があるとしている。この「ターミナルケア」の基本理念として、「各人の個別性と家族のつながりを尊重した全人的アプローチにより、適切に死に当面できるように人々を援助すること」[*2]としている。すなわち、痛みなどの苦しい症状が抑えられた状態で死に向かうことを意味し、死に直面した患者の個別性を尊重し、その家族のサポートも提供することを目指しているのである。

1970年代には、イギリス全土にこうしたホスピスがつくられ、この流れはホスピスムーブメントとなって世界各国に広がっていった。イギリスでは、セントクリストファーホスピスのように、病院から独立している「独立型ホスピス」のほかに、「在宅ケアチーム」「緩和ケア病棟」または「継続ケア病棟」「症状コントロールチーム」という大きく分けて四つの流れに発展している。

1.2　がんと緩和ケア

1.2.1　疾患としてのがんの特徴

がんは、その治療が困難であること、原因が解明されてい

[*2] Philosophy of terminal care is to help people to die well using a holistic approach valuing individuality and the family unit

ないこと、および末期の苦痛の問題などから人類の大きな脅威として、20世紀後半から重大な社会問題として捉えられている。その特徴をまとめると以下のようになる。
①疾患による苦痛と治療に伴う二次的問題が大きい

悪性腫瘍は腫瘍の中でも浸潤性に増殖し、さらに身体の各部位への転移により機能不全が起こる疾患である。手術によって腫瘍を摘出したとしても、その後の再発の可能性が高い。また、がん性疼痛をはじめとして身体的苦痛の多い疾患で、苦痛症状の発生頻度は高い。根治性を高めるために強力な治療が行われるので、身体への侵襲の頻度が高く、副作用も強い。身体像の変容（人工肛門、人工膀胱、気管切開、咽頭摘出による失声、乳房切除、四肢の切断、顔貌の変形など）による精神的,社会的喪失感を伴う治療が行われることが多い。
②ライフスタイルの変容と再適応を迫られる

成人期から老齢期の患者が多くを占める。そのため、職業人、家庭人としての重要な役割を担っている人々が多く罹患する。手術による臓器の切除等やがんの浸潤、圧迫による機能不全によりライフスタイルの変容を迫られる。社会的な立場（職場、家庭）からの撤退を余儀なくされる。長期にわたる療養のための経済的な負担も大きい。
③精神的サポートのニーズが高い

「がん＝死」のイメージが強いため、情緒的サポートのニーズが高い。個人の死生観、その人らしく生きることに深く関わる問題となる。

1.2.2　がん医療とQuality of life
(1)　Quality of lifeの今日的概念

石谷[*3]によれば、Quality of life（以下QOL）が注目を浴び始めたのは、1960年のアメリカで「市民社会の幸福に関する大統領委員会」でexamine the quality of individuals' livesの指摘がなされた頃からである。時代的には、全地球的問題が浮き彫りになり始め、資源の浪費の社会構造から「生存それ自体が至上のもではなく、大切なことは生きるに値する生活である」という考え方をメインにしたパラダイム・シフト（知的枠組みの転換）が見え始めた時期である。このよ

[*3] 石谷邦彦「QOLの概念―癌とQuality of Life」『ライフ・サイエンス』pp.4-16、1991年

うなパラダイム・シフトは、社会科学から自然科学に至るあらゆる分野で完成されつつある。これらの時代の潮流はすべて相補的、前進的であり、これらは一時代の文化全体の基底にある認識の系あるいは根本的な「知」に依拠するものであろうとしている。

　石谷は、現在、QOLの概念についてコンセンサスが得られている構成要素をまとめると、以下の四つが挙げられると述べている。

　①日常生活の作業能力、②心理状態、③人間関係を維持する能力、④身体的快・不快の程度。また、ホスピスにおけるQOLの解釈においては「生命の質」に相当する「現にいかに生きているか」への関心が高いことを指摘し、上記四つの要素に加えて、

　⑤spiritual distress（魂の問題）、⑥bereavement problems（死別に関する問題）、⑦global assessment of quality of life in the dying（死にゆく患者の生活の質に関する総体的な評価）を挙げている。

(2) がん治療とQuality of life

　近年のがん治療の進歩により、種々のがん疾患の生存期間が著しく延長した。このことにより、「がんは慢性疾患である」という新たな発想が取り入れられ定着しつつある。慢性疾患の治療を考える場合、当然、各々のプロセスに応じた対応が必要になってくる。アロンソン（N.Aaronson）[*4]はQOLの評価の第1の目的を種々の病期における身体的、社会心理的問題を把握することとしている。

　このような捉え方はさらに拡大して具体的な方向へと進み、がん医療のうえでQOLを尊重し向上させる現実の医学的、社会心理学的、行動学的行為についてPalliative careという新しい領域が臨床の場に登場した。石谷によれば、Palliation（緩和）の意味は「症状の緩和」のみでなく、がんという疾患がもつ「ホリスティックな問題の緩和」という広い意味をもっている。具体的には、①生命の延長、②症状の改善、③QOLの尊重、という三つの目的からなっている、と説明している。

*4　Aaronson, N.K., et al.: A modular approach to quality of life assessment in cancer clinical trials. Recent Results cancer Res., 111, pp.231-249, 1988

1.2.3 WHO（世界保健機関）の緩和ケアの定義

このようながん医療の流れを受けて、WHOは、1990年に"Cancer pain relief and palliative care"という小冊子[*5]を発行し、がん医療の分野における緩和ケアの必要性と普及を図った。そこでは、緩和ケアについて以下のように定義した。

(1) 緩和ケアの定義（1990年）

「緩和ケアとは、治癒を目指した治療が有効でなくなった患者に対する積極的な全人的ケアである。痛みやその他の症状のコントロール、精神的、社会的、そして霊的問題の解決が最も重要な課題となる。緩和ケア目標は、患者とその家族にとってできる限り可能な最高のQOLを実現することである。末期だけでなく、もっと早い病期の患者に対しても治療と同時に適用すべき点がある」

「Palliative care is the active total care of patients whose disease is not responsive to curative treatment. Control of pain, of other symptoms, and of psychological, social and spiritual problems is paramount. The goal of palliative care is achievement of the best possible quality of life for patients and their families. Many aspects of palliative care are also applicable earlier in the course of the illness, in conjunction with anticancer treatment.（WHO 1990）」

その後、緩和ケアの世界的な普及に伴い、治療の初期段階からの緩和ケアの必要性が求められるようになった。WHOではこうした流れを受け、2002年に緩和ケアの定義を改訂した。これまでの「病気が治らない」「末期状態にある」ことが定義から外され、「病気によって起きている問題や起きてくる問題に対応する医療」であることに主眼が置かれるものとなった。

(2) 緩和ケアの定義（2002年）

「緩和ケアとは、生命を脅かす疾患による問題に直面している患者とその家族に対して、疾患の早期より痛み、身体的問題、心理社会的問題、スピリチュアルな問題に関して、きちんとした評価を行い、それが障害とならないように予防したり、対処することで、クオリティ・オブ・ライフを改善するためのアプローチである。緩和ケアは、

[*5] 日本語での出版は、世界保健機関編、武田文和訳『がんの痛みからの解放とパリアティブ・ケア』金原出版、1993年

- 痛みやその他の苦痛な症状から解放する
- 生命を尊重し、死を自然の過程と認める
- 死を早めたり、引き延ばしたりしない
- 患者のためにケアの心理的、霊的側面を統合する
- 死を迎えるまで、患者が人生を積極的に生きてゆけるように支える
- 家族が、患者の病気や死別後の生活に適応できるように支える
- 患者と家族——死別後のカウンセリングを含む——のニーズを満たすために、チームアプローチを適用する
- QOLを高めて、病気の過程によい影響を与える
- 病気の早い段階にも適用する
- 延命を目指すその他の治療——化学療法、放射線療法——とも結びつく
- それによる苦痛な合併症をよりよく理解し、管理する必要性を含んでいる」

「Palliative care is an approach that improves the quality of life of patients and their families facing the problem associated with life-threatening illness, through the prevention and relief of suffering by means of early identification and impeccable assessment and treatment of pain and other problems, physical, psychosocial and spiritual.

Palliative care
- provides relief from pain and other distressing symptoms;
- affirms life and regards dying as a normal process;
- intends neither to hasten or postpone death;
- integrates the psychological and spiritual aspects of patient care;
- offers a support system to help patients live as actively as possible until death;
- offers a support system to help the family cope during the patients illness and in their own bereavement;
- uses a team approach to address the needs of patients and their families, including bereavement counselling, if indicated;

- will enhance quality of life, and may also positively influence the course of illness;
- is applicable early in the course of illness, in conjunction with other therapies that are intended to prolong life, such as chemotherapy or radiation therapy, and includes those investigations needed to better understand and manage distressing clinical complications.〔WHO 2002〕」

1.3 日本の緩和ケア関連施策の動向

1.3.1 死亡原因としてのがん

(1) 日本人の死因とがん

　死亡順位の推移をみると、1981年にがんによる死亡者数が16万人を超え、それまでの脳血管疾患を抜き死因のトップになった(図1.1)。人口10万人対の死亡率の推移をみると、2位以下の値はほぼ横這いに推移する一方、がんによる死亡は年々増え続け、1995年には200を超え、2004年には250をも上回る値を示している。

　がんによる死亡者数の推移をみると、1975年には13万6000人であった値が、1985年には16万1000人、1990年代に入ると20万人を超え、さらに2003年以降は30万人を超える値を示している。全死因に占めるがん死亡の割合も、1970年代の約20%から2003年の約30%に急増している。現在は、3人中1人ががんで死亡する時代に入っている。

(2) がんによる死亡の場所

　全死因を対象として、死亡場所の年次別死亡数百分率（図

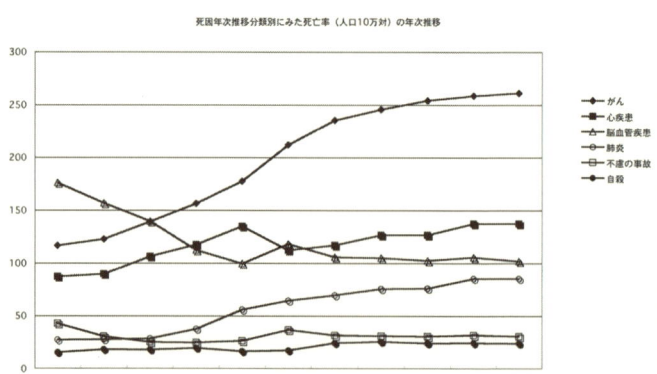

図1.1　死因年次推移分類別にみた死亡率（人口10万人対）の年次推移

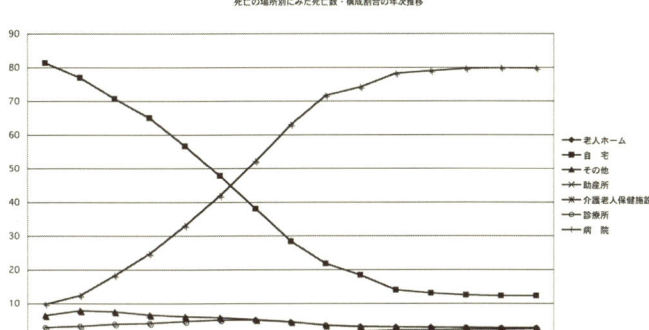

図1.2　死亡場所の年次別死亡数

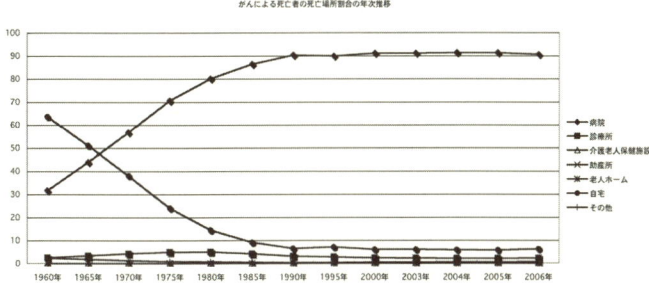

図1.3　がんによる死亡者の死亡場所別割合の年次推移

1.2）をみてみよう。1950年では88.9％が自宅で死亡していたが、医療の進歩や家族の核家族化の進む中で次第に施設内死亡が増加し、1980年には57％となり施設内死亡が施設外の死亡を上回った。その後、施設内死亡は増加を続け、1990年には75.1％に達している。2000年以降は78％を超え、約8割が病院で死亡している。

次に、がんによる死亡者の死亡場所別割合の年次推移をみると（図1.3）、1970年に病院と自宅の順位が入れ替わり、その後、病院での死亡の割合が急増している。1990年以降は、約9割が病院で死亡している。自宅での死亡は6％程度にすぎない。

（3）地方都市の中核病院における末期がん患者数

1990年、がんによる死亡は21万人（26.5％）となり、4人に1人ががんで亡くなる時代に入った。この年に、地方都市の中核病院における末期がん患者数の実態を調査した[*6]。

[*6] 松本啓俊、小高真一、竹宮健司「一般病院におけるターミナルケア病棟の成立性に関する研究」『病院管理』Vol.30, No.3, pp.49-57、1993年

高機能を有する七つの一般病院（計62病棟）において、がん患者数、末期がん患者数、患者の病棟内配置について把握した。その結果、7病院合計の病床数に対するがん患者数の割合は28.9％、病院ごとのがん患者数の割合は、最大49.7％、最小15.5％であった。さらに、末期がん患者についてみると、7病院合計のがん患者に占める末期がん患者の割合は14.3％、各病院ごとの末期がん患者の割合は最大21.1％、最小8.4％であった。

調査対象病院の事例を図1.4に示す。F病院の混合病棟60床、外科病棟59床におけるがん患者数は混合病棟67.3％、外科病棟56.1％で、合計すると61％ががん患者で占められていた。そのうち、末期がんの患者は13％いて、それらの多くは個室に配置されていたが、4床室に配置される患者も少なくない。

病棟の個室は末期のがん患者が占め、個室に入れない末期のがん患者は大部屋で死亡していた。末期のがん患者が使う専用の個室「臨死室」（その部屋で亡くなるためこのように呼ぶ）を決めている病棟が全56病棟中21病棟あった。

1.3.1（1）でみたように、1980年代に入りがん患者数は急激に増加し、当然の結果として、地方中核病院におけるがん患者数も増加した。

一般病棟では、がん以外の急性期の患者への対応に追われ、末期のがん患者に対して痛みの治療や個別の精神的なニーズに対応することが難しい状況が生じていた。特に、がん末期に生じる疼痛をはじめとする諸症状の緩和については、専門

1990年　地域中核病院

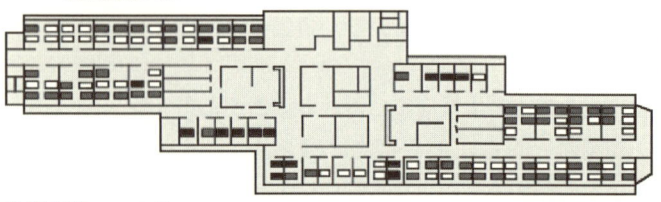

図1.4　地域中核病院における病棟を占めるがん患者の割合（1990年）
■がん患者　　　＝61％
■末期がん患者＝13％

的な対応ができるスタッフがいないため、医療システム全体として取り組む体制が求められていた。

1.3.2 緩和ケア病棟入院料

1981年に、静岡県の聖隷三方原病院にわが国で第1号の院内型のホスピスが誕生し、続いて1984年に淀川キリスト教病院において院内型ホスピスが誕生した。それ以降、医療従事者のみならず、一般の人々もホスピスケアに高い関心を示すようになった。

こうした状況の中で、当時の厚生省は1987年7月に「末期医療に関するケアの在り方検討会」を設置し、1989年6月に報告書を発表した。そして、1990年4月の診療報酬改定で「緩和ケア病棟入院料」を新設し、国としてホスピスケアの充実を図ろうとする姿勢を示した。それと同時に、「がん末期医療に関するケアのマニュアル」を作成し、末期医療の普及を図った。

同入院料は、末期がん患者に対する入院、処置、薬剤等の費用すべてを包括した点数として、当時、患者1人1日あたり定額2500点（2万5000円）と設定した。この金額は、その後92年4月に3万円に、94年4月には3万3000円に改訂、さらに、94年10月からは基準給食費用1900円が別扱いとなり、3万1100円になった。その後も徐々に増額され、1997年3万6000円、1998年3万8000円となり、2008年時点では、3万7800円（食事自己負担は別）となっている。

適切な末期医療の提供を確保する観点から、当初はこの点数を算定するためには病棟に関して厚生大臣の認可を要することになっていたが、規制緩和の流れの中で1994年10月から都道府県知事への届け出認可制に改訂になった。

(1) 緩和ケア病棟入院料の施設基準

緩和ケア病棟入院料を診療報酬として得るためには、緩和ケア病棟として認可を受けなければならない。その施設基準は以下のように定められている。

平成20年厚生労働省告示第62号：基本診療料の施設基準等
(1) 主として悪性腫瘍の患者又は後天性免疫不全症候群に罹患している患者を入院させ、緩和ケアを一般病棟の病棟単位で行うものであること。
(2) 当該病棟において、一日に看護を行う看護師の数は、常時、当該病棟の入院患者の数が七又はその端数を増すごとに一以上であること。ただし、当該病棟において、一日に看護を行う看護師が前段に規定する数に相当する数以上である場合には、当該病棟における夜勤を行う看護師の数は、前段の規定にかかわらず、二以上であることとする。
(3) 当該療養を行うにつき十分な体制が整備されていること。
(4) 当該療養を行うにつき十分な構造設備を有していること。
(5) 当該病棟における患者の入退棟を判定する体制がとられていること。
(6) 健康保険法第六十三条第二項第四号及び高齢者医療確保法第六十四条第二項第四号に規定する選定療養としての特別の療養環境の提供に係る病室が適切な割合であること。
(7) 財団法人日本医療機能評価機構等が行う医療機能評価を受けていること。
(8) 連携する保険医療機関の医師・看護師等に対して研修を実施していること。

「緩和ケア病棟入院料の施設基準」より抜粋

保医発第0305002号：基本診療料の施設基準等及びその届出に関する手続きの取扱いについて
(1) 主として悪性腫瘍患者又は後天性免疫不全症候群に罹患している患者を入院させ、緩和ケアを行う病棟を単位として行うこと。
(2) 夜間において、看護師が複数配置されていること。
(3) 当該病院の医師の員数は、医療法に定める標準を満たしていること。
(4) 当該病棟内に緩和ケアを担当する常勤の医師が1名以上配置されていること。なお、複数の病棟において当

該入院料の届出を行う場合には、病棟ごとに1名以上の常勤医師が配置されていること。
(5) 当該病棟に係る病棟床面積は、患者1人につき内法による測定で、30平方メートル以上であり、病室床面積は、患者1人につき内法による測定で、8平方メートル以上であること。
(6) 当該病棟内に、患者家族の控え室、患者専用の台所、面談室、一定の広さを有する談話室を備えていること。
(7) 当該病棟は全室個室であって差し支えないが、特別の療養環境の提供に係る病床の数が5割以下であること。
(8) 入退棟に関する基準が作成され、医師、看護師等により当該病棟の患者の入退棟の判定が行われていること。
(9) 緩和ケアの内容に関する患者向けの案内が作成され、患者・家族に対する説明が行われていること。

「緩和ケア病棟入院料に関する施設基準等」より抜粋

(2) 緩和ケア病棟数の推移

緩和ケア病棟の認可を受けた施設がどのように増加してきたかを図1.5に示す。グラフはその年に認可を受けた緩和ケア病棟を施設形態別に示している。「独立型」は、一般病棟をもたず緩和ケア病棟だけをもつ施設である。「院内独立型」は、病院内の敷地内に分棟型として建てられた施設である。「院内病棟型」は、病院内の積層した病棟のひとつを緩和ケア病棟とするもので、日本ではこの形態が最も多い。2006年末時点で、「独立型」5施設、「院内独立型」40施設、「院

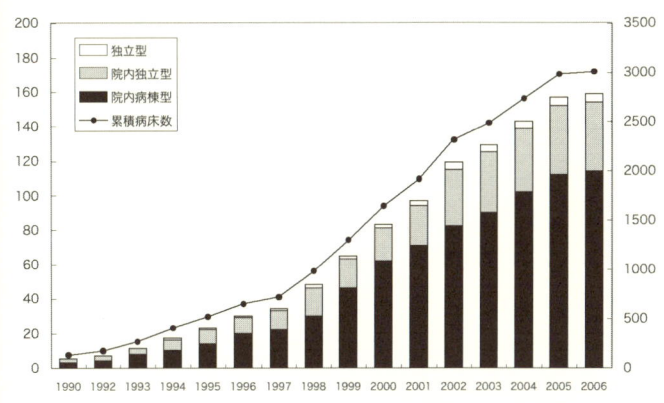

図1.5 許可を受けた施設数、病床数の推移

内病棟型」114施設である。施設数の合計は159施設、病床数の合計は3006床となっている。

1.3.3 緩和ケア診療加算
(1) 緩和ケアチーム

日本の緩和ケアは緩和ケア病棟を中心に発展してきたが、WHOの緩和ケアの定義の改訂にみられるようにケアの対象が広がり、終末期のみならず治療初期段階からの緩和ケアの提供が求められるようになった。

2002年の診療報酬改定時に、一般病棟に入院中の患者に対して、緩和ケアチームによる症状の緩和を提供した場合に請求できる、緩和ケア診療加算が新設された。この加算は、一般病床に入院する悪性腫瘍または後天性免疫不全症候群の患者のうち、疼痛、倦怠感、呼吸困難などの身体症状や、不安や抑鬱などの精神症状をもつ者に対して、患者の同意に基づき症状緩和を目的とした専従のチームによる診療が行われた場合に、1日あたり250点を算定するというものである。

(2) 緩和ケア診療加算施設基準

緩和ケア診療加算に関する施設基準の中には、身体症状の緩和を担当する常勤医師、精神症状の緩和を担当する常勤医師、緩和ケアの経験を有する常勤看護師の3名から構成される専従チームが設置されていること、医療機能評価機構等が行う医療機能評価を受けていることなどが含まれている。

2008年現在、緩和ケア診療加算は300点/日である。

緩和ケア診療加算に関する施設基準　平成20年厚生労働省告示第62号：基本診療料の施設基準等
(1) 緩和ケア診療を行うにつき十分な体制が整備されていること。
(2) 財団法人日本医療機能評価機構等が行う医療機能評価を受けていること。

「緩和ケア診療加算の施設基準」より抜粋

保医発第0305002号：基本診療料の施設基準等及びその届出に関する手続きの取扱いについて

(1) 当該保険医療機関内に、以下の4名から構成される緩和ケアに係る専従のチーム（以下「緩和ケアチーム」という）が設置されていること。
　ア　身体症状の緩和を担当する常勤医師
　イ　精神症状の緩和を担当する常勤医師
　ウ　緩和ケアの経験を有する常勤看護師
　エ　緩和ケアの経験を有する薬剤師
(2) (1)にかかわらず、(1)のア又はイのうちいずれかの医師及びエの薬剤師については、緩和ケアチームに係る業務に関し専任であって差し支えないものとする。また、悪性腫瘍患者に係る緩和ケアの特性にかんがみて、当該専任の医師以外の医師にあっても、入院中に緩和ケアチームによる診療を受けた患者のみを対象として、当該患者の退院後に継続的に外来で診療を行う場合については、緩和ケア診療加算を算定すべき診療に影響のない範囲においては専従とみなすことができる。なお、(1)に掲げる緩和ケアチームに係る業務に関し専従である医師であっても、専門的な緩和ケアに関する外来診療を行うことを目的に、連携している他の保険医療機関からの専門的な緩和ケアを要する紹介患者を外来で診察することについては、差し支えのないものとする。（ただし、所定労働時間の2分の1以下であること）
(3) (1)のアに掲げる医師は、悪性腫瘍患者又は後天性免疫不全症候群の患者を対象とした症状緩和治療を主たる業務とした3年以上の経験を有する者であること。
(4) (1)のイに掲げる医師は、3年以上がん専門病院又は一般病院での精神医療に従事した経験を有する者であること。
(5) (1)のウに掲げる看護師は、5年以上悪性腫瘍患者の看護に従事した経験を有し、緩和ケア病棟等における研修を修了している者であること。なお、ここでいう緩和ケア病棟等における研修とは、次の事項に該当する研修のことをいう。
　ア　国及び医療関係団体等が主催する研修であること。
　　（6カ月以上の研修期間で、修了証が交付されるもの）
　イ　緩和ケアのための専門的な知識・技術を有する看護

　　　　師の養成を目的とした研修であること。
　　ウ　講義及び演習により、次の内容を含むものであること。
(イ)ホスピスケア・疼痛緩和ケア総論及び制度等の概要
(ロ)悪性腫瘍又は後天性免疫不全症候群のプロセスとその治療
(ハ)悪性腫瘍又は後天性免疫不全症候群患者の心理過程
(ニ)緩和ケアのためのアセスメント並びに症状緩和のための支援方法
(ホ)セルフケアへの支援及び家族支援の方法
(ヘ)ホスピス及び疼痛緩和のための組織的取組とチームアプローチ
(ト)ホスピスケア・緩和ケアにおけるリーダーシップとストレスマネジメント
(チ)コンサルテーション方法
(リ)ケアの質を保つためのデータ収集・分析等について
　　エ　実習により、事例に基づくアセスメントとホスピスケア・緩和ケアの実践
(6) (1)のエに掲げる薬剤師は、麻薬の投薬が行われている悪性腫瘍患者に対する薬学的管理及び指導などの緩和ケアの経験を有する者であること。
(7) (1)のア及びイに掲げる医師については、緩和ケア病棟入院料の届出に係る担当医師と兼任ではないこと。ただし、緩和ケア病棟入院料の届出に係る担当医師が複数名である場合は、緩和ケアチームに係る業務に関し専任である医師については、緩和ケア病棟入院料の届出に係る担当医師と兼任であっても差し支えないものとする。
(8) 症状緩和に係るカンファレンスが週1回程度開催されており、緩和ケアチームの構成員及び必要に応じて、当該患者の診療を担う保険医、看護師、薬剤師などが参加していること。
(9) 当該医療機関において緩和ケアチームが組織上明確に位置づけられていること。
(10) 院内の見やすい場所に緩和ケアチームによる診療が受けられる旨の掲示をするなど、患者に対して必要な情報提供がなされていること。

「緩和ケア診療加算に関する施設基準」より抜粋

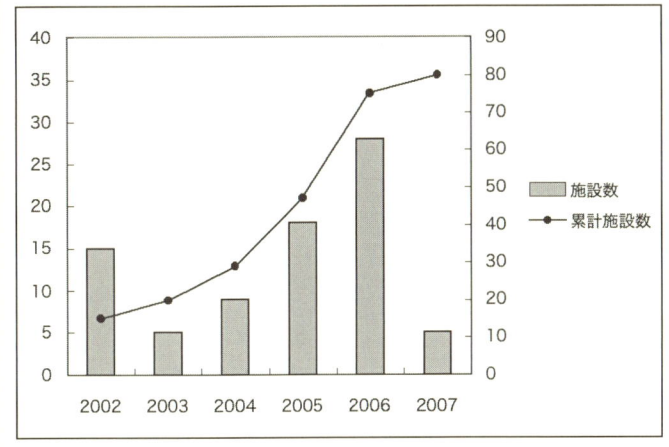

図1.6 緩和ケア診療加算届出施設数の推移

図1.6は、緩和ケア診療加算届出施設数の推移をみたものである。2006年2月、「がん診療連携拠点病院の整備に関する指針」が出され、がん診療連携拠点病院の緩和ケア提供体制に関して、緩和ケアチームを設置することとしている。そうした影響もあり、2006年に緩和ケアチームの届出施設数が増加している。

1.3.4 がん対策基本法

2007年に施行された「がん対策基本法」では、がん対策の基本理念として、①がんに関する研究の推進と成果の普及・活用、②がん医療の均てん化の促進、③がん患者の意向を十分尊重したがん医療提供体制の整備、が掲げられている。

都道府県では、それぞれの地域の医療資源を基に「都道府県がん対策推進計画」を策定し、がん診療連携拠点病院を中心とした医療施設の整備を進めている。2008年時点で全国の353施設が、がん診療連携拠点病院の指定を受けている。

さらに、同法に基づいて策定された「がん対策推進基本計画」では、重点的に取り組むべき課題として放射線療法・化学療法の推進とともに、治療初期段階からの緩和ケアの実施が掲げられている。がん患者の多くは、がんと診断されたときから身体的な苦痛や精神心理的な苦痛を抱えており、また、その家族も様々な苦痛を抱えていることから、治療初期段階から緩和ケアが実施されるようにすることが重要であり、す

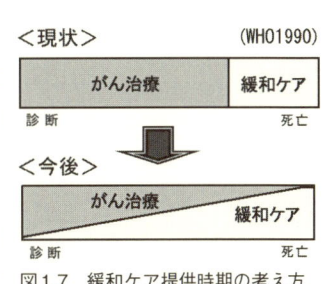

図1.7 緩和ケア提供時期の考え方

べてのがん診療連携拠点病院では緩和ケアが提供できる体制を整備することとなっている（図1.7）。

ホスピス・緩和ケアの発展の経緯を年表にまとめて表1.1に示す。ホスピス・緩和ケアに関連する世界の主な動きについても加えた。

表1.1　日本のホスピス・緩和ケアの発展の経緯

日本			世界	
1967			1967	St.Christopher's Hospice創設（UK）
1968			1968	
1969			1969	Kübler-Ross, Elisabeth「死ぬ瞬間」出版（USA）
1970			1970	
1971			1971	
1972			1972	
1973			1973	
1974	河野博臣「死の臨床　死にゆく人々への援助」出版		1974	コネチカットホスピス（USA）
1975			1975	ロイヤルビクトリア病院に緩和ケア病棟（Canada）
1976			1976	
1977	「実地医家のための会」の医師たちが英国のホスピス訪問 第1回死の臨床研究会（大阪）		1977	
1978			1978	
1979			1979	
1980			1980	第2回国際がん看護会議（UK），患者のQOLが中心テーマに
1981	聖隷三方原病院（浜松）に日本初のホスピス開設	がんが死因の第1位に	1981	
1982			1982	
1983	上智大学A・デーケン教授を中心に「生と死を考える会」発足		1983	
1984	淀川キリスト教病院（大阪）ホスピス開設	対がん10カ年総合戦略の策定	1984	
1985			1985	
1986			1986	WHO, 「WHO方式がん疼痛治療法」刊行
1987	第1回日本サイコオンコロジー学会開催（東京）		1987	
1988		日本人のがん死亡者数が20万人を超える	1988	
1989	厚生省「末期医療に関するケアの在り方の検討会」報告書発表		1989	
1990	厚生省「緩和ケア病棟入院料」新設（厚生大臣の認可） 厚生省・日本医師会「がん末期医療に関するマニュアル」		1990	WHO, Cancer pain Relief and Palliative care
1991			1991	
1992			1992	
1993			1993	Oxford Textbook of Palliative Medicine, 1st ed
1994	緩和ケア病棟の設置が都道府県知事への届出受理へ	がん克服新10カ年戦略の策定	1994	
1995			1995	
1996	日本緩和医療学会発足		1996	Palliative careが国際疾病分類コードに登録
1997	緩和ケア病棟承認施設でのケアプログラム基準発表 Dame Cicely Saunders来日		1997	
1998			1998	
1999			1999	
2000			2000	
2001			2001	Asia Pacific Hospice Palliative Care Network発足
2002	緩和ケアチームによる「緩和ケア診療加算」新設		2002	WHO, National Cancer Control Programmes, 2nd ed
2003		日本人のがん死亡者数が30万人を超える	2003	
2004		第3次対がん10カ年総合戦略の策定	2004	
2005	「がん緩和ケアに関するマニュアル」（改訂第2版）	がん対策推進アクションプラン2005の発表	2005	Dame Cicely Saunders　逝去
2006		がん対策基本法の成立	2006	
2007		がん対策基本法の施行	2007	
2008			2008	
2009			2009	

◆参考文献

季羽倭文子監修、ホスピスケア研究会編『ホスピスケアのデザイン』三輪書店、1988年
石谷邦彦「QOLの概念—癌とQuality of Life」『ライフ・サイエンス』pp.4-16、1991年
Aaronson, N.K.,et al.: A modular approach to quality of life assessment in cancer clinical trials. Recent Results cancer Res., 111, pp.231-249, 1988
世界保健機関編、武田文和訳『がんの痛みからの解放とパリアティブ・ケア』金原出版、1993年
松本啓俊、小高真一、竹宮健司「一般病院におけるターミナルケア病棟の成立性に関する研究」『病院管理』Vol.30, No.3、pp.49-57、1993年

第2章
日本のホスピス・緩和ケア病棟

本章では、これまでに著者らが行った調査研究を基に、ホスピス緩和ケア病棟の療養環境をどのような視点で計画していくべきか考えてみたい。

2.1 緩和ケア病棟の施設利用特性

本節では、著者が行ってきた緩和ケア病棟の利用特性に関する調査研究を当時の状況を含めて年代順に紹介していく。

2.1.1 緩和ケア病棟の必要病床数の推計

1990年代初頭に緩和ケア病棟入院料が新設され、当時の厚生省によって認可された緩和ケア病棟が各地につくられ始めた。今後、どのくらい施設を整備していく必要があるのか。この問いに答えるために先駆的な活動を行っている施設を対象にケーススタディを行い、病棟の稼働実態を把握し、今後の必要病床数を推計する試算を行った。

(1) 調査方法

厚生省認定の三つの緩和ケア病棟において病棟記録の転記調査を行った。調査対象病棟の概要を表2.1に示す。A病院（30床）に関しては病棟開設時（1990年1月）から調査日（1992年1月）まで、B病院（20床）に関しては病棟開設時（1987年10月）から病棟閉鎖時[*1]（1991年9月）まで、C病院（27床）に関しては1991年10月から1992年9月までの全入院患者に対して患者属性、入院期間などについて転記調査を行った。

(2) 調査結果

a. 患者属性

入院患者の傷病名別患者数は、各病院ともに消化器系のがんが多く、全体の半数を占め、ついで呼吸器系のがんが多い（表2.2）。年齢構成を階級別にみると、各病院とも60歳以上の患者が全体の60%以上を占めている。

施設別入院患者の性別をみると、A病院は男37.4%、女62.6%、B病院は男60.8%、女39.2%、C病院は男49.7%、女50.3%である。男女別構成比に施設ごとの特色がある。入院経路については、各病院ともに院内からの入院が他の病院からの入院を上回っている。

[*1] B病院は移転統合のため1991年9月に病棟を閉鎖した。

	A病院	B病院	C病院
ベッド数	30 個室22、4床室2	20 個室12、4床室2	27 個室23、4床室1
医師	2	3	2
看護師	16	14	13
ボランティア	あり	あり	あり
病棟延床面積	945	694	1145
構造	RC	RC	S
竣工年	1989	1987	1981
建築形態	院内独立型	院内病棟型	院内独立型

表2.1　調査対象病棟の概要

		A病院	B病院	C病院
主傷病名	消化器系	108	161	356
	呼吸器系	28	98	89
	口腔・咽頭	15	6	6
	泌尿生殖	19	9	48
	骨、乳房	23	11	88
	その他	21	3	79
	合計	213	288	666
平均入院期間		59.6日	47日	90日
年齢構成	40歳以下	2.0%	2.1%	6.1%
	40-60歳	28.9%	36.1%	28.3%
	60-70歳	23.6%	32.6%	52.3%
	70歳以上	44.5%	29.2%	13.3%
	平均年齢	66.4歳	63歳	—
入院経路	他院から	61	102	354
	院内から	165	186	367
備考		1990-1991 転記調査	1987-1991 転記調査	1981-1991 病院資料より

表2.2　入院患者属性の概要

	A病院	B病院
死亡退院	162 (76.1%)	227 (78.8%)
転院	41 (19.2%)	54 (18.8%)
希望退院	10 (4.7%)	4 (1.4%)
その他		3 (1.0%)
合計	213 (100%)	288 (100%)

表2.3　退院理由別患者数

　A病院とB病院の入院患者の退院理由をみると、各病院とも死亡退院が全体の75％を超えている（表2.3）。

b. 在院期間分析

　3施設の入院期間別の患者数をみると、各施設とも3カ月以内に退院する患者が65％を超えている。平均入院期間はB病院が最も短く47.0日、ついでA病院59.5日、C病院90.0日

となっていた(図2.1〜3)。C病院のみ統計の取り方が異なり、月単位の集計となっている。

図2.4は、B病院の在院患者数の日別変動をみたものである。1990年4月から9月までの6ヵ月間の日別在院患者数を表している。B病院は20床の病棟ではあるが、最小で3名、最大で12名の患者数である。小刻みに変動しており、死亡退院患者が集中することにより在院患者数の変動がかなり急

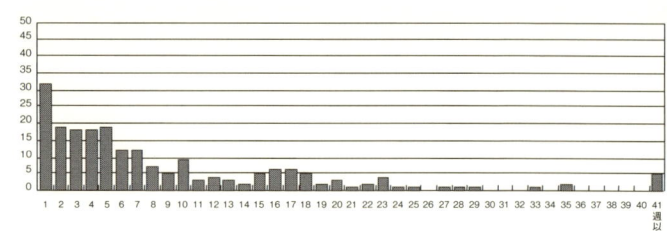

図2.1　在院期間分析-A病院

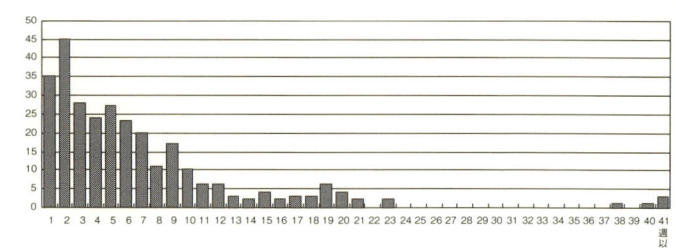

図2.2　在院期間分析-B病院

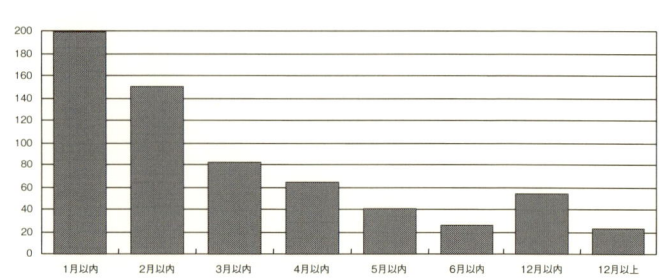

図2.3　在院期間分析-C病院

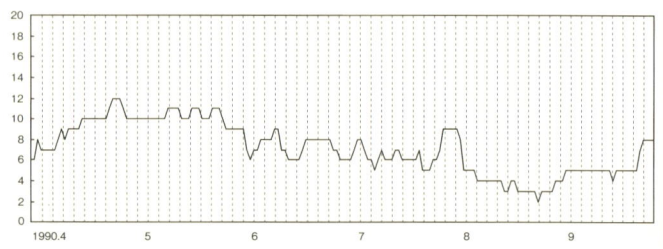

図2.4　B病院緩和ケア病棟の在院患者数の経日変化（1990.4-1990.9）

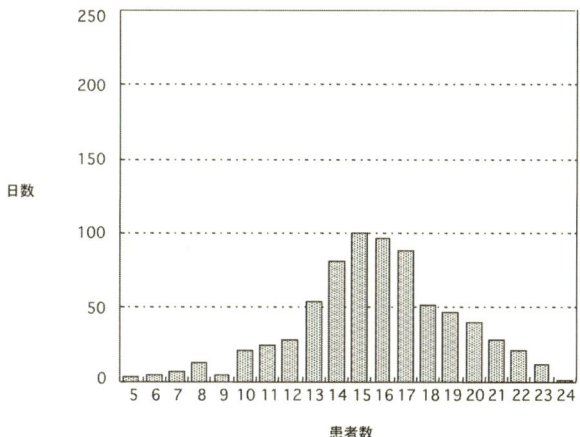

図2.5 A病院緩和ケア病棟の在院患者数頻度分布

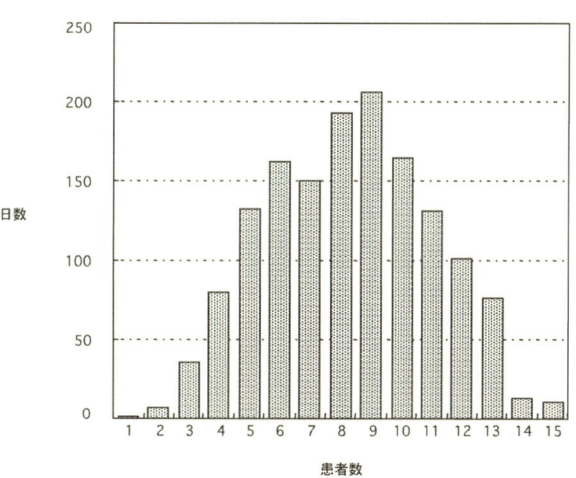

図2.6 B病院緩和ケア病棟の在院患者数頻度分布

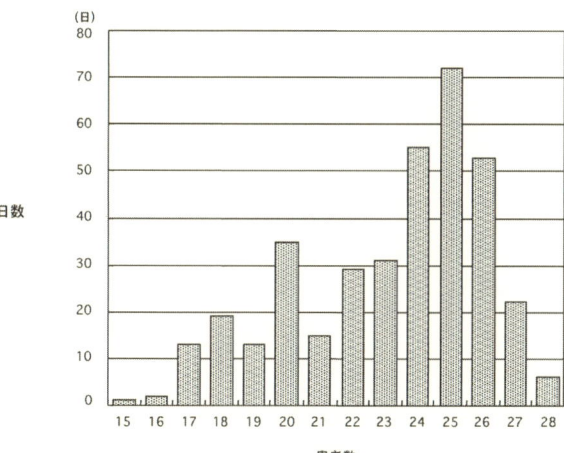

図2.7 C病院緩和ケア病棟の在院患者数頻度分布

表2.4　年度別死亡患者数

年度	A病院		B病院		C病院	
	入院患者数	退院患者数	入院患者数	退院患者数	入院患者数	退院患者数
1981					37	29
1982					51	37
1983					63	32
1984					73	64
1985					55	53
1986					63	49
1987			73	58	56	60
1988			71	59	68	62
1989			67	52	69	71
1990	107	75	77	58	88	78
1991	119	89			104	103

激に生じていることがわかる。

3病院の在院患者数の頻度分布を整理すると図2.5～7となる。A病院は平均15.7人/日、標準偏差3.45、B病院は平均8.31人/日、標準偏差2.73であった。A病院、B病院は、正規分布に近似的な分布を示しているが、C病院は異なる分布を示した。この理由のひとつとして、前者は病棟開設時からのデータを用いているが、後者は開設後数年を経たある1年間のデータであり、開設直後の利用上の偏りが影響を与えていると考えられる。

c. 死亡患者数

1990年度の1年間に、A病院（30床）では107名の入院患者のうち75名が死亡している。B病院（20床）では、77名の入院患者のうち58名が死亡している。また、C病院（27床）では、88名の入院患者のうち78名が死亡している（表2.4）。これらを合計すると、1年間に77床で211名が死亡していることになる。1床あたりに換算すると、1年間に2.74名が死亡していることになる。

1990年時点で活動を行っていた20施設の合計304床[*2]について、上記の1床あたりの死亡数を用いて総死亡数を計算

[*2] ここでは、死の臨床研究会編「日本におけるホスピスの現状と将来展望」に記載されている20施設について試算を行った。ただし、数床と記載されたものについては、5床として計算した。

した。この結果、1年間に833名が緩和ケア病棟で死亡したことになる。この値は、1990年の全国のがんによる死亡者数21万7462人に対して0.38％ということになる。

d. 必要病床数の推計

今後、緩和ケア病棟を選択する割合が高まっていく場合を想定し、病床数の推計を行った。キャリー（Carey）が著書"Hospice Inpatient Environment"の中で、地域単位のホスピスの病床数を求める推計式として式1.1の考え方を示している。ここでは、この式を用いて、1990年度の人口動態統計を基に、全国の都道府県別の病床数を推計することを試みる。

【ホスピス病床数推計式】

$$B = \frac{D \times H (h \times Ah + p \times Ap)}{r \times 365}$$

B：病床数
D：がんによる死亡者数
H：ホスピスを選択する割合
h：ホスピスを選択しながら在宅死する割合
Ah：在宅死亡者（ホスピス選択）の平均入院期間
p：ホスピス内死亡の割合
Ap：ホスピス死亡者の平均入院期間
r：病床利用率

この時点では、医療施設内に設けられる緩和ケア病棟でのケアが中心で、在宅で死を迎える態勢が整っていないため、ホスピスを選択しながら在宅死する割合$h = 0$、ホスピス内死亡の割合$p = 1$で計算した。

平均入院期間はC病院を除くと平均約50日であったので、平均入院期間を50日と25日に設定し、緩和ケア病棟を選択する割合を5％から20％まで5％ずつ段階的に増加させ試算した。また、病床利用率は85％とした。結果を表2.5に示す。

がんによる全死亡者の5％が緩和ケア病棟を選択し、平均入院期間を50日とすると、全国で1752床が必要になる。県別にみると、最低値は鳥取県で11床、最高値は東京都の160床である。各県にひとつ以上の緩和ケア病棟が成立するひとつの目安にはなる[*3]。

[*3] この試算を行ったのは1993年であるが、その後、施設数（病床数）が増加している。

表2.5 推計病床数

都道府県	人口 総数	死亡率 人口10万対	死亡者数	H=0.05 Ap=50	H=0.1 Ap=50	H=0.15 Ap=50	H=0.2 Ap=50	H=0.05 Ap=25	H=0.1 Ap=25	H=0.15 Ap=25	H=0.2 Ap=25
全国	122,721,397	177	217,462	1,752	3,505	5,257	7,009	876	1,752	2,628	3,505
北海道	5,635,049	185	10,436	84	168	252	336	42	84	126	168
青森	1,480,947	192	2,849	23	46	69	92	11	23	34	46
岩手	1,415,036	191	2,703	22	44	65	87	11	22	33	44
宮城	2,243,117	174	3,910	32	63	95	126	16	32	47	63
秋田	1,226,062	229	2,811	23	45	68	91	11	23	34	45
山形	1,256,930	221	2,777	22	45	67	89	11	22	34	45
福島	2,100,255	199	4,184	34	67	101	135	17	34	51	67
茨城	2,834,279	165	4,679	38	75	113	151	19	38	57	75
栃木	1,925,886	172	3,303	27	53	80	106	13	27	40	53
群馬	1,955,819	159	3,106	25	50	75	100	13	25	38	50
埼玉	6,374,361	134	8,516	69	137	206	274	34	69	103	137
千葉	5,527,777	141	7,789	63	126	188	251	31	63	94	126
東京	11,695,218	170	19,823	160	319	479	639	80	160	240	319
神奈川	7,918,632	143	11,332	91	183	274	365	46	91	137	183
新潟	2,470,352	209	5,158	42	83	125	166	21	42	62	83
富山	1,117,550	214	2,392	19	39	58	77	10	19	29	39
石川	1,160,786	188	2,181	18	35	53	70	9	18	26	35
福井	818,325	193	1,576	13	25	38	51	6	13	19	25
山梨	850,075	190	1,617	13	26	39	52	7	13	20	26
長野	2,148,242	187	4,011	32	65	97	129	16	32	48	65
岐阜	2,055,219	174	3,566	29	57	86	115	14	29	43	57
静岡	3,650,475	162	5,903	48	95	143	190	24	48	71	95
愛知	6,625,160	149	9,885	80	159	239	319	40	80	119	159
三重	1,782,332	176	3,137	25	51	76	101	13	25	38	51
滋賀	1,213,357	168	2,041	16	33	49	66	8	16	25	33
京都	2,556,321	186	4,752	38	77	115	153	19	38	57	77
大阪	8,557,249	180	15,403	124	248	372	496	62	124	186	248
兵庫	5,326,121	187	9,981	80	161	241	322	40	80	121	161
奈良	1,368,434	178	2,436	20	39	59	79	10	20	29	39
和歌山	1,069,930	224	2,392	19	39	58	77	10	19	29	39
鳥取	613,792	221	1,357	11	22	33	44	5	11	16	22
島根	779,317	228	1,774	14	29	43	57	7	14	21	29
岡山	1,917,173	192	3,679	30	59	89	119	15	30	44	59
広島	2,832,764	188	5,331	43	86	129	172	21	43	64	86
山口	1,559,181	212	3,298	27	53	80	106	13	27	40	53
徳島	830,753	209	1,734	14	28	42	56	7	14	21	28
香川	1,021,571	200	2,047	16	33	49	66	8	16	25	33
愛媛	1,512,674	200	3,031	24	49	73	98	12	24	37	49
高知	823,853	207	1,702	14	27	41	55	7	14	21	27
福岡	4,784,331	198	9,473	76	153	229	305	38	76	115	153
佐賀	876,300	227	1,992	16	32	48	64	8	16	24	32
長崎	1,558,502	225	3,508	28	57	85	113	14	28	42	57
熊本	1,837,612	205	3,767	30	61	91	121	15	30	46	61
大分	1,233,612	202	2,488	20	40	60	80	10	20	30	40
宮崎	1,167,286	187	2,177	18	35	53	70	9	18	26	35
鹿児島	1,795,908	206	3,694	30	60	89	119	15	30	45	60
沖縄	1,217,472	127	1,551	12	25	37	50	6	12	19	25

また、平均入院期間が25日に短縮された場合でも、全死亡者の10％が緩和ケア病棟を選択したとすると同様の1752床が必要となる。さらに、ニーズが高まり20％となると、全国で3505床が必要となる[*4]。

(4) まとめ

a. 3病院でのケーススタディ結果

　緩和ケア病棟の在院患者数の日別変動が大きいこと、在院患者数の頻度分布が正規分布に近似的であることを示した。このことは死亡患者が集中したり、空床の時期が生じる緩和

[*4] この試算結果が、2008年末時点での緩和ケア病棟数178施設（3417床）にほぼ合致している。

ケア病棟の病棟運営上のひとつの特殊性を示すものである。

b. 3病院での死亡者数の統計

　1987年以降の施設ごとの年間死亡者数をみると、少ない施設で58人／年（20床）、多い施設で103人／年（27床）であった。1週間あたりに換算すると、1.1～2.0人／週の割合で死亡患者が出ていることがわかった。

c. 必要病床数

　がんによる全死亡者の5％が緩和ケア病棟を選択し、平均入院期間を50日とすると、全国で1752床が必要になる。

本調査結果は、日本建築学会計画系論文報告集に掲載されている。
竹宮健司、松本啓俊：緩和ケア医療施設の利用特性からみた計画指針の設定、日本建築学会計画系論文報告集、第454号、pp.65-75、1993年12月

2.1.2　緩和ケア病棟の利用実態分析

　日本における緩和ケア医療施設の歴史は浅く、施設利用の実態に関する統計的な資料は少ない。そこで、施設利用の実態を明らかにするため、施設利用状況の実態調査を行った。

(1) 調査概要

a. 調査目的

　緩和ケア医療施設を利用する患者の入院期間や紹介入院経路などの利用実態を把握することで、施設利用の形態からみた緩和ケア医療施設の特徴について明らかにする。

b. 調査方法

　千葉県にあるA病院緩和ケア病棟の病棟開設時（1992年7月）から、1994年12月までに緩和ケア病棟に入院した全入院患者を対象に、病棟記録の転記調査を行った。調査項目は、患者の年齢、性別、入院日、退院日、転帰、罹患臓器、転移部位、紹介医療機関、入院経路、居住地域、登録番号（再入院用）である。調査は1995年8月に行われた。

(2) 調査結果

　緩和ケア病棟が開棟した1992年7月から1992年12月を1年目（表中では平成4年と表記）、1993年1月から1993年12月を2年目（平成5年）、1994年1月から12月までを3年目（平成6年）として集計した。以下に調査結果を示す。

a. 入院患者数および退院患者数（表2.6）

　平成4年の入院患者数は67名、平成5年は188名、平成6年は258名である。男女の比率は平均するとほぼ同数である。患者の転帰をみると、死亡退院が約8割、軽快退院と転病棟

注：本章中の図・表中の比率を示す数値に関し、四捨五入してあるものがあり、内訳の合計が、小計、合計と合わないものがあることを断っておく。

を合わせて約2割である。

月あたりの入院患者数は、平成4年5.6人/月、平成5年15.7人/月、平成6年21.5人/月と年ごとに増加している。同様に、死亡退院患者数も平成4年4.4人/月、平成5年12.4人/月、平成6年16.8人/月と年ごとに増加している。

b. 在院期間（表2.7～9）

総在院日数を患者数で割った平均在院日数をみると、平成4年は38.6日、平成5年は35.4日、平成6年は29.4日であり、年ごとに在院日数が短くなっていることがわかる。

これらを転帰別にみると、死亡退院患者の在院日数は約6週間から約5週間になり、軽快退院患者は25日から17日へと少なくなっている。

表2.6 入院患者数および退院患者数

	平成4年		平成5年		平成6年		合計	
総患者数	67	100%	188	100%	258	100%	513	100%
男	26	39%	97	52%	123	48%	246	48%
女	41	61%	91	48%	135	52%	267	52%
死亡退院患者数	53	79%	149	79%	201	78%	403	79%
軽快退院患者数	13	19%	36	19%	56	22%	105	20%
転病棟患者数	1	1%	3	2%	1	0%	5	1%
月平均入院患者数	5.6		15.7		21.5		14.3	
月平均死亡患者数	4.4		12.4		16.8		11.2	

表2.7 全入院患者の在院期間

	平成4年	平成5年	平成6年	3年間（平成4～6年）
平均在院日数	42.2	38.1	32.8	36.0
在院日数中央値	25	23	22	22

表2.8 死亡退院患者の在院期間

	平成4年	平成5年	平成6年	3年間（平成4～6年）
平均在院日数	25.7	24.3	17.3	20.7
在院日数中央値	20	21	13	15

表2.9 軽快退院患者の在院期間

	平成4年	平成5年	平成6年	3年間（平成4～6年）
平均在院日数	38.6	35.4	29.4	32.0
在院日数中央値	24	23	19	21

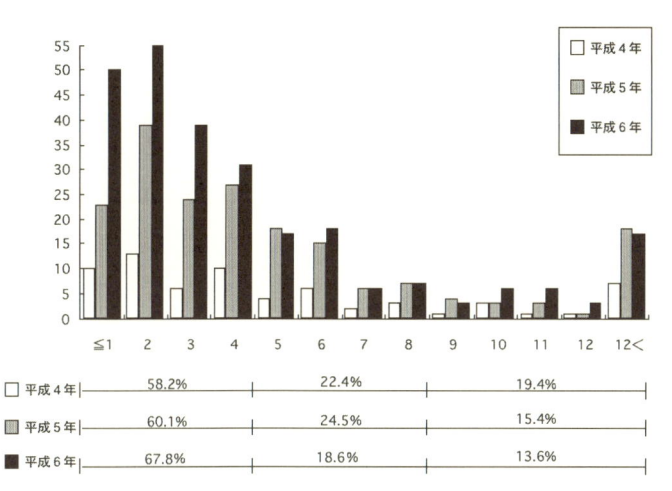

図2.8 全入院患者の在院期間別患者数

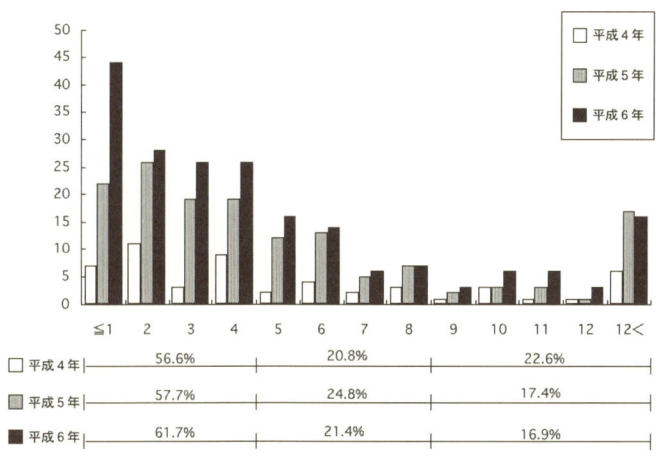

図2.9 死亡退院患者の在院期間別患者数

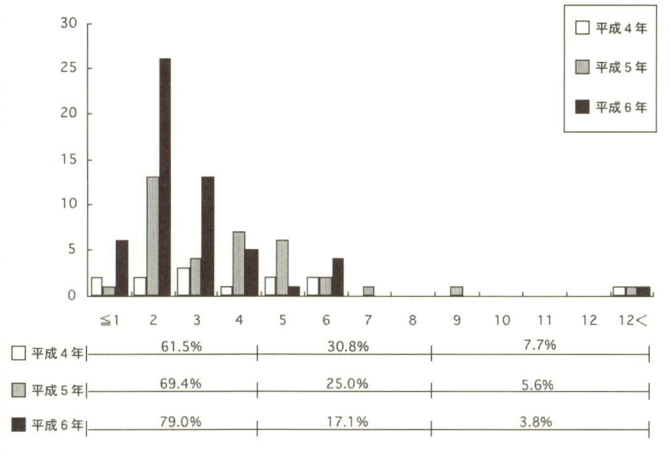

図2.10 軽快退院患者の在院期間別患者数

在院期間をさらに詳細にみたものが図2.8である。4週間以内に退院する患者が58.2％から67.8％に増加していることがわかる。特に、1週間以内に退院する患者が5倍近くに増加している。また、死亡退院患者の在院期間についてみたものが図2.9である。やはり、4週間以内に退院する患者が増加しており、特に1週間以内に退院する患者が約6倍に増加していることがわかる。

　一方、軽快退院患者の在院期間をみたものが図2.10である。死亡退院患者と同様に、4週間以内の退院が増加しており、平成5年では全体の約9割が4週間以内に退院している。また、2週間以内に退院する患者が急増していることがわかる。これは、症状コントロール技術が向上し、在宅への移行がスムーズに行われるようになった結果と考えられる。

c. 入院患者の年齢構成

　入院患者の年齢構成をみたものが図2.11、12である。全体の平均年齢は男が63.9歳、女が60.5歳である。年齢階級別の構成比でみると、男は60代、50代、70代の順に多く、女性は50代、60代が同数で次に40代、70代の順に多い。また、経年的にみると男は60代、70代が増加し、女は50代、60代が増加している。

　前章でみたように、がんの特徴として幅広い年齢層にわたり患者が分布していることがわかる。

d. 罹患臓器別患者構成（図2.13）

　患者数でみると、図に示すように肺、胃、大腸、膵臓、肝臓、乳への罹患患者が増加していることがわかる。また、患

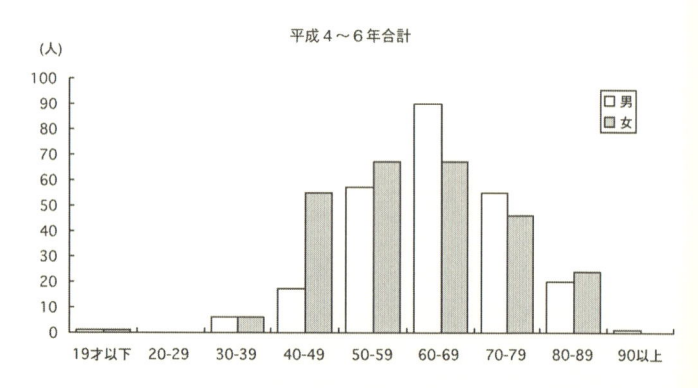

図2.11　年齢階級別患者数

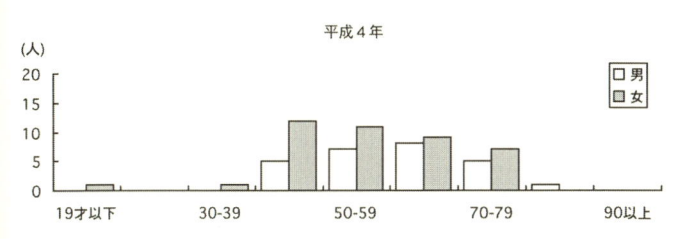

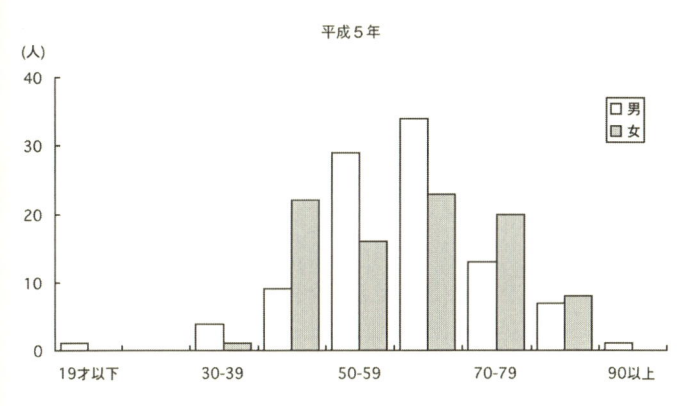

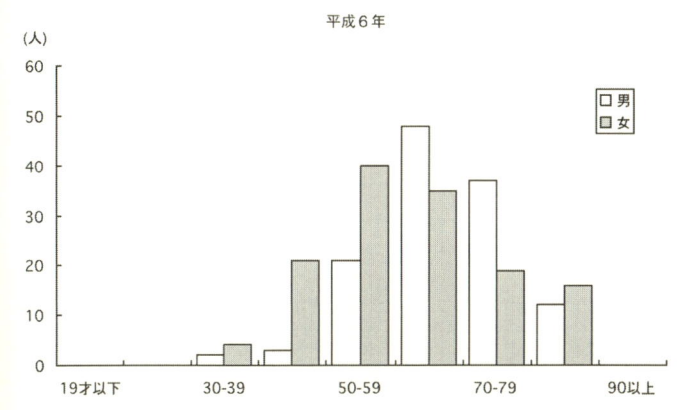

図2.12 年度別年齢階級別患者数

者構成比でみると、大腸、肝臓が倍以上に増加していることがわかる。

これは、前章でみた近年の疾病構造に呼応しており、より難治性のがんの増加を示している。

e. 転移の有無、転移部位数（表2.10～12）

転移のある患者は平成4年83.6％から、平成6年46.9％と

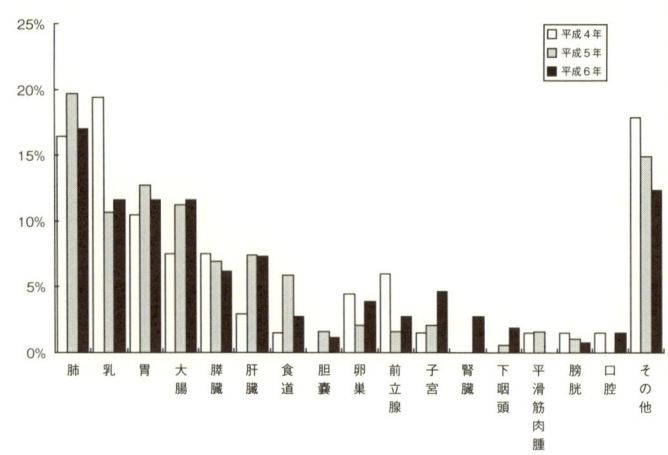

図2.13 罹患臓器別患者構成の年次推移

なっており、かなりの減少がみられる。患者1人あたりの転移部位の数では、転移1カ所の患者が約65％である。2カ所以上の転移がある患者は約3割いて、がん末期にみられる転移の広がりの様相を示している。また、転移の部位別にみると、骨、肝臓、肺の順に多い。このことは、骨転移による運動機能の低下、肺転移による呼吸困難などの症状に結びつき、患者の生活を制限することにつながると考えられる。

表2.10 転移の有無別患者数

	平成4年		平成5年		平成6年		合計	
あり	56	83.6%	139	73.9%	121	46.9%	316	61.6%
なし	11	16.4%	49	26.1%	137	53.1%	197	38.4%
合計	67	100.0%	188	100.0%	258	100.0%	513	100.0%

表2.11 患者1人あたりの転移部位数

	平成4年		平成5年		平成6年		合計	
1	36	64.3%	96	69.1%	73	60.3%	205	64.9%
2	14	25.0%	35	25.2%	33	27.3%	82	25.9%
3	6	10.7%	6	4.3%	11	9.1%	23	7.3%
4以上	0	0.0%	2	1.4%	4	3.3%	6	1.9%
合計	56	100.0%	139	100.0%	121	100.0%	316	100.0%

表2.12 転移部位別患者数 (N=316)

転移部位	骨		肝臓		肺		リンパ節		脳	
患者数	36	64.3%	96	69.1%	73	60.3%	205	64.9%	205	64.9%

f. 入院経路別患者構成

　緩和ケア病棟への入院経路別にみたものが図2.14である。自宅からの入院が55.2％から67.5％へと増加していることがわかる。これは、一般病棟を退院したのちに、自宅から緩和ケア病棟に入院する患者が増えていることを示している。逆に転院や転棟は減少しており、緩和ケア外来受診後、入院待ちを介しての入院が増加している。

　病棟婦長に対するヒアリング調査によれば、外来から入院に至るまでの入院待機患者数が増加している。平均入院待ち期間は1カ月ほどである（1995年11月時点）。また、A病院の一般病棟からの転棟も少数ではあるが増加している。

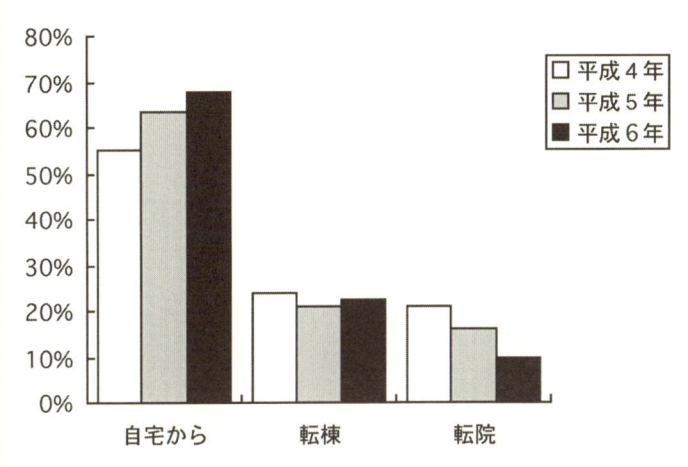

図2.14　入院経路別患者構成の年次推移

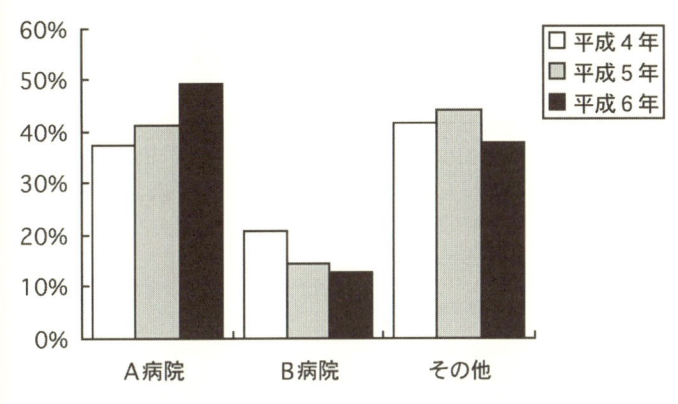

図2.15　紹介病院別患者構成の年次推移

g. 紹介病院別患者構成

緩和ケア病棟への紹介病院をみたものが図2.15である。A病院からの紹介入院が34.6％から49.6％へと増加している。入院患者のほぼ半数がA病院からの入院となっている。また、系列B病院やその他からの紹介は減少していることがわかる。これは、系列病院内での緩和ケア病棟の役割が確立するとともに、院内での理解が広まり、一般病棟での積極的な治療から緩和ケアへ移行する患者数が増加していることを示している。

h. 入院患者の居住地域

患者の居住地域を施設立地地区を中心に六つのエリアに分類し、その構成比をみたものが図2.16である。エリア4以内からの利用が増加している。このことから、以前の広域的な利用形態から徐々に地域的な利用形態に変わりつつあることがわかる。これは、各地に緩和ケア医療施設が設置されつつあることが背景にあると考えられる。

i. 再入院患者の利用特性（表2.13～17）

緩和ケア病棟を軽快退院したのちに、再び入院してくるい

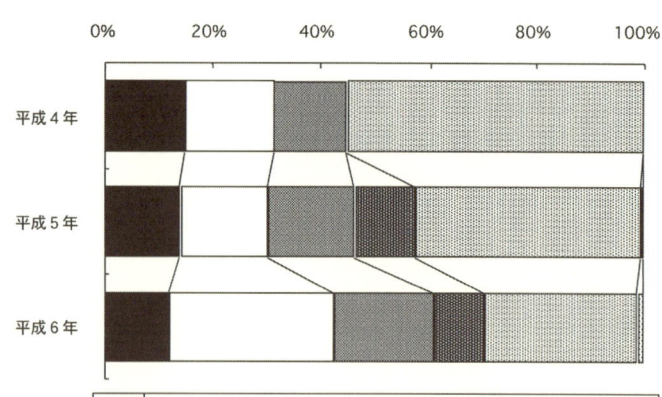

図2.16 居住地域別患者構成の年次推移

1	柏市内
2	野田市、流山市、松戸市、鎌ヶ谷市、東葛飾郡、我孫子市、取手市、北相馬郡
3	北葛飾郡、三郷市、葛飾区、江戸川区、市川市、船橋市、印旛郡、龍ヶ崎市、筑波郡、岩井市、水海道市
4	その他の千葉県
5	その他の関東地方
6	その他の都道府県

わゆる再入院患者についてみると、全入院患者のうち81.6%は1回の入院で死亡しているが、残りの18.4%は2回以上の入院を繰り返している。そのうちでは、2回がもっとも多く全入院患者の15%を占めている。

2回以上の入院を繰り返す患者について、最初の入院から死亡までの総利用期間をみたものが図2.17である。利用期間の最小値は22日、最大値は720日、平均は146.2日である。

入院期間と在宅で過ごす期間を比較したものが図2.18である。平均で比較すると、入院は26.8日、在宅は60.6日となっている。入院している期間は3週間以内が多く、一方、在宅

表2.13 入院回数別患者数

入院回数	患者数	(%)
1	337	81.6%
2	62	15.0%
3	9	2.2%
4	2	0.5%
5	1	0.2%
6	2	0.5%
合計	413	100.0%

表2.14 再入院患者の入院期間・在宅期間別患者数

期間（週）	入院	在宅
1	23	11
2	38	10
3	25	10
4	16	5
5	12	5
6	11	9
7	3	7
8	4	2
9	3	3
10	1	2
11	2	3
12	1	1
12＜	9	18

表2.15 再入院患者の総利用期間

期間（週）	患者数
1	4
2	13
3	11
4	10
5	4
6	6
7	3
8	1
9	0
10	4
11	0
12	1
12＜	5

表2.16 再入院患者の利用期間（平均値・最大値・最小値）

平均利用期間	146.2
Max	720
Min	22

表2.17 再入院患者の居住地域別患者構成

	患者数	(%)
千葉県	33	43.4%
東京都	17	22.4%
茨城県	13	17.1%
埼玉県	1	1.3%
その他	12	15.8%
合計	76	100.0%

で12週以上過ごす患者が多いことも特色といえよう。また、最終入院時の平均在院日数は26.8日である。在宅と施設を行き来しながら過ごし、最後の約4週間を施設で過ごしていることがわかる。

再入院患者の居住地域をみると、千葉県内からの利用が43.4％を占めている。

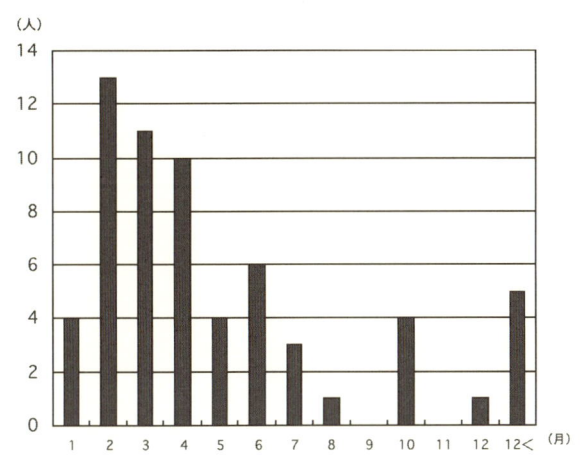

図2.17 再入院患者の総利用期間

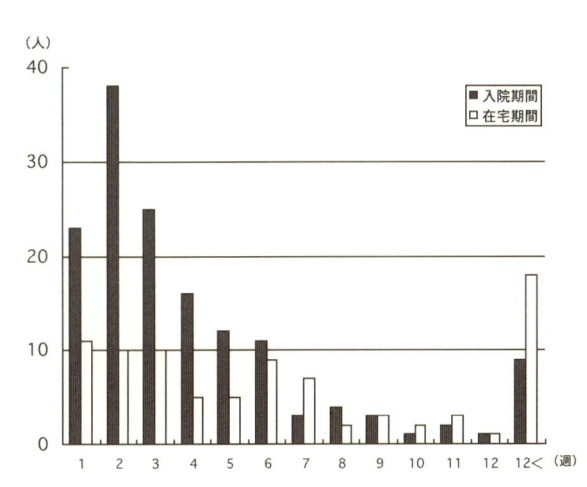

図2.18 再入院患者の在宅期間・入院期間

j．1回の入院で死亡する患者

1回の入院で死亡する患者の在院期間を表しているのが図2.19である。4週間以内の入院が全体の約6割を占めている。5週間以上の入院が残りの4割を占めている

(3) 考察—入院回数と在院期間による入院患者の利用形態の分類

以上のような結果から、1回の入院で死亡する患者が全体の8割で、そのうち6割が1カ月以内の短期入院、4割が2カ月以上[*5]の入院である。また、2回以上の再入院患者は全体の2割あり、それらは約4週間の入院である（図2.20）。

即ち、緩和ケア病棟を利用している患者の利用形態は、次

*5 ここでの1カ月以内という表現は4週間以内を表し、2カ月以上は5週間以上を表す。

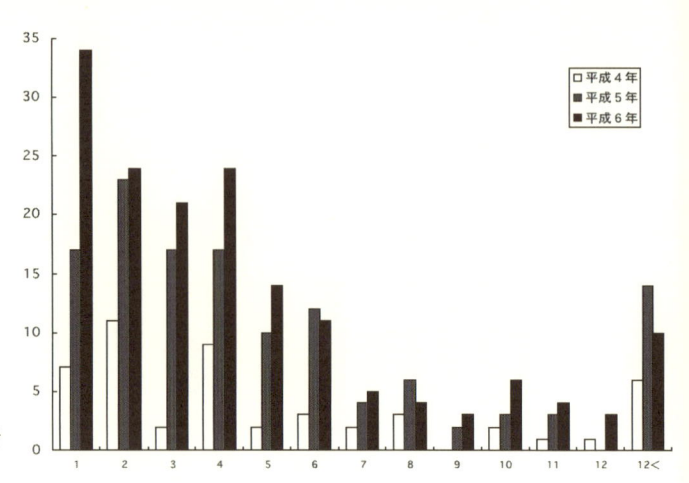

図2.19 1回の入院で死亡する患者の在院期間別患者数

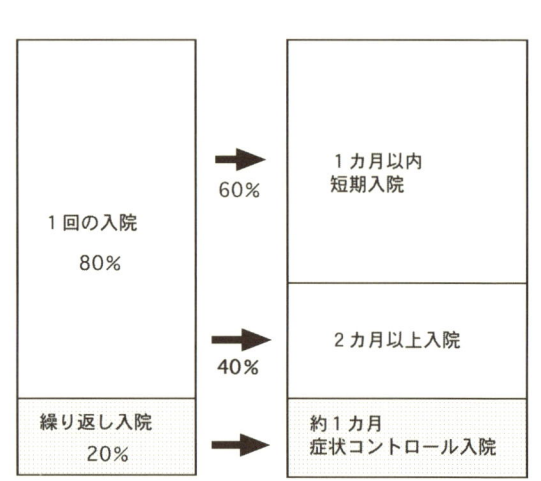

図2.20 入院回数と在院期間による利用形態の分類

の三つに分けられる。
①死亡直前の短期入院患者（1カ月以内）
②症状コントロール目的の短期入院患者（約1カ月）
③長期入院患者（2カ月以上）

(4) まとめ
　施設利用実態調査から入院患者の利用実態と特徴を把握することができた。調査対象施設は1施設ではあるが、今後の緩和ケア医療施設の計画に関する基礎的な知見を得られた。

a. 患者の基本属性
・患者の平均年齢は男女ともに60代であるが、40代から80代まで幅広い分布をみせている。

・約半数の患者に転移がみられ、中でも身体機能の低下につながる部位への転移が多い。

b. 施設利用形態
・自宅からの入院が多く、在宅と一般の医療施設との中間的な役割を担っている。
・施設利用回数と在院期間を軸に、三つの利用形態に分類することができる。
①死亡直前の短期入院患者（1カ月以内）
②症状コントロール目的の短期入院患者（約1カ月）
③長期入院患者（2カ月以上）

2.1.3 緩和ケア病棟の利用患者の受療行動分析

　緩和ケア病棟を利用する患者は、がんに罹患後どのような受療行動（治療内容・経過・期間）をとり緩和ケア病棟を選択しているのか。緩和ケア病棟を利用する患者の受療行動の全体像を探るためのアプローチを試みた。

(1) 調査方法

　わが国のモデル施設に位置づけられているA病院緩和ケア病棟において、1996年1月1日から12月31日までに入院した全患者265名の入院記録から以下の6項目について調査を行った。調査は1997年1月から3月の特定日に、病棟および同病院の病歴室において病棟医長がカルテを読み上げ調査員が記録した。
①基本属性（年齢、性別、診断名、再発、転移）
②入院状況（入院回数、入院日、退院日、転帰、紹介医療機関、入院経路）
③治療経過（治療内容、回数、時期）
④緩和ケア病棟への入院経路（登録日、登録決定者、入院理由）
⑤家族構成（Key Person、介助者、同居家族）
⑥インフォームド・コンセント（十分な説明と同意）の状況（PCU登録前、登録後、入院後）

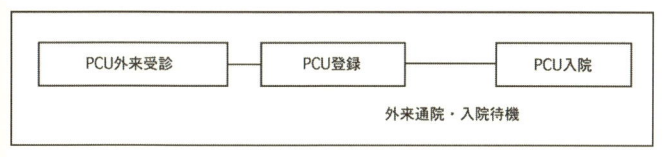

図2.21　A病院緩和ケア病棟への入院プロセス

表2.18　調査対象患者　(人)

総入院患者数	265
男	142
女	123
死亡退院患者数	193
軽快退院患者数	68
入院継続中	4

表2.19　転移部位別患者数　(複数回答)

	患者数	%
リンパ節	100	37.7%
骨	79	29.8%
肝臓	68	25.7%
肺	60	22.6%
脳	41	15.5%
腹膜	33	12.5%
その他	30	11.3%

表2.20　紹介機関別患者数

	患者数	%
A病院	149	56.2%
B病院	27	10.2%
一般病院	48	18.1%
大学病院	30	11.3%
診療所	10	3.8%
その他	1	0.4%
合計	265	100.0%

(2) 調査結果

① A病院緩和ケア病棟では、入院を希望する患者は緩和ケア外来（PCU外来）で受診し、痛みの症状や全身状態等について診断を受ける。患者本人が来院できない場合は、家族が医師に容態を説明する場合もある。通常、外来での症状のコントロールが可能である場合は、通院治療で緩和ケアを受けることになる。一方、在宅での療養が困難となる身体症状や精神症状がある場合は、緩和ケア病棟への入院を選択することになるが、入院希望者が多く即座に入院することができない場合は、入院のための登録を行い、入院までの順番を待つことになる（図2.21）。その間、通院での症状コントロールを行うが、病状は進行していく。

② 全入院患者265名（男142名、女123名）のうち、死亡退院患者が193名、軽快退院患者68名、入院継続中4名であった（表2.18）。平均年齢は60.9歳（男61.3歳、女60.3歳）であるが、40代から80代まで幅広く分布しており、必ずしも高齢期の利用者が多いわけではない（図2.22）。様々なライフステージにある患者を想定した施設計画が求められている。

③ 85％の患者に転移がみられ、中でも骨や肺などの日常生活動作に支障をきたす部位への転移が多い。患者の生活自立度の低下を補完する施設的な配慮が必要となる（表2.19）。

④ 平均入院期間は死亡退院患者が29.0日、軽快退院患者が21.6日である。また、1回の入院で死亡する患者は158名

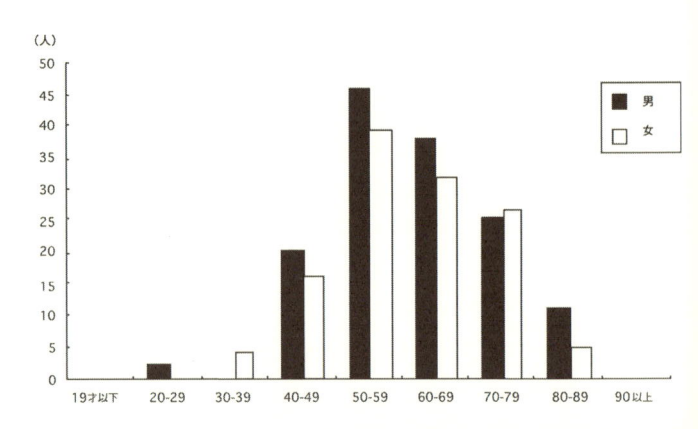

図2.22　年齢階級別患者数

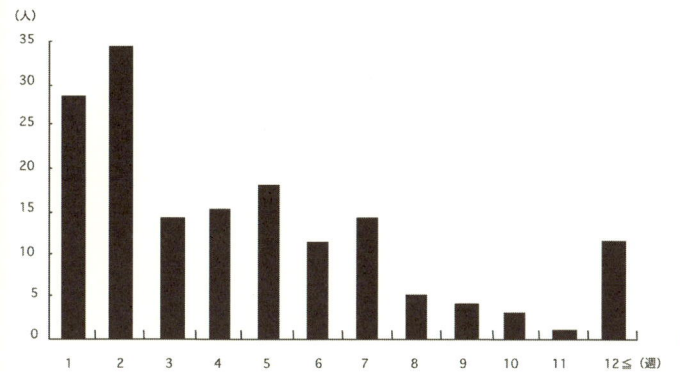

図2.23 入院期間別患者数（1回の入院で死亡）

で全死亡患者の81.9％を占めている。こうした患者群を入院期間別にみると、4週間以内に死亡する患者は91名（57.6％）である。また、入院期間が12週以上におよぶ患者は7.0％であった（図2.23）。一方、2回以上の入退院を繰り返す患者59名（18.1％）は、平均入院期間24.7日である。入院回数では2回がもっとも多い。

⑤緩和ケア病棟への紹介元の医療機関をみると、がん専門病院であるA病院からの入院が56.2％、同じ系列のB病院からの入院が10.2％であり、両者を合わせると7割近くを占めている。がん専門病院以外からは一般病院（18.1％）、大学病院（11.3％）、診療所（3.8％）となっている（表2.20）。また、緩和ケア病棟へ入院する時点での療養場所をみると、自宅からの入院が74％を占めていた。がんの積極的な治療を終えて自宅に戻り、自宅から緩和ケア病棟に入院している。

⑥がん罹患後の積極的な治療期間で、再発を経験している患者は83名（31.3％）である。治療内容では、手術、化学療法、放射線治療の順に多い（表2.21）。一方、積極的な治療をいっさい行わずに緩和ケア病棟に入院している患者が39名（14.7％）いて、必ずしもがんの積極的な治療後に緩和ケア病棟を選択する患者だけではないという実態が明らかになった。

⑦緩和ケア病棟への登録の決定者は、本人（75.8％）、家族（11.3％）、医師（12.8％）の順になっている（表2.22）。患者本人が認知症やせん妄等により緩和ケア病棟への登録の判断

表2.21 治療別患者数 （複数回答）

	患者数	％
手術	152	57.4％
化学療法	117	44.2％
放射線	99	37.4％
内分泌療法	12	4.5％
その他	1	0.4％
無治療	39	14.7％

表2.22 PCU登録決定者表

	患者数	％
本人	201	75.8％
家族	30	11.3％
医師	34	12.8％
合計	265	100.0％

表2.23 入院理由 （複数回答）

	患者数	％
症状の緩和	132	49.8％
症状の進行で自宅介護不可	107	40.5％
症状の変化・急変	55	20.8％

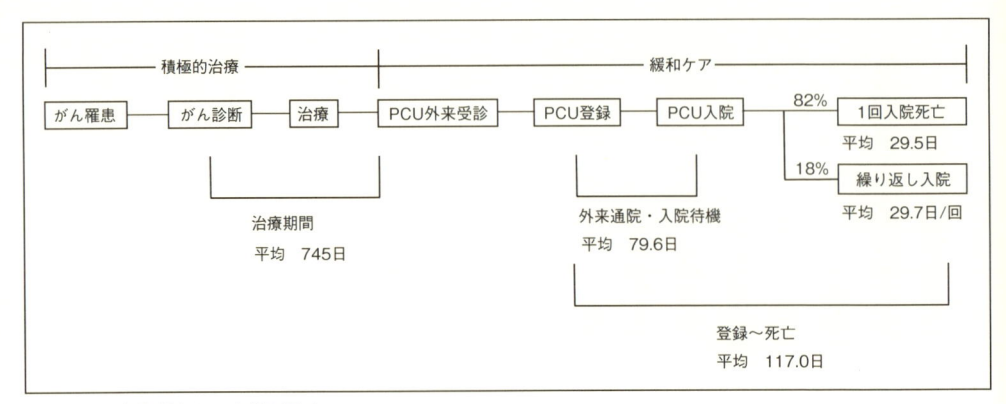

図2.24 A病院緩和ケア病棟利用患者の受療行動

表2.24 PCU登録前のインフォームド・コンセント

	患者数	%
病名のみ	6	2.3%
病名+病状	11	4.2%
病名+病状+治療	211	79.6%
病名+病状+治療+生命予後	29	10.9%
不明	8	3.0%
合計	265	100.0%

が困難となる場合、家族や医師により登録が決定される場合もある。また、入院の理由では、「症状の緩和」「自宅で介護ができない」「病状の急変」が主な理由となっている（表2.23）。

⑧登録から最初の入院までの期間をみると、平均で79.6日（中央値45.5日）である。この期間は、外来通院で症状コントロールが行われ、入院待機の状態である。登録から死亡までの期間をみると、平均117.0日である（図2.24）。

⑨94.7%の患者が、積極的な治療の段階から自分の病名と病状について説明を受けており、75.8%が本人の希望で緩和ケア病棟を選択している（表2.24）。このようなインフォームド・コンセントが、緩和ケアを選択するための前提となっている。

(3) まとめ

本調査結果は、一つの対象施設におけるケーススタディで

あるが、1990年代のわが国の緩和ケア病棟の利用実態を詳細に表している。その後、緩和ケア病棟の整備が進み入院待機期間は減少され、また、在宅ケアの普及によって「繰返し入院」の利用が増えつつあるという。しかし、在宅ケアが困難であるために長期入院となっている約1割の患者に対する施設ケアは、今後も必要不可欠であり続いていく。施設計画においては、こうした長期入院患者の生活に着目することが求められているといえよう。

2.1.4 緩和ケア病棟の看護行為分析

　緩和ケア病棟の看護は一般病棟の看護とどのように異なるのか。ここでは、わが国のモデル施設に位置づけられているA病院緩和ケア病棟で行われている看護師の行為内容、時間、頻度について検討し、緩和ケア病棟の看護行為の特性を明らかにすることを目的としている。

(1) 調査の概要

　A病院緩和ケア病棟において、1993年3月20日（土曜日）午前8時より24日（水曜日）午前8時までの5日間（計120時間）にわたり、病棟内の全看護師に対して追跡調査を行った。本調査では、全勤務時間帯の全看護師の行為を連続的に記録するために"man to man"方式を採用し、調査員が看護師の移動場所、時刻、行為内容を記録した。ただし、病室内での行為内容については、患者のプライバシーに配慮し、室内での行為終了直後に看護師からの口述を記録した[*6]。看護行為分類については、既往の研究を参考に緩和ケアの特性を考慮し新たに編成した（表2.25）。

(2) 調査対象

a. 施設概要

　対象施設は、がん治療を専門とする病院の同一敷地内に1992年に建設された独立型の病棟である。病床は25床（個室21室、2床室2室）である。

b. 看護師の勤務体制と属性

　病棟看護師は婦長を含めて17人いて、3交代制[*7]を採用している。婦長を除く看護師を二つのチームにわけ、二つの病室群を受け持っている（図2.25）。各チームでは患者受持

本調査結果は、1998年日本建築学会大会学術講演会にて発表している。
竹宮健司：緩和ケア病棟の利用特性と受療行動からみた療養環境整備のための基礎的研究、日本建築学会大会学術講演梗概集、pp.89-90、1998年9月

*6　個室内での行為については、行為終了直後に看護師からの口述を記録したため、看護行為頻度と訪室頻度の値は一致しない。前者が後者と等しいか、もしくはそれよりも大きな値を示す。

*7　この病棟では日勤（8：00〜16：30）、準夜勤（16：00〜0：30）、深夜勤（0：00〜8：30）となっている。今回の分析では、看護師間の申し送りなどで勤務時間が重複する時間帯や超過勤務については、スタッフがその日に所属する勤務時間帯の勤務量として集計した。即ち、勤務開始時の申し送りから、引継者への申し送り、超過勤務を含めた勤務量を1人の看護師の勤務量とした（たとえば、日勤看護師が超過勤務を行って準夜勤帯に業務を行った場合、日勤帯の業務として集計した）。ただし、患者別の滞在時間や訪問頻度の集計においては、時間帯（8：00〜16：00、16：00〜0：00、0：00〜8：00）を基準に集計した。

表2.25　看護行為分類表

	行為分類	主な行為
直接看護	食事介助	食事の介助、配膳下膳、配茶
	排せつ介助	おむつ交換、浣腸、ストマケア
	身体の清潔	入浴、清拭、着替え、洗面介助
	患者の安楽	マッサージ、体をさする、呼吸介助
	安全の確保	コルセット装着
	自立の援助	移動補助
	身の回りの世話	電気をつける、リモコンをとる
	患者の移送	車椅子準備、移動介助、歩行器準備
	病室内の環境整備	ベッドメイク、加湿器点検
	病状の観察	巡視、酸素量のチェック、挨拶
	患者の話を聞く	患者の訴えを聴く、面談、談話
	入退院時の世話	入院準備、退院の手配
準直接看護	患者、家族との連絡	付き添い指導、介助指導
	家族の話を聞く	家族と相談、病状説明
	死後のケア	死後の処置、おみおくり、焼香
	面会人の対応	面会人案内、談話
治療介助処置	処置の介助	注射、ガーゼ交換、湿布
	与薬	一般薬、緩和薬、与薬準備、薬整理
	測定	血圧、検温、脈拍
	検査	レントゲン、皮膚テスト
	検体採取	検体採取
間接看護	看護師間の申し送り	連絡、報告、打ち合わせ、相談
	看護記録の記入／整理	看護計画立案
	看護記録の整備	病棟内カルテ整理
	患者の病状報告	医師と相談、医師に病状報告
	カンファレンス	病棟会議、ショートカンファレンス
	連絡	電話による連絡、電話で医師を呼ぶ
	物品管理	器材庫内物品確認、中材請求
	器材の準備／後片付け	ネブライザー組み立て、器材準備
	事務業務	伝票整理、書類提出
	ナースコール対応等	NCを見に戻る、NC誤報、確認だけ
	メッセンジャー業務	病棟内連絡、伝言
管理教育	管理業務	病棟管理表記入、事務員との相談
	職員／学生の教育指導	
	職員の健康管理	
	病棟運営	施錠、ブラインド、照明スイッチ
休憩等	休憩	休憩、食事、トイレ
その他	その他	MRSA患者の病室への入室準備

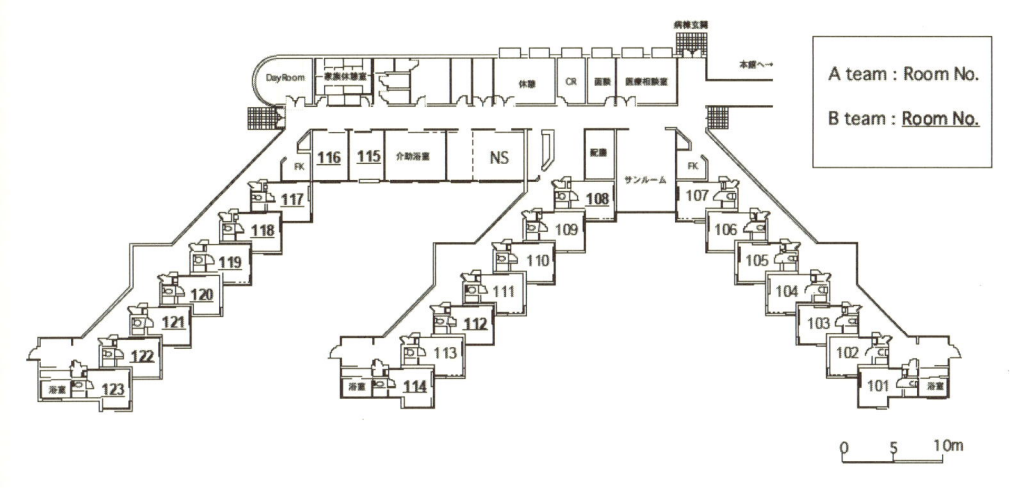

図2.25 病棟構成諸室と看護チーム別担当病室

表2.26 調査期間中の勤務時間帯別看護師数

	日勤	半日	準夜勤	深夜勤	婦長
3月20日	6		2	2	
3月21日	5	2	2	2	
3月22日	6	2	2	2	1
3月23日	6		2	2	1
3月24日	6	1	2	2	1

ち制度（プライマリーナーシングケア[*8]）を採用しており、日勤帯では1人の看護師が特定の2、3人の患者を担当している。

看護師の経験年数は6年以上の経験をもつ看護師が14人（約8割）、緩和ケアを18カ月以上経験している看護師は9名（約5割）いて、豊富な経験に基づく看護が行われている。調査期間中の勤務時間帯別の看護師数を表2.26に示す。日勤帯では半日を含めて平均6.8人の看護師が勤務している。準夜勤、深夜勤はそれぞれ2名である。

c. 患者属性

入院患者は、治癒不能と診断されたがん末期の患者である。対象患者の属性および全身状態を表す指標であるPS（Performance Status）[*9]の経日変化を表2.28に示す。調査期間中に入院した患者を除く15人の平均在院日数は46.8日（3月20日現在）である。また、5日間を通してPSの値が3

[*8] プライマリーナーシングケア：この病棟で採用している看護方式は、一般的にいわれている患者受持ち方式ではなく、看護師を二つのチームに分け、それぞれのチームが特定の病室群を受け持つ。それぞれのチームにはプライマリーナースとアソシエイトナースがいて、前者が1人の患者を受け持ち入院から退院まで継続的に看護計画を立てて後者とともに実施にあたる。後者は前者の計画に基づいてケアを実施する。

[*9] 患者の全身状態を5段階で表す指標。WHOのがん治療結果報告基準にも採用されている。

表2.27 Performance Status

段階	全身状態
0	すべて正常に制限なく行動できる。
1	激しい運動は制限されるが歩行や軽い仕事はできる。
2	歩行や身の回りの事はできるが、どんな仕事も覚醒時間の50％以上はできない。
3	制限された身の回りのことしか出来ず、覚醒時間の50％以上は臥床あるいは椅子に座っている。
4	完全に身の回りのことが出来ず、全日臥床あるいは椅子に座っている。

（WHO癌治療結果報告基準、1974年10月版）

表2.28 入院患者属性およびPerformance Statusの経日変化

部屋番号	性別	年齢	在院期間	罹患部位（転移部位）	20日 PS	備考	21日 PS	備考	22日 PS	備考	23日 PS	備考	24日 PS	備考
103	男	57	31	大腸（肺、肝臓）	2	△	2	△	2		2		2	
104	男	58	33	前立腺（肝臓）	3	◎								
105	女	71	12	胆管（肝臓）	3		3		3		3		3	
106	男	57	33	肺（骨）	4		4		4		4		4	
107	女	48	45	乳（皮下、リンパ）	3		4		4		4		4	
108	女	63	52	甲状腺（骨、肺）	4		4		4		4		4	
109	男	69	25	肺（骨）	3		4		4		4		4	
110	女	78	72	肺（リンパ節）	3		4		4	＊				
111	女	45	59	乳（骨）	4		4		4		4		4	
112	女	59	47	肝臓内部（ダグラス）	4		4		4	＊				
114	男	65		下咽頭（リンパ節）					3	▼	4		4	
116	女	48	12	乳（骨）	2	◎								
117	女	42	256	乳（胸骨）	4		4		4		4		4	
119	男	56	2	膵臓	4		4		4		4	□	4	
119	女	73		胃									3	▼
120	男	48	5	平滑筋肉腫	4		4		4	＊				
121	女	60		子宮体					3	▼	4		3	
123	男	61	18	肺（肝リンパ節）	4		4		4		4	＊		

凡例：△外泊、◎軽快退院、＊死亡、▼入院、□転室

および4と全身状態の悪い患者が全体の86％を占めている。調査期間中の死亡患者は4人、入院患者3人、軽快退院2人、外泊1人である。

(3) 調査結果—看護行為分類と看護特性

a. 看護行為別頻度

看護師1人あたりの平均看護行為頻度をみたものが表2.29

表2.29 看護師1人あたりの平均看護行為頻度（回）・構成比

	行為分類	1日	日勤	準夜勤	深夜勤	1日	日勤	準夜勤	深夜勤
直接看護	食事介助	8.5	5.5	8.7	17.8	8.3%	5.8%	7.4%	14.5%
	排せつ介助	5.0	5.3	6.1	3.1	4.9%	5.6%	5.2%	2.5%
	身体の清潔	6.1	5.5	6.3	7.6	5.9%	5.8%	5.4%	6.2%
	患者の安楽	6.4	5.1	8.3	8.7	6.3%	5.4%	7.1%	7.1%
	安全の確保	0.1	0.1	0.1	0.2	0.1%	0.1%	0.1%	0.2%
	自立の援助	0.1	0.0	0.1	0.4	0.1%	0.0%	0.1%	0.3%
	身の回りの世話	1.8	1.4	3.6	1.5	1.8%	1.5%	3.1%	1.2%
	患者の移送	1.5	2.0	1.3	0.2	1.5%	2.1%	1.1%	0.2%
	病室内の環境整備	1.3	1.6	0.8	0.7	1.2%	1.7%	0.7%	0.6%
	病状の観察	11.9	8.3	17.9	17.4	11.7%	8.8%	15.3%	14.2%
	患者の話を聞く	3.0	3.4	2.5	2.0	2.9%	3.6%	2.1%	1.6%
	入退院時の世話	0.9	1.2	0.3	0.5	0.9%	1.3%	0.3%	0.4%
	小　計	46.5	39.4	56.0	60.1	45.6%	41.6%	47.8%	49.0%
準直接看護	患者、家族との連絡	0.1	0.2	0.0	0.0	0.1%	0.2%	0.0%	0.0%
	家族の話を聞く	2.9	2.4	2.9	4.5	2.8%	2.5%	2.5%	3.7%
	死後のケア	1.0	0.2	0.6	4.2	1.0%	0.2%	0.5%	3.4%
	面会人の対応	0.4	0.6	0.3	0.0	0.4%	0.6%	0.3%	0.0%
	小　計	4.4	3.3	3.8	8.7	4.3%	3.5%	3.2%	7.1%
治療介助処置	処置の介助	15.0	15.6	12.5	15.8	14.7%	16.4%	10.7%	12.9%
	与薬	9.2	6.7	17.0	9.2	9.0%	7.1%	14.5%	7.5%
	測定	1.9	2.1	1.5	1.6	1.8%	2.2%	1.3%	1.3%
	検査	0.2	0.4	0.0	0.0	0.2%	0.4%	0.0%	0.0%
	検体採取	0.2	0.2	0.3	0.2	0.2%	0.3%	0.3%	0.2%
	小　計	26.6	25.0	31.3	26.8	26.0%	26.4%	26.7%	21.9%
間接看護	看護師間の申し送り	4.8	5.3	4.3	3.5	4.7%	5.6%	3.7%	2.9%
	看護記録の記入／整理	6.8	6.6	7.8	6.6	6.7%	6.9%	6.7%	5.4%
	看護記録の整備	0.2	0.2	0.1	0.0	0.2%	0.3%	0.1%	0.0%
	患者の病状報告	1.0	1.1	0.8	0.5	0.9%	1.2%	0.7%	0.4%
	カンファレンス	2.5	3.3	1.2	1.0	2.4%	3.5%	1.0%	0.8%
	連絡	1.7	2.1	1.1	1.2	1.7%	2.2%	0.9%	1.0%
	物品管理	0.6	0.5	0.3	1.6	0.6%	0.5%	0.3%	1.3%
	器材の準備／後片付け	1.1	1.2	1.0	0.9	1.1%	1.2%	0.9%	0.7%
	事務業務	1.8	1.4	1.3	3.3	1.7%	1.5%	1.1%	2.7%
	ナースコール対応等	1.2	1.0	1.4	1.9	1.2%	1.0%	1.2%	1.5%
	メッセンジャー業務	0.0	0.0	0.0	0.0	0.0%	0.0%	0.0%	0.0%
	小　計	21.7	22.8	19.3	20.5	21.3%	24.0%	16.5%	16.7%
管理教育	管理業務	0.4	0.6	0.1	0.2	0.4%	0.6%	0.1%	0.2%
	職員／学生の教育指導	0.1	0.1	0.0	0.0	0.1%	0.1%	0.0%	0.0%
	職員の健康管理	0.1	0.0	0.3	0.0	0.1%	0.0%	0.3%	0.0%
	病棟運営	0.6	0.2	1.8	0.6	0.6%	0.3%	1.5%	0.5%
	小　計	1.1	0.9	2.2	0.8	1.1%	0.9%	1.9%	0.7%
休憩等	休憩	1.3	1.0	2.2	1.3	1.3%	1.0%	1.9%	1.1%
その他	その他	2.8	2.4	2.4	4.4	2.7%	2.5%	2.0%	3.6%
	合計	104.3	94.8	117.2	122.6	102.3%	100.0%	100.0%	100.0%

である。1日あたりの行為頻度をみると、「処置の介助」15.0回／人（14.7%）、「病状の観察」11.9回／人（11.7%）、「与薬」9.2回／人（9.0%）の順に頻度が多い。直接看護は46.6回／人（45.6%）、準直接看護は4.4回／人（4.3%）であり、両者でほぼ5割を占めている。

「処置の介助」は各勤務時間を通じて10%を越えており、各勤務帯平均で15.0回／人である。

「食事介助」「排泄介助」「身体の清潔」等の基本的な直接看護は、夜間になるにつれ頻度が多くなっている。

「患者の話を聞く」は日勤帯3.4回／人、準夜勤2.5回／人、深夜勤2.0回／人であり、夜間になるにつれ頻度が少なくなっているが、逆に「家族の話を聞く」は日勤帯2.4回／人、準夜勤2.9回／人、深夜勤4.5回／人と頻度は多くなっている。夜間になるにつれ、家族への看護の頻度が増加する傾向がみられる。

直接看護や準直接看護では、夜間になるにつれて行為頻度が増加しており、頻繁にベッドサイドを訪れて患者や家族の看護にあたっている様子がわかる。ナースコール対応の頻度は、看護師1人あたり1.2回／日と少ない[*10]。

b. 看護行為別行為時間

看護師1人あたりの平均看護行為時間をみたものが表2.30である。1日あたりの行為時間をみると、「看護記録の記入・整理」97.0分／人（16.1%）、「看護師間の申し送り」65.9分／人（10.9%）が、もっとも長時間の行為となっている。この2行為を合わせると、全体の1/4を超える。ただし、「看護記録の記入・整理」の多くは勤務時間外に行われている。

次に多い行為は「処置の介助」64.6分／人（10.7%）、「与薬」35.6分／人（5.9%）である。疼痛緩和のための「処置」や「与薬」は、個別的な対応が求められていることがわかる。また、「病状の観察」36分／人（6.0%）、「身体の清潔」30.3分／人（5.0%）、「患者の安楽」27.4分／人（4.5%）など、患者の日常生活の援助に関する直接看護の時間が多いことがわかる。

なお、緩和ケア病棟の特徴といえる患者とのコミュニケーションの時間は、「患者の話を聞く」17.6分／人（2.9%）、「病状の観察」36.0分／人（6.0%）であり、両者で53.6分（8.9%）

---

*10 患者の愁訴等に対する対応は、個別の看護計画によって検討され、それに基づいた看護が行われているため、ナースコールによる看護師の頻繁な呼出しは少ない。

表2.30　看護師1人あたりの看護行為時間（分）・構成比

	行為分類	1日	日勤	準夜勤	深夜勤	1日	日勤	準夜勤	深夜勤
直接看護	食事介助	24.9	20.3	26.9	37.7	4.1%	3.3%	4.8%	6.1%
	排せつ介助	24.5	28.1	21.9	15.7	4.1%	4.6%	3.9%	2.5%
	身体の清潔	30.3	33.1	24.0	27.6	5.0%	5.4%	4.3%	4.5%
	患者の安楽	27.4	23.5	32.6	35.0	4.5%	3.8%	5.8%	5.7%
	安全の確保	0.6	0.7	0.2	0.6	0.1%	0.1%	0.0%	0.1%
	自立の援助	0.5	0.0	0.2	2.4	0.1%	0.0%	0.0%	0.4%
	身の回りの世話	7.6	7.4	13.1	2.9	1.3%	1.2%	2.3%	0.5%
	患者の移送	7.9	11.5	3.6	0.7	1.3%	1.9%	0.6%	0.1%
	病室内の環境整備	5.0	6.9	2.4	1.6	0.8%	1.1%	0.4%	0.3%
	病状の観察	36.0	31.4	47.5	39.4	6.0%	5.2%	8.4%	6.4%
	患者の話を聞く	17.6	23.1	11.1	6.4	2.9%	3.8%	2.0%	1.0%
	入退院時の世話	5.9	9.0	0.1	1.6	1.0%	1.5%	0.0%	0.3%
	小計	188.3	195.0	183.6	171.6	31.3%	32.0%	32.6%	27.8%
準直接看護	患者、家族との連絡	0.3	0.5	0.0	0.0	0.1%	0.1%	0.0%	0.0%
	家族の話を聞く	15.5	17.8	10.9	12.8	2.6%	2.9%	1.9%	2.1%
	死後のケア	7.9	1.2	3.9	34.0	1.3%	0.2%	0.7%	5.5%
	面会人の対応	1.2	1.5	1.6	0.0	0.2%	0.2%	0.3%	0.0%
	小計	25.0	21.0	16.4	46.8	4.2%	3.4%	2.9%	7.6%
治療介助処置	処置の介助	64.6	67.2	56.0	64.5	10.7%	11.0%	9.9%	10.5%
	与薬	35.6	29.5	61.1	29.8	5.9%	4.8%	10.9%	4.8%
	測定	8.8	11.4	4.0	5.1	1.5%	1.9%	0.7%	0.8%
	検査	2.9	4.7	0.0	0.0	0.5%	0.8%	0.0%	0.0%
	検体採取	1.1	1.4	0.5	0.4	0.2%	0.2%	0.1%	0.1%
	小計	112.9	114.2	121.6	99.8	18.7%	18.7%	21.6%	16.2%
間接看護	看護師間の申し送り	65.9	63.8	83.3	55.0	10.9%	10.5%	14.8%	8.9%
	看護記録の記入／整理	97.0	85.3	98.6	133.4	16.1%	14.0%	17.5%	21.6%
	看護記録の整備	0.7	0.8	0.9	0.0	0.1%	0.1%	0.2%	0.0%
	患者の病状報告	6.3	7.7	5.0	3.2	1.0%	1.3%	0.9%	0.5%
	カンファレンス	25.9	40.3	2.9	2.0	4.3%	6.6%	0.5%	0.3%
	連絡	6.2	7.3	2.6	6.2	1.0%	1.2%	0.5%	1.0%
	物品管理	2.5	0.8	0.5	10.1	0.4%	0.1%	0.1%	1.6%
	器材の準備／後片付け	2.7	2.9	2.7	2.3	0.5%	0.5%	0.5%	0.4%
	事務業務	12.9	8.8	5.7	33.4	2.1%	1.4%	1.0%	5.4%
	ナースコール対応等	3.8	3.8	1.7	5.8	0.6%	0.6%	0.3%	0.9%
	メッセンジャー業務	0.0	0.0	0.0	0.0	0.0%	0.0%	0.0%	0.0%
	小計	223.9	221.6	203.9	251.4	37.2%	36.3%	36.2%	40.7%
管理教育	管理業務	2.5	3.7	0.1	1.0	0.4%	0.6%	0.0%	0.2%
	職員／学生の教育指導	0.3	0.5	0.0	0.0	0.1%	0.1%	0.0%	0.0%
	職員の健康管理	0.0	0.0	0.0	0.0	0.0%	0.0%	0.0%	0.0%
	病棟運営	1.8	1.6	3.3	0.9	0.3%	0.3%	0.6%	0.1%
	小計	4.6	5.7	3.4	1.9	0.8%	0.9%	0.6%	0.3%
休憩等	休憩	26.1	30.6	19.1	18.7	4.3%	5.0%	3.4%	3.0%
その他	その他	21.6	22.0	15.0	26.8	3.6%	3.6%	2.7%	4.3%
	合計	602.4	610.1	563.0	617.0	100.0%	100.0%	100.0%	100.0%

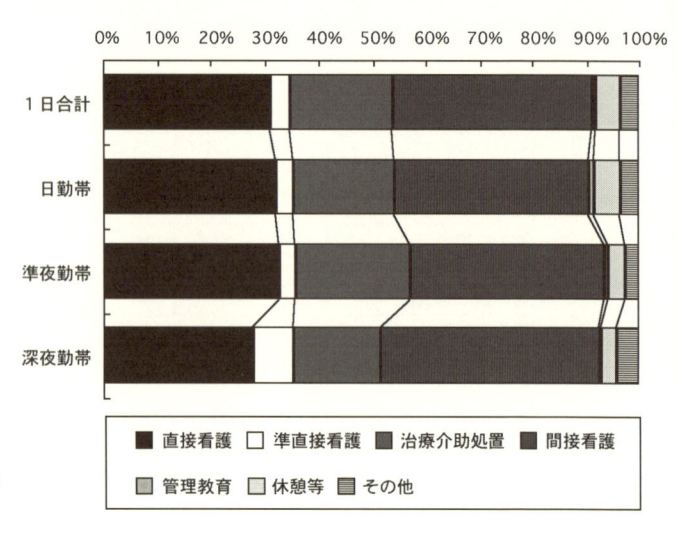

図2.26 勤務時間帯別看護行為時間構成比

である。

勤務時間帯別の看護行為別時間構成比をみたものが図2.26である。どの勤務時間帯も直接看護・準直接看護[*11]で全体の3割を超えている。中でも、深夜勤帯での「家族の話を聞く」「患者の死後のケア」などの準直接看護にあてられる時間が多くなっていることがわかる。

この「家族の話を聞く」には日勤帯で17.8分／人（2.9％）、準夜勤帯で10.9分／人（1.9％）、深夜勤帯で12.8分／人（2.1％）があてられている。

c. 勤務時間帯別行為特性

i 日勤帯

他の勤務時間と同様に、「看護師間の申し送り」「看護記録の記入・整理」の行為時間が多くなっている。次に多い行為は、「処置の介助」（11.0％）であり、行為頻度も16.4％ともっとも多く、日勤帯の特徴を示している。ついで「カンファレンス」（6.6％）、「休憩」（5.0％）が他の時間帯と比較して行為時間が長くなっている。介助浴を行う場合には、患者1人に対して看護師が2人以上で行うことがあり、他の勤務時間帯と比較して「身体の清潔」にあてられる時間が長くなる傾向がある。

ii 準夜勤帯

行為時間全体に占める割合は「与薬」（10.9％）、「処置の

[*11]「身体の清潔」「入退院時の世話」「食事介助」「病状の観察」など、患者に直接ふれる看護行為を直接看護として集計した。また、「患者、家族との連絡」「家族の話しを聞く」「死後のケア」など、患者の家族に対するケアとそれに準ずるものを準直接看護とした。

介助」(9.9％)、「病状の観察」(8.4％)で、10％前後と多くなっている。また、行為頻度では「病状の観察」17.9回／人(15.3％)、「与薬」17.0回／人(14.5％)が他の行為と比較して多くなっているところに特徴がある。

iii 深夜勤帯

深夜勤帯では「看護記録の記入・整理」が133.4分／人(21.6％)であり、他の勤務時間帯と比較してもっとも長い。また、行為頻度では朝食のための「食事の介助」17.8回／人(14.5％)、「病状の観察」17.4回／人(14.2％)、「処置の介助」15.8回／人(12.9％)の順に多い。これらの看護行為時間は他の勤務時間帯とほぼ同じ構成比であるが、行為頻度が多くなっているところに特徴がみられる。

d. 看護行為分類による既往研究との比較

5日間の平均でみると、直接看護は30.4％、準直接看護は3.7％であり、両者を合わせると34.1％となり、全体の約3割強を占めている。この値は、柳沢らの研究[*12]の内外科系6単位の平均17.7％の1.8倍である。また、日勤のみの平均値(30.8％)でも、前記の研究に示されている値(17.7％)を大きく上回っている。準夜勤帯、深夜勤帯でも、一般病棟と比較して直接看護の比率が高いことがわかる（表2.31）。

e. 訪室頻度と滞在時間

i 病室への訪室頻度と滞在時間の既往研究との比較

1室あたりの滞在時間をみると、5日間の平均で186.7分／日となり、1日あたり約3時間の病室滞在がみられる。日勤帯が平均107.2分、準夜勤帯が44.7分、深夜勤帯が34.8分となっている（表2.32）。

日勤帯と準夜勤帯を合計すると151.9分となる。一般病棟における直接看護時間の平均約1時間（起床から就寝の約18時間の調査[*13]）に比べて、約2倍となっている。

季羽らの研究[*14]では、ホスピスの日勤帯での滞在時間は平均78.3分、訪室頻度はホスピス8.4回、一般病棟では平均65.3分(8.7回)となっているが、今回の結果では日勤帯の平均は107.2分(15.3回)であり、いずれも上回った値を示していることがわかる（表2.33）。

1回あたりの滞在時間では、緩和ケア病棟の7.0分は、ホ

[*12] 柳沢忠ほか3名「病棟看護業務の時間量分析」『日本建築学会大会学術梗概集（関東）』pp.849-850（1979年9月）によれば、内科系・外科系6看護単位における全看護時間に占める直接看護の割合は、日勤で17.7％、準夜勤帯で19.5％、深夜勤帯で15.8％であり、1日の合計では17.7％を占めている。

[*13] 山下哲郎ほか5名「病棟部における入院患者の一日の生活実態について(1)」『日本建築学会大会学術梗概集（北陸）』pp.1293-1294（1983年9月）によれば、平均すれば看護師から受ける看護時間が約1時間、医師から受ける診療時間が15分程度、見舞客との面会に約2時間、ほかの患者との会話に30分費やしていると示されている。

[*14] ホスピスケア研究会が1990年に行った調査研究「ホスピス・PCUにおける看護の特色に関する研究」では、一般病棟2施設（4施設：9名）と緩和ケア病棟（承認施設2、未承認施設1：18名）に入院中のがん患者（計27名）を対象に参与観察法による1日断面の実態調査（日勤帯8：00～17：00まで）を行っている。この調査によれば、ホスピスの日勤帯での滞在時間は平均78.3分、訪室頻度はホスピス8.4回、一般病棟では平均65.3分(8.7回)となっている。

*15 長澤泰「病棟の建築計画に関する基礎的研究、学位論文（東京大学）」（1987年2月）によれば、一般病棟での病室訪問1回あたりの滞在時間は、1日平均1.7～2.6分／回であり、典型的な病棟を想定した修正訪問回数は20.6回／人と示されている。

スピス9.3分、一般病棟7.5分と比較してもやや短く、一般病棟と同様の値であることがわかる。また、時間帯別の訪室頻度をみると、準夜9.6回、深夜8.8回、1日合計は33.7回である。1回あたりの滞在時間は準夜4.6分、深夜3.9分、1日合計15.4分である。この値は、長澤の研究[*15]による一般病棟での病室訪問1回あたりの滞在時間1日平均1.7～2.6分／回に比べて約6倍である。さらに、同研究による典型的な病棟を想定した修正総訪問回数20.6回／人に比べても、1.6倍となっている（表2.34）。

勤務時間帯別にみた1部屋あたりの訪室頻度の平均値を合計し、1日の平均病室頻度とすると33.7回である。これは長澤の研究に示されている重傷者を含む病室への訪室回数33

表2.31 勤務時間帯別にみた直接看護時間の占める割合

	日勤	準夜勤	深夜勤	1日合計
直接看護	30.8	32.9	27.6	30.4
準直接看護	3.2	2.6	7.6	3.4
合計	34	35.5	35.2	33.8
内科系・外科系 6看護単位直接看護*	17.7	19.5	15.8	17.7

＊柳沢らの研究による研究結果

表2.32 勤務時間帯別にみた1室あたりの平均滞在時間

	滞在時間（分）
日勤	107.2
準夜勤	44.7
深夜勤	34.8
合計	186.7

表2.33 1室あたりの平均滞在時間・訪室回数の比較

	病室滞在時間（分）	病室訪問回数（回）	訪室1回あたりの滞在時間（分／回）
一般病棟*	65.3	8.7	7.5
ホスピス*	78.3	8.4	9.3
緩和ケア病棟	107.2	15.3	7.0

＊季羽らの研究による研究結果

表2.34 勤務時間帯別にみた平均訪室回数と平均滞在時間

	平均病室訪室頻度（回）	平均病室滞在時間（分）
日勤	15.3	6.9
準夜勤	9.6	4.6
深夜勤	8.8	3.9
合計	33.7	15.4

回とほぼ同程度であり、重傷者を含まない病室への訪室頻度14回と比べると、2倍近い頻度であることがわかる。

ii 部屋別看護師滞在時間と訪室頻度

調査期間中の部屋別滞在時間の経時的変化をみたものが図2.27である。滞在時間にはかなりの差がみられる。23日の日勤帯では、119号室に34分の滞在に対して107号室には389分（4人の看護師による合計）滞在しており、前者の11.4倍の値を示している。また、部屋別の訪室頻度をみたものが図2.28である。前述と同様に、日勤帯では105号室に8回の訪室に

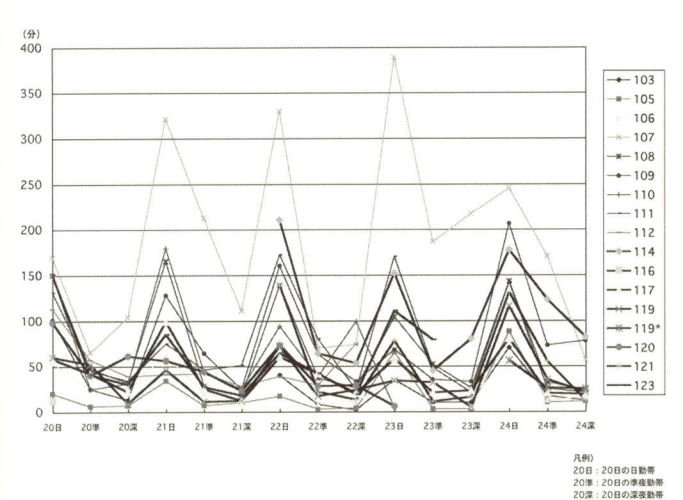

図2.27 部屋別滞在時間の勤務時間帯別推移（5日間）

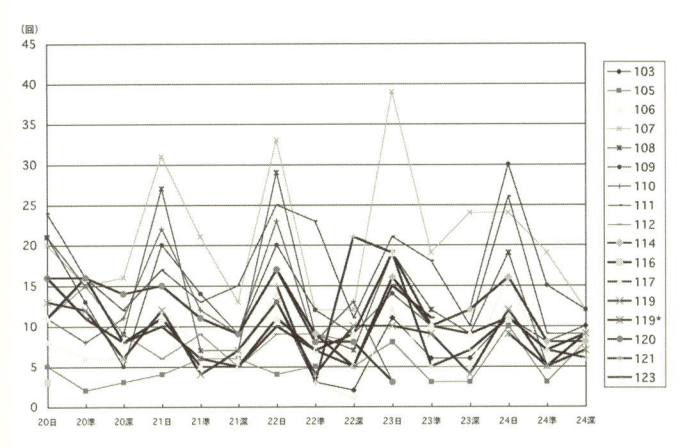

図2.28 部屋別訪室頻度の勤務時間帯別推移（5日間）

表2.35 部屋別にみた1日平均病室滞在時間と訪室頻度

部屋番号	滞在時間（T）	訪室回数（C）	平均滞在時間（T/C）
103	68.0	23.3	2.9
105	57.6	15.0	3.8
106	95.0	22.8	4.2
107	544.0	62.0	8.8
108	204.4	40.8	5.0
109	221.0	43.2	5.1
110	229.7	40.0	5.7
111	217.0	49.8	4.4
112	154.0	27.0	5.7
114	197.2	33.7	5.9
117	120.2	29.6	4.1
119	109.2	25.6	4.3
120	152.7	39.0	3.9
121	95.4	18.8	5.1
123	166.5	26.0	6.4
平均	186.7	33.7	5.5

対して、107号室には39回であり約5倍の値を示している。

部屋別の1日あたりの平均滞在時間と平均訪室回数をみたものが表2.35である。各室の平均値をみると、滞在時間は186.7分で、訪室回数は33.7回である。滞在時間の最大値は107号室で1日平均544.0分、最小値は105号室の57.6分である。また、訪室回数の最大値は107号室の62.0回で、最小値は105号室の15.0回ある。部屋ごとに滞在時間を訪室回数で除した平均滞在時間をみると、平均で5.5分／回、最大値は107号室の8.8分／回、最小値は103号室の2.9分／回である。滞在時間の長い部屋には1回あたりの滞在時間は長く、訪室回数も多いことがわかる。

以下、部屋ごとの特徴をみていくことにする。

〈107号室〉

患者は40代の女性、乳がんで皮下とリンパ節に転移がある。全体の平均値に比べて高い値を示した。この患者への看護行為時間の内訳をみると、各日ともに「処置の介助」が2時間を超えている（表2.36、37）。この患者のもとへは、転移に

表2.36 107号室の看護行為時間の経日変化

行為分類	20日	21日	22日	23日	24日	合計(分)	%
食事介助	54.8	127.2	62.8	136.3	38.0	419.1	15.6%
排泄介助	10.5	36.6	17.5	69.0		133.6	5.0%
身体の清潔	32.4	67.2	58.5	17.5	34.3	209.9	7.8%
患者の安楽	24.8	88.9	51.3	119.8	149.9	434.7	16.1%
安全の確保							
自立の援助			11.5			11.5	0.4%
身の回りの世話		18.0	69.3	6.0		93.3	3.5%
患者の移送	9.0	11.0	13.3			33.3	1.2%
病室内の環境整備					2.0	2.0	0.1%
処置の介助	136.3	170.3	107.5	215.2	102.3	731.6	27.2%
与薬	35.0	57.5	8.3	54.3	51.7	206.8	7.7%
測定	2.3	22.8	6.8			31.9	1.2%
検査							
検体採取							
病状の観察	9.7	21.8	38.8	134.3	61.0	265.6	9.9%
患者の話を聴く	16.0	18.1	22.3	2.0	26.4	84.8	3.1%
入退院の世話							
ナースコール／応対			2.5	17.0	1.0	20.5	0.8%
患者または家族との連絡							
家族の話を聴く			3.0	2.0	5.5	10.5	0.4%
面会人の対応				3.0		3.0	0.1%
死後のケア							
合計	330.8	639.4	473.4	776.4	472.1	2692.1	100.0%

表2.37 107号室の看護行為頻度の経日変化

行為分類	20日	21日	22日	23日	24日	合計(回)	%
食事介助	10	16	13	14	9	62	14.1%
排泄介助	3	6	4	9		22	5.0%
身体の清潔	9	13	10	2	3	37	8.4%
患者の安楽	8	17	12	21	18	76	17.3%
安全の確保							
自立の援助			2			2	0.5%
身の回りの世話		3	7	1		11	2.5%
患者の移送	1	3	3			7	1.6%
病室内の環境整備					1	1	0.2%
処置の介助	16	15	9	20	12	72	16.4%
与薬	9	10	4	9	10	42	9.6%
測定	1	5	2			8	1.8%
検査							
検体採取							
病状の観察	6	11	15	25	13	70	15.9%
患者の話を聴く	3	5	5	1	3	17	3.9%
入退院の世話							
ナースコール／応対			2	5	1	8	1.8%
患者または家族との連絡							
家族の話を聴く			1	1	1	3	0.7%
面会人の対応				1		1	0.2%
死後のケア							
合計	66	104	89	109	71	439	100.0%

対する処置を行うために頻繁に訪室する必要があり、ほかの患者に比べて滞在時間、訪室頻度ともに高い値を示している。皮下に転移があるために、こまめな体位交換などの「患者の安楽」87.0分／日に多くの時間がかけられている。また、21

日からはPSが4になったため、ベッド上での生活が中心になり「食事介助」83.8分/日や「身体の清潔」42.0分/日などにも多くの時間がかけられている。

〈105号室〉

患者は70代の女性、胆管がんで肝臓に転移がある。平均値に比べて滞在時間、訪室頻度ともに低い値を示した。この患者への看護行為時間の内訳をみると、各日ともに「病状の観察」13.0分/日や「与薬」10.5分/日などの基本的な看護行為が中心になっていることがわかる（表2.38、39）。

〈110号室〉

患者は70代の女性で、調査期間中に死亡した。肺がんでリンパ節に転移があった。この患者に対する看護行為時間をみると、「病状の観察」の時間が日ごとに増加していることがわかる（表2.40、41）。逆に「処置の介助」の時間は日ごとに減少している。患者が死亡した22日には「病状の観察」69.8分、「家族の話を聞く」23.3分、「死後のケア」71.0分の三つの看護行為時間を合わせると2時間半を超える。また、「病状の観察」の行為頻度も増加している。患者との死別のときを迎える家族に対するケアの時間が増加している様子がわかる。

〈114号室〉

患者は60代の男性で、調査期間中に入院した。下咽頭がんでリンパ節に転移がある。この患者に対する看護行為時間をみると、「身体の清潔」38.6分/日、「患者の話を聞く」40.6分/日などの看護行為に時間がかけられていることがわかる（表2.42、43）。そして、23日から24日かけて「処置の介助」は62.2分から110.7分に、「与薬」は21.3分から32.8分へそれぞれ増加している。入院直後は患者の愁訴を聞いたり病状の観察に時間をかけ、その後、看護方針に基づく処置や与薬が行われている様子がわかる。

〈117号室〉

患者は40代の女性、乳がんで胸骨に転移がある。在院期間が256日で調査対象者の中では最長である。この患者はPSが4であるため「食事介助」「排泄介助」「身体の清潔」「患者の安楽」などの基本的な直接看護に多くの時間がかけられ

行為分類	20日	21日	22日	23日	24日	合計(分)	%
食事介助	3.5	1.0	2.0		5.0	11.5	4.1%
排泄介助	1.7	1.0			1.0	3.7	1.3%
身体の清潔	1.7		1.0	1.0		3.7	1.3%
患者の安楽							
安全の確保							
自立の援助							
身の回りの世話					13.0	13.0	4.6%
患者の移送							
病室内の環境整備							
処置の介助		4.0				4.0	1.4%
与薬	10.2	4.0		1.5	37.0	52.7	18.6%
測定	13.0	8.0	6.0	8.0	6.0	41.0	14.5%
検査							
検体採取							
病状の観察	3.0	17.0	13.0	16.0	16.0	65.0	22.9%
患者の話を聴く		14.5	2.0	43.5	29.0	89.0	31.4%
入退院の世話							
ナースコール／応対							
患者または家族との連絡							
家族の話を聴く							
面会人の対応							
死後のケア							
合計	33.1	49.5	24.0	70.0	107.0	283.6	100.0%

表2.38 105号室の看護行為時間の経日変化

行為分類	20日	21日	22日	23日	24日	合計(回)	%
食事介助	3	1	2		2	8	10.4%
排泄介助	1	1			1	3	3.9%
身体の清潔	1		1	2		4	5.2%
患者の安楽							
安全の確保							
自立の援助							
身の回りの世話					2	2	2.6%
患者の移送							
病室内の環境整備							
処置の介助		2				2	2.6%
与薬	4	5		2	3	14	18.2%
測定	1	2	1	1	1	6	7.8%
検査							
検体採取							
病状の観察	3	5	5	7	7	27	35.1%
患者の話を聴く		2	1	5	3	11	14.3%
入退院の世話							
ナースコール／応対							
患者または家族との連絡							
家族の話を聴く							
面会人の対応							
死後のケア							
合計	13	18	10	17	19	77	100.0%

表2.39 105号室の看護行為頻度の経日変化

ている（表2.44、45）。1日に平均約2時間／日の看護行為が行われ、その約半分を上記の行為にあてられている。また「患者の話を聞く」21.8分／日、「病状の観察」9.5分／日を合わせると、1日平均31.3分／日の時間がかけられている。

表2.40　110号室の看護行為時間の経日変化

行為分類	20日	21日	22日	23日	24日	合計(分)	%
食事介助	30.0	22.5	4.0			56.5	8.3%
排泄介助		21.0	16.0			37.0	5.4%
身体の清潔	3.5	29.5	21.0			54.0	7.9%
患者の安楽	3.5	22.2	5.0			30.7	4.5%
安全の確保							
自立の援助							
身の回りの世話		10.0				10.0	1.5%
患者の移送		5.7				5.7	0.8%
病室内の環境整備	28.5	15.0				43.5	6.4%
処置の介助	64.5	28.2	14.5			107.2	15.7%
与薬	23.5	8.4	1.3			33.2	4.9%
測定	19.5	12.0	3.0			34.5	5.1%
検査							
検体採取							
病状の観察	9.5	55.2	69.8			134.5	19.7%
患者の話を聴く	24.0	13.0				37.0	5.4%
入退院の世話							
ナースコール／応対							
患者または家族との連絡							
家族の話を聴く			23.3			23.3	3.4%
面会人の対応							
死後のケア			71.0			71.0	10.4%
合計	206.5	242.7	228.9			678.1	99.4%

表2.41　110号室の看護行為頻度の経日変化

行為分類	20日	21日	22日	23日	24日	合計(回)	%
食事介助	8	5	2			15	10.0%
排泄介助		1	5			6	4.0%
身体の清潔	1	6	4			11	7.3%
患者の安楽	2	7	2			11	7.3%
安全の確保							
自立の援助							
身の回りの世話		2				2	1.3%
患者の移送		2				2	1.3%
病室内の環境整備	3	2				5	3.3%
処置の介助	8	6	7			21	14.0%
与薬	6	6	1			13	8.7%
測定	1	4	1			6	4.0%
検査							
検体採取							
病状の観察	6	14	21			41	27.3%
患者の話を聴く	4	2				6	4.0%
入退院の世話							
ナースコール／応対							
患者または家族との連絡							
家族の話を聴く			7			7	4.7%
面会人の対応							
死後のケア			4			4	2.7%
合計	39	57	54			150	100.0%

〈109号〉

　患者は60代の男性、肺がんで骨に転移がありPSが4でベッド上での生活が中心である。この患者に対する看護行為時間をみると、「病状の観察」55.5分／日、「処置の介助」37.8

表2.42 114号室の看護行為時間の経日変化

行為分類	20日	21日	22日	23日	24日	合計(分)	%
食事介助			41.7	22.5	49.0	113.2	12.0%
排泄介助			24.7	54.7	18.3	97.7	10.4%
身体の清潔			87.3	10.2	18.2	115.7	12.3%
患者の安楽			25.3	12.0		37.3	4.0%
安全の確保			1.0			1.0	0.1%
自立の援助							
身の回りの世話			5.3	13.0		18.3	1.9%
患者の移送					2.3	2.3	0.2%
病室内の環境整備			21.0	20.3	27.0	68.3	7.3%
処置の介助				62.2	110.7	172.9	18.4%
与薬			14.3	21.3	32.8	68.4	7.3%
測定			28.0			28.0	3.0%
検査					6.0	6.0	0.6%
検体採取							
病状の観察			20.5	14.5	14.5	49.5	5.3%
患者の話を聴く			29.3	17.5	75.0	121.8	12.9%
入退院の世話			16.0	2.0		18.0	1.9%
ナースコール／応対			3.5	18.9		22.4	2.4%
患者または家族との連絡					1.0	1.0	0.1%
家族の話を聴く							
面会人の対応							
死後のケア							
合計			317.9	269.1	354.8	941.8	100.0%

表2.43 114号室の看護行為頻度の経日変化

行為分類	20日	21日	22日	23日	24日	合計(回)	%
食事介助			5	5	6	16	11.1%
排泄介助			3	3	2	8	5.6%
身体の清潔			8	2	3	13	9.0%
患者の安楽			2	1		3	2.1%
安全の確保			1			1	0.7%
自立の援助							
身の回りの世話			1	3		4	2.8%
患者の移送					1	1	0.7%
病室内の環境整備			3	4	1	8	5.6%
処置の介助				13	14	27	18.8%
与薬			4	7	6	17	11.8%
測定			1			1	0.7%
検査					1	1	0.7%
検体採取							
病状の観察			6	9	6	21	14.6%
患者の話を聴く			3	4	5	12	8.3%
入退院の世話			5	1		6	4.2%
ナースコール／応対			1	3		4	2.8%
患者または家族との連絡					1	1	0.7%
家族の話を聴く							
面会人の対応							
死後のケア							
合計			43	55	46	144	100.0%

分/日、「与薬」43.9分/日に多くの時間がかけられている（表2.46、47）。同様に、行為頻度も「病状の観察」12.6回/日、「処置の介助」6.4回/日、「与薬」10.2回/日が行われている。患者の症状を詳細に把握しながら、それに応じた処置と投薬

表2.44 117号室の看護行為時間の経日変化

行為分類	20日	21日	22日	23日	24日	合計(分)	%
食事介助	19.0	8.0	11.7	8.0	7.0	53.7	9.1%
排泄介助	6.0	24.5	12.0	10.0	9.0	61.5	10.5%
身体の清潔	9.3	24.5	23.0	26.0	5.5	88.3	15.0%
患者の安楽	23.3	19.5	24.5	6.0	16.0	89.3	15.2%
安全の確保	3.3	1.5		2.0		6.8	1.2%
自立の援助							
身の回りの世話							
患者の移送		11.5	3.0	6.0	5.0	25.5	4.3%
病室内の環境整備				4.0		4.0	0.7%
処置の介助	15.0		5.7	1.0	20.0	41.7	7.1%
与薬	4.0	4.0	7.7	15.0	6.5	37.2	6.3%
測定	10.0	5.3				15.3	2.6%
検査							
検体採取							
病状の観察	15.0	9.3	4.0	11.0	8.0	47.3	8.1%
患者の話を聴く	10.0	26.8	29.5	3.0	40.0	109.3	18.6%
入退院の世話							
ナースコール／応対				6.0		6.0	1.0%
患者または家族との連絡							
家族の話を聴く			1.0			1.0	0.2%
面会人の対応							
死後のケア							
合計	114.9	134.9	122.1	98.0	117.0	586.9	100.0%

表2.45 117号室の看護行為頻度の経日変化

行為分類	20日	21日	22日	23日	24日	合計(回)	%
食事介助	10	3	7	5	4	29	100.0%
排泄介助	1	2	2	4	3	12	41.4%
身体の清潔	3	6	4	7	2	22	75.9%
患者の安楽	5	4	6	3	5	23	79.3%
安全の確保	1	1		1		3	10.3%
自立の援助							
身の回りの世話							
患者の移送		3	1	2	1	7	24.1%
病室内の環境整備				2		2	6.9%
処置の介助	3		2	1	4	10	34.5%
与薬	2	1	3	7	3	16	55.2%
測定	1	1				2	6.9%
検査							
検体採取							
病状の観察	8	5	2	10	5	30	103.4%
患者の話を聴く	1	3	5	1	2	12	41.4%
入退院の世話							
ナースコール／応対				3		3	10.3%
患者または家族との連絡							
家族の話を聴く			1			1	3.4%
面会人の対応							
死後のケア							
合計	35	29	33	46	29	172	593.1%

が行われている様子がわかる。また、117号室同様、「食事介助」「排泄介助」「身体の清潔」「患者の安楽」などの基本的な直接看護に1日平均42.5分／日かけられている。

表2.46 109号室の看護行為時間の経日変化

行為分類	20日	21日	22日	23日	24日	合計(分)	%
食事介助	3.3	37.3	4.3	1.0	8.6	54.5	4.7%
排泄介助		7.0	4.5	3.0	23.0	37.5	3.3%
身体の清潔	15.3	1.0	17.3	0.5	35.0	69.1	6.0%
患者の安楽	6.0		13.5	3.0	28.7	51.2	4.5%
安全の確保					6.0	6.0	0.5%
自立の援助							
身の回りの世話			7.5	12.5	2.0	22.0	1.9%
患者の移送	7.0					7.0	0.6%
病室内の環境整備	8.0		1.5	1.0	30.0	40.5	3.5%
処置の介助	49.0	49.0	20.0	15.7	55.3	189.0	16.4%
与薬	32.3	46.0	21.0	37.0	83.0	219.3	19.1%
測定	8.5	5.8	11.5	10.2	5.3	41.3	3.6%
検査			6.0	4.0		10.0	0.9%
検体採取							
病状の観察	11.0	131.6	43.0	42.2	49.8	277.6	24.1%
患者の話を聴く	0.5	10.0	51.0	5.0	1.0	67.5	5.9%
入退院の世話					1.0	1.0	0.1%
ナースコール／応対				0.5	4.0	4.5	0.4%
患者または家族との連絡							
家族の話を聴く	2.0	7.0	30.5	2.0	10.5	52.0	4.5%
面会人の対応							
死後のケア							
合計	142.9	294.7	231.6	137.6	343.2	1150.0	100.0%

表2.47 109号室の看護行為頻度の経日変化

行為分類	20日	21日	22日	23日	24日	合計(回)	%
食事介助	3	10	4	1	3	21	7.8%
排泄介助		1	2	2	6	11	4.1%
身体の清潔	3	1	5	1	5	15	5.6%
患者の安楽	4		3	1	7	15	5.6%
安全の確保					1	1	0.4%
自立の援助							
身の回りの世話			5	4	1	10	3.7%
患者の移送	2					2	0.7%
病室内の環境整備	3		1	1	5	10	3.7%
処置の介助	7	10	2	3	10	32	11.9%
与薬	10	10	4	15	12	51	19.0%
測定	2	3	3	2	2	12	4.5%
検査			2	1		3	1.1%
検体採取							
病状の観察	9	17	11	12	14	63	23.4%
患者の話を聴く	1	1	2	2	1	7	2.6%
入退院の世話					1	1	0.4%
ナースコール／応対				1	2	3	1.1%
患者または家族との連絡							
家族の話を聴く	1	2	7	1	1	12	4.5%
面会人の対応							
死後のケア							
合計	45	55	51	47	71	269	100.0%

ここで取り上げた患者は6例ではあるが、訪室頻度や滞在時間からみると患者の看護要求は出現する症状や身体状況（PS、転移の部位）によって非常に個別的であり個人差が大きいことがわかる。

(4) まとめ

①1日8時間の規定勤務時間に対して、看護師1人あたり平均119.6分/日の超過勤務を行っている。

②全体の看護行為のうち直接看護が3割を占める。この値は一般病棟の約1.8倍であり、緩和ケア病棟での看護行為の特徴といえる。

③夜間になるにつれ直接看護の頻度は多くなり、頻繁に患者のベッドサイドを訪れることになる。

④疼痛緩和のための「処置」や「与薬」は、個別的な対応が求められており、看護行為の16.8％を占めている（各勤務時間帯で看護師1人あたり平均100分）。

⑤「患者の話を聞く」「病状の観察」など、患者とのコミュニケーションの時間は、看護行為の8.9％を占めている（各勤務時間帯で看護師1人あたり平均53.5分）。

⑥「家族の話を聴く」など、準直接看護の行為頻度は夜間になるにつれて増加する。

⑦患者との死別のときを迎える段階では、「病状の観察」「家族の話を聞く」などの家族に対する看護行為の時間が増加する。

⑧1回あたりの病室滞在時間は平均15.4分で、一般病棟に比べると約6倍の値を示している。また1部屋あたりの訪室頻度は平均で33.7回/日であり、この値は重症病棟とほぼ同じ値を示している。

⑨1日平均病室滞在時間は部屋ごとに差が大きく、滞在時間では最大11.4倍の開きがあり、訪室回数では最大5倍の差があることがわかった。

⑩患者の看護要求は身体症状や精神状況、転移の部位などによって非常に個別的であり個人差が大きい。

⑪緩和ケア病棟では、プライマリーナーシングケア方式が効果的な看護方式と考えられているが、現状ではこのような方式に対応するために分割した看護チームでそれぞれの患者群を受け持っている。このような小規模の看護チームに対応し、さらに患者の心理的な側面を考慮して病室移動を極力少なくし頻繁な訪室を可能にするためには、建築計画的には看護拠点の分散化が有効な解決方法と考えられる。

本調査結果は、日本建築学会計画系論文報告集に掲載されている。
山本和恵、竹宮健司ほか：緩和ケア病棟の看護行為分析、緩和ケア医療施設の建築計画に関する研究その3、日本建築学会計画系論文集、No.494、P.121、1997年4月

2.1.5 緩和ケア病棟の生活

「在宅不可能な長期入院患者」、即ち、症状のコントロールがなされても自宅に帰ることのできない患者にとっての緩和ケア医療施設とは、いったいどのような環境なのであろうか。また、入院して症状が落ち着いてきた段階にある患者は、どのような生活を送り、この施設環境をどのように評価しているのであろうか。本節は、この問いに対するケーススタディである。

(1) 研究概要

a. 調査対象

本調査の対象であるA病院緩和ケア病棟は、国立K病院と国立療養所M病院を統合し1992年7月に開院した。緩和ケアに関しては、旧M病院時代からの4年間の実績があり「がん医療を末期医療も含んだ一貫したものにする」という明確なコンセプトのもとに、ケアに取り組んでいる。

スタッフの構成は、婦長、看護師（18名）、看護助手（2名）、病棟医師、精神科医、カウンセラー、栄養士、薬剤師、理学療法士、ボランテイアである。

b. 調査方法

A病院緩和ケア病棟において、平成7年11月1日から30日までの1カ月間、毎日午後1時から6時までボランティア活動を行いながら、病棟内の参与観察[*16]を行った。また、同時に病棟婦長の判断で対象患者を選定し、承諾の得られた患者に対して半構造的なインタビュー[*17]を行った。インタビューでは、①施設での生活、②日常性の継続、③施設環境全般についての評価、についての質問を行った。

c. 調査実施概況

調査の実施概況を表2.48に示す。調査期間内にインタビューできた患者は7名、常時付き添っている家族1名である。

(2) 調査結果

a. 調査期間中の病棟の状況

調査期間中の入院患者数、死亡退院患者数、軽快退院患者数、並びに重症患者数を表2.49に示す。

b. 諸室の利用状況

家族休憩室、一般浴室・介助浴室の使用状況を表2.50、51

[*16] 本研究では、調査対象施設内での参与観察を行った。参与観察といわれる調査手法の特色についてふれておきたい。一般に対象者と生活と行動をともにし、五感を通した自らの体験を分析や記述の基礎に置く調査法を参与観察もしくは参与観察法と呼んでいる。アメリカの社会学者ジョージ＝マッコールとJ.シモンズによれば、広義の参与観察には少なくとも次の五つの調査技法が含まれている。
①社会生活への参加
②対象社会の生活の直接観察
③社会生活に関する聞き取り
④文書資料や文物の収集と分析
⑤出来事や物事に関する感想や意味づけについてのインタビュー

狭い意味での参与観察は、上記①②③を中心とする調査活動を指すといわれている。今回の調査では⑤の作業も含まれており、より広義の意味で用いることにする。

[*17] 半構造的なインタビューとは、社会学や看護学で用いられる調査方法である。あらかじめ用意された質問項目を自然な会話の中で質問していく方法。

表2.48　調査概況

日	曜日	主な活動内容	面接患者	面接スタッフ
1	水	浴室利用状況調査用設置　家族室利用状況調査用紙設置		
2	木	ボランティアミーテング　ベッドサイドケアについての研修　ボランティア活動予定表の改良		
3	金			
4	土			
5	日			
6	月	浴室、家族室、アンケート用紙回収と更新		
7	火	家族室掃除　介助浴室ボード設置　Nさんヒアリング　109号室（Hさん）インタビュー	109	Kさん
8	水	ボランティアマグネットボード作成　110号室（Sさん「患者+家族インタビュー」）	110	
9	木	115号室（Uさん）　114号室（Nさん）インタビュー	114.115	
10	金			
11	土	ボランティア研修会		
12	日			
13	月	105号室（Yさん）インタビュー　101号室（Kさん）インタビュー	105.101	
14	火	インタビュー118号室　Eさんインタビュー	118	
15	水	掃除活動　行動観察　109号（Hさん）の生活の様子、売店と散歩とお茶	109	
16	木	ボランティア名簿作成		
17	金	118号室（Eさん）インタビュー（2回目）　ミニコンサート手伝い	118	
18	土	ボランティア研修会		
19	日			
20	月	ボランティアビデオ棚整理　スタッフヒアリング（Nさん）		Nさん
21	火	クリスマスツリー準備　118号（Eさん）インタビュー（3回目）	118	病棟婦長
22	水	コンパニオンドッグ　患者さんとギター		
23	木			
24	金	109号室（Hさん）と105号室（Yさん）とギター		
25	土			
26	日			
27	月	107号（Mさんの家族）インタビュー　104号（Oさん）とギター		
28	火	サンルームでギター　HさんとYさんの会話		
29	水	掃除・お茶		
30	木	104号（Oさん）とギター　クリスマスの飾り付け　YさんとHさんと話し		
1	金	調査用紙回収		病棟婦長

に示す。

　家族休憩室は、一つの家族が何日も独占的に使用することがないように管理されている。そのため、長期的な使用はみられないが、平日、休日ともにコンスタントな利用がある。

　各ウイングの端部にある一般浴室は、1日あたりの利用回数に換算するとAウイング0.37回/日、Bウイング0.43回/日、Cウイング0.46回/日である。また、患者だけの利用は9回/月、家族だけの利用は20回/月、一緒に利用は7回/月である。

c. 個別的な生活の事例

　次に、調査期間中に行われたインタビュー調査の結果を示す。基本的には、あらかじめ用意してある質問の内容を取り込んだ会話を試みた。しかし、患者の状態が変化した場合や患者が話したい内容が別にある場合は、インタビューを途中で中止したりあえて軌道修正を行わなかった場合もある。

日	曜日	入院患者数	死亡退院	軽快退院	重症者数
1	水	2			2
2	木	1			3
3	金				3
4	土	1	1		3
5	日		1		3
6	月	2			4
7	火	3	2	1	3
8	水				3
9	木	1	1		2
10	金	2		1	3
11	土			1	4
12	日		1		4
13	月	1			4
14	火	2	1		2
15	水	1			2
16	木	1	1		1
17	金			1	1
18	土	1	2		2
19	日		1		3
20	月		2		3
21	火	2			2
22	水	2			2
23	木		1		2
24	金	1			1
25	土		1	1	0
26	日				0
27	月				0
28	火	1			0
29	水	2			0
30	木	1			2

表2.49 調査期間中の入院患者数及び重症患者

日	曜日	浴室(A)	患/家	浴室(B)	患/家	浴室(C)	患/家	介助浴室
1	水							
2	木			1	一緒	1	家族	
3	金	1	家族	1	一緒	1	家族	
4	土			1	一緒			
5	日	1	家族	1	一緒	1	家族	
6	月	1	患者					2
7	火			1	一緒			2
8	水	1	家族					2
9	木	1	家族	2	家族1/患者1	3	家族2/患者1	3
10	金			1	一緒			3
11	土	1	家族					
12	日							
13	月							
14	火			1	一緒	1	家族	4
15	水							
16	木	1	患者			1	患者	2
17	金			1	家族	1	家族	3
18	土							2
19	日							4
20	月							
21	火	1	患者					2
22	水							2
23	木			1	患者	1	患者	2
24	金	1	家族			1	家族	3
25	土			1	患者			1
26	日							1
27	月	1	家族			1	家族	3
28	火	1	患者					2
29	水			1	患者	1	家族	1
30	木					1	家族	2

表2.50 一般浴室・介助浴室の使用状況

表2.51 家族休憩室の使用状況

日	曜日	家族室（左）	利用者	家族室（右）	利用者
1	水				
2	木			2	101
3	金				
4	土				
5	日				
6	月	1	120	5	123
7	火	1	120		
8	水	2	120		
9	木				
10	金				
11	土			1	119
12	日			3	122/119
13	月	1	119	2	119
14	火				
15	水				
16	木	2	106	1	119
17	金				
18	土			1	117
19	日			2	101
20	月				
21	火				
22	水			1	114
23	木	1	119		
24	金			1	106
25	土				
26	日				
27	月				
28	火				
29	水				
30	木				

写真2.1　家族室

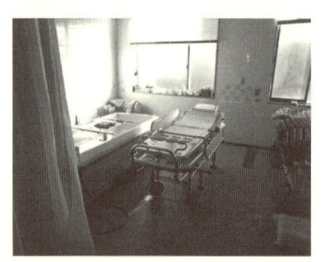

写真2.2　介助浴室

　インタビュー対象者の属性を表2.52に示す。表中にあるPSは患者の全身状態を表す指標である。

　今回インタビューした患者を入院経験回数から分類すると、以下の三つに分類できる。

①初回入院の患者：事例1～3
②2回目の入院患者：事例3～4
③3回目の入院患者：事例5～8

　また、入院患者の3パターンで分類すると以下のようになる。

①死亡直前の短期入院：なし
②症状コントロール目的の入院：事例3、4、6、7
③在宅に帰ることのできないための継続的入院:事例1、2、5、8

　分析にあたっては、実際の会話を記録テープからできるだけ忠実に文章化し、観察調査で得られた結果と合わせて、患

表2.52　インタビュー対象患者属性

事例	部屋番号	名前	性別	年齢	職業	罹患臓器	転移	P.S.	入院日	入院回数
〈事例1〉	109号室	Hさん	女	40代	教師	乳	骨	4	10/12	1
〈事例2〉	105号室	Yさん	女	50代	生命保険	肺	骨	4	11/1	1
〈事例3〉	101号室	Kさん	女	50代	主婦	舌	リンパ	3	11/7	1
〈事例4〉	110号室	Sさん	女	70代	主婦	肺	-	3	10/24	2
〈事例5〉	118号室	Eさん	男	70代	特許関連	肺	骨	2	9/18	2
〈事例6〉	115号室	Uさん	男	50代	会社員	肺	骨	3	11/2	3
〈事例7〉	114号室	Nさん	男	40代	会社員	胃		2	11/7	3
〈事例8〉	107号室	Mさん(婦人)	男	50代	デパート	胆管	-	4	8/24	3

者の生活の様態に関する分析を行った。

〈事例1〉Hさん

　40代の女性で、乳がん（骨転移）の患者である。学校の教師をしていた方である。緩和ケア病棟への入院は初めてで、今回の入院は10月12日であった。インタビューは11月7日、症状が安定し状態がよいときに病室内で行った。

　骨への転移のために下半身を動かすことができず、ほとんど寝たきりの生活を送っている。両腕は動かすことができるが、身の回りの物をとるにも看護師を呼ばなくてはならないことを気にかけていた。

　この病棟へは緊急入院したので、入院にあたって身の回りの物を十分に準備できなかった。そのことを少し残念そうに語った。自宅からCDラジカセを持ってきたが、自ら操作することが困難なためにほとんど使っていない。

　夫と小学生の子どもがいる。週末になると病棟に泊まるが、2人が寝泊まりするには病室が狭いと感じていた。

　食べることが楽しみで、毎日のように売店に出かけては甘い菓子とジュースを買ってくるのが日課となっていた。絵を描くことが趣味で、デイルームに色鉛筆をもっていくこともある。病室内で描くこともあるが、ベッド上では描きづらく、病室内に姿勢を維持しながら描くことのできるライティングデスクのような机がほしいと語った。

　病室内の構成については、自分の部屋の一角のようなコーナーをつくることができて、そこに自分の使い慣れた物を持ってくることができれば、それを見ているだけで安心感がわくのではないかと語った。

　既存の家具や設備については、自分で使うことができない

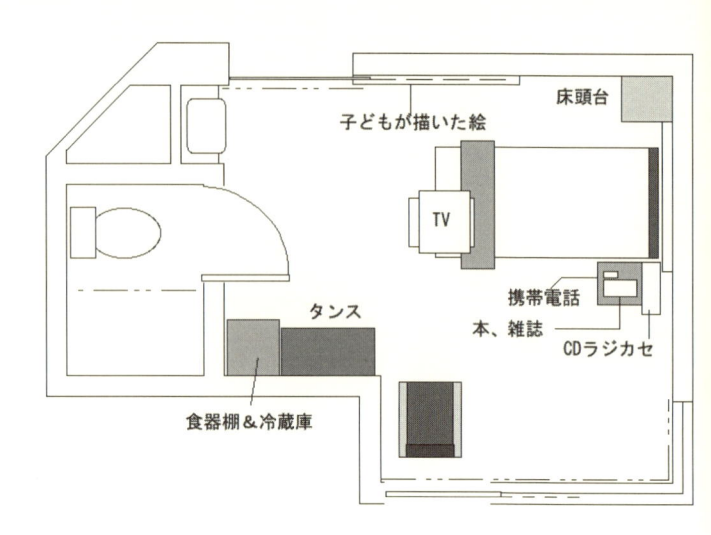

図2.29 Hさん（11/7）

ので評価できない。歩行が困難なために、すぐに必要なものをオーバーベッドテーブルに置いているが、少し狭いと語った。夜間は、寂しいために照明をつけて寝るようにしていた。

ベッド脇の壁には小学生になる子どもが描いた絵が3枚飾ってあり、タンスの上には小学校の生徒たちが書いた夏休みの宿題と思われるファイルがおいてあった。

個室については非常に高い評価をしていた。インタビュー時点では、病棟にいるほかの患者さんとの交流がないことに少し寂しい感じがすると語っていたが、その後、事例2のYさんと親しく付合うようになった。

〈事例2〉Yさん

50代の女性で、肺がんの患者である。生命保険の営業をしていた方である。緩和ケア病棟への入院は初めてで、今回の入院は11月1日であった。インタビューは11月13日、症状が安定し状態がよいときに病室内で行った。

骨への転移のために下半身を動かすことができず、ほとんど寝たきりの生活を送っている。腕を動かすことはできるが、身の回りの物をとるにも看護師を呼ばなくてはならないことを気にかけていた。

室内の照明について、いくつかついているがどれも明るさが十分でないことを指摘し、特に夜間使用する足元灯には十

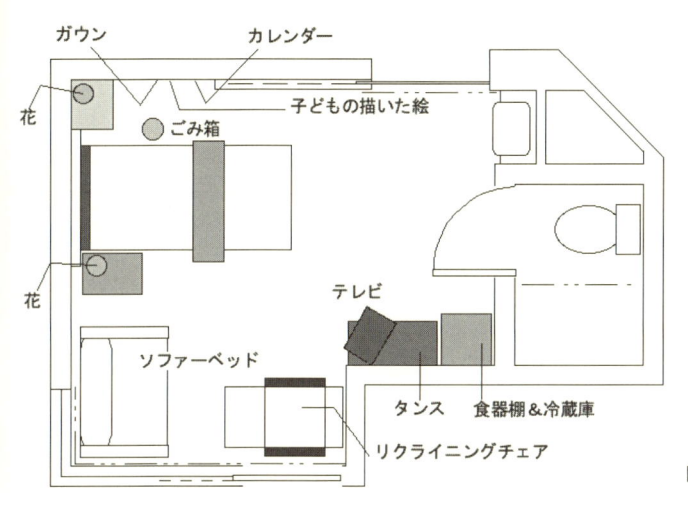

図2.30　Yさん（11/13）

分な明るさが必要と語った。

　ベッドで寝ている時間が長いことや、何かをしてもすぐに疲れてしまう自分の状態から、自宅での生活の継続や趣味を楽しむことなどは望んではいないように見受けられた。病室内を動き回ることができないので、タンスや棚、トイレなどの設備や家具に関する関心はない様子だった。それらのコントロールはすべて看護師に任せていた。

　個室についての評価は高く、差額代金が高いことを除けばおおむね満足している様子だった。

　病室の床頭台とテーブルの上には花が飾られており、またベッド側の壁には親戚の子どもが描いたという絵が飾られていた。その壁には大きなカレンダーも飾られており、カレンダーのあることをとても喜んでいた。

　ほとんど毎日のようにリクライニングチェアで散歩に出かけ、サンルームでお茶を飲む生活を楽しんでいた。その後，事例1のHさんと友達になり、お互いに部屋を訪問し合ったり、サンルームで話しをするようになった。

〈事例3〉Kさん

　50代の女性で専業主婦、舌がんの患者である。緩和ケア病棟への入院は初めてで、今回の入院は11月7日であった。インタビューは11月13日、症状が安定し状態がよいときに

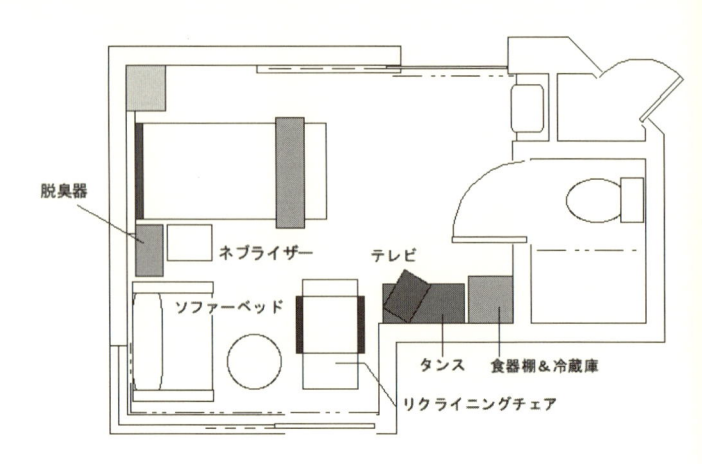

図2.31　Kさん（11/13）

病室内で行った。頭頸部のがんのために会話が困難で、小型のホワイトボードを使って筆談を行った。その場に夫も同席して、家族からも話しを聞くことができた。

自宅から小型のヘッドホン用のカセットテープを持ってきたが、耳が痛いために使用していないとのことであった。

自宅のマンションは北向きでうるさいために、病院の環境については非常に高い評価を示した。

家族からは、電話をしても会話できないので、暖房などのスイッチの確認ができず不安になることがあるという話しが聞かれた。

病室に入ると、ほかの部屋とは違う臭いがした。後から病棟婦長に確認すると、それはリンパ節転移による悪液質の臭いということがわかった。病室内には脱臭器が置かれていたが、その臭いは病室内に充満していた。季節的に窓を開けるわけにもいかず、病室には換気扇がないために、本人にも家族にとってもかなりの影響があると思われた。

〈事例4〉Sさん

70代の女性で主婦、肺がんの患者である。緩和ケア病棟への入院は2回目で、今回の入院は10月24日であった．インタビューは11月8日、症状が安定し状態がよいときに病室内で行った。

いつも娘さんが泊まり込んで看ている。この日はたまたま娘さんはいなかったが、もう1人の家族が付き添っていた。

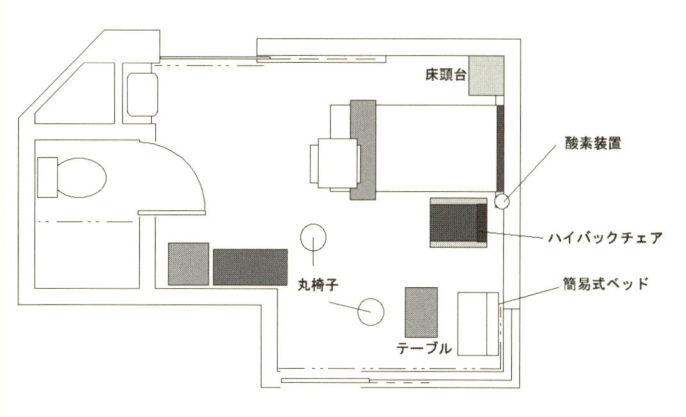

図2.32 Sさん（11/8）

（図中ラベル：床頭台、酸素装置、ハイバックチェア、簡易式ベッド、テーブル、丸椅子）

　自宅から持ってきた物は特にないが、自分の趣味については笑顔で話しをした。差額のない部屋なのでソファーベッドがなく、家族は病院からの貸出しベッドを使用していた。このベッドが狭いことをSさんは非常に気にかけていた。
　毎日のように一般浴室を利用して風呂に入っていた。風呂に入れることを喜んではいたが、浴室内の段差については不満を示していた。
　個室中心の病棟構成については、肯定的な評価を示していた。

〈事例5〉Eさん
　70代の男性で、肺がんの患者である。特許関連の仕事をしていた方である。緩和ケア病棟への入院は2回目で、今回の入院は9月18日であった。インタビューは11月14日、症状が安定し状態がよいときに病室内で行った。その後、11月17日に2回目、11月21日には3回目のインタビューを行った。
　第1回目のインタビューでは病室内部の構成や設備についての問題点を語った。以下にそれらを示す。
・トイレの換気扇の音がうるさい。身体が弱ってくるとトイレの時間が長くなるので、換気扇の音が非常に気になる。
・トイレの照明は換気扇と共用のため、音を消すことができない。
・トイレの中のスペースの狭さ。特に手すり部分が狭く、身

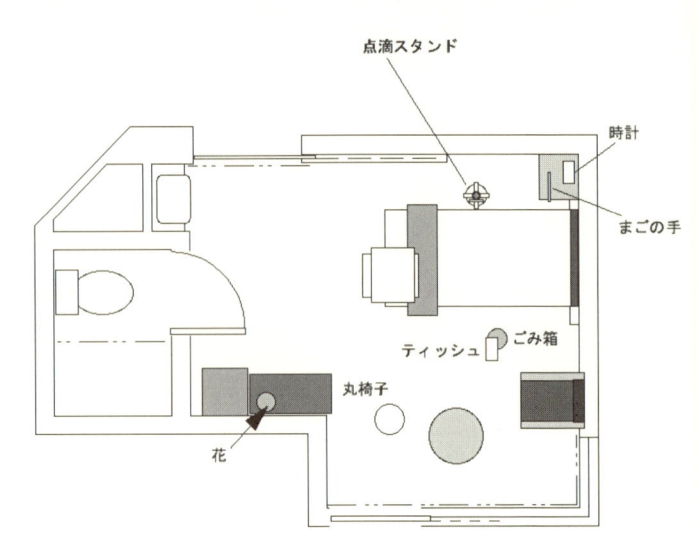

図2.33　Eさん（11/14）

写真2.3　個室内洗面台

写真2.4　しゃがまないと開けられない冷蔵庫

体を右向きに捩らなければならない。
- トイレ入口部分の段差。シャワー部分の床仕上げが悪いため、水がトイレのほうに流れてくる。
- 夏冬の温度差が激しいのでそれなりの対応が必要。夏の陽射しがテラスに反射して室内に入る。エアコンの能力が不足している。
- ドアを閉めるときの衝撃を緩和するためのクッション機能が必要。
- 手洗いの位置が悪い。いすに座って歯を磨いたり、顔を洗っている姿が外から見られてしまう（写真2.3）。
- ナースコールやベッド上下の有線スイッチなど、ベッド回りの配線がからまってしまう。
- テレビの位置、高さが悪い。寝ていてみるにはいいが、いすに座ってみるときは顔を上げなければならず非常に苦痛。また、病室に入ってきた人にテレビの背中が向いているのは失礼。
- 照明が暗い。何か書き物をしようとしても暗くて書けない。
- 棚には鍵がほしい。
- 冷蔵庫の位置。しゃがまないと開けられないので苦痛（写真2.4）。
- ガラスの扉は危ない。

第2回目のインタビューでは、ナースコールの端末の操作

性や持続皮下注射のシリンジポンプの構造について語った。その時点では自力で歩行できていた。

Eさんはその数日後、肺炎になり危険な状態が続いたが、少し状態が落ち着いてきたときに3回目のインタビューを行った。それまではかなり動ける状態であったが、動けなくなったときの患者からの視点を調査員に伝えたいということだった。

「基本的には、前回お話ししたことと考え方は同じ」といいながら、ポータブルトイレの臭いと排気の問題について語った。身体の状態が悪くなり、ポータブルトイレを使用せざるを得なくなると、どうしても家族に対しても気を使う。室内に換気扇を設けるか、外に排気するようにしてほしいと語った。

さらに「寝たきりの状態になると、ここが生活の場になる」と語った。「生活の場」というのは、家族も泊まり込むようになって、そこで家族とともに多くの時間を過ごす場のことである。そこには食器や衣類などいろいろな物品も増え、薬、茶、配膳など、物を置く場所が必要となる。特に必要になるのは、すぐに物を取り出せるような棚と語った。

このときの病室の様子は、ベッドの脇にポータブルトイレが置かれ、反対側にはネブライザー、ベッドの上部には酸素供給用の小型の機器が取り付けてあった。

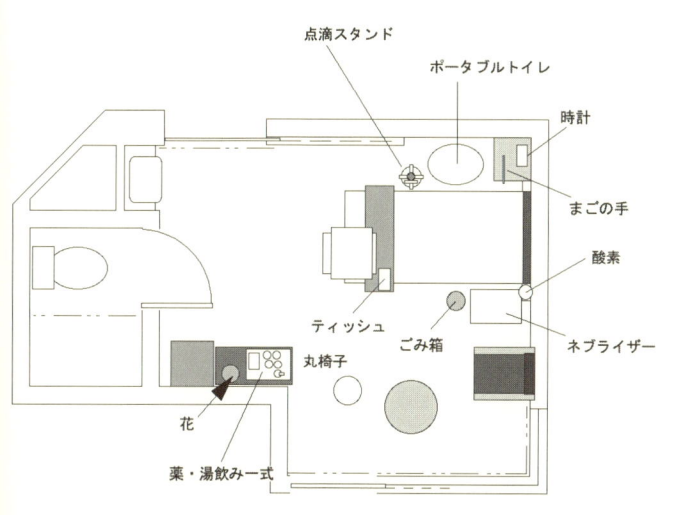

図2.34 Eさん (11/21)

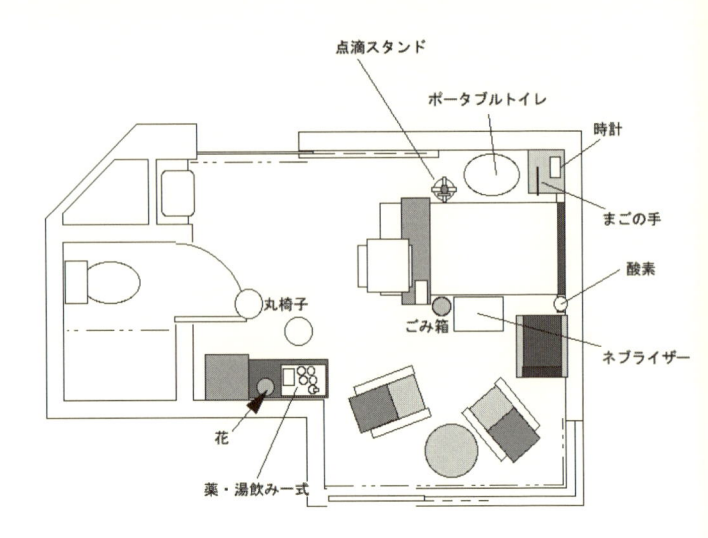

図2.35 Eさん（12/7）

（図中ラベル：点滴スタンド、ポータブルトイレ、時計、まごの手、酸素、ネブライザー、丸椅子、ごみ箱、花、薬・湯飲み一式）

　その後、12月7日にボランティアとして病棟を訪れたときに、担当の看護師からEさんが昏睡状態になったことを告げられた。
　Eさんに最後の別れを告げに看護師とともに病室に向かった。病室には家族が集まっていた。ベッド脇には折畳み式のいすが二つ置いてあり、合計で三つのいすがひしめき合うように置いてあった。Eさんの意識はなく、こちらが語りかける言葉が聞こえているのかどうかわからない状態であった。Eさんは静かに呼吸をしていた。息子さんが枕元に座り、兄弟と思われる方がその後ろに座っていた。婦人と娘さんは食器棚の前に丸いすを出して、その前で看護師と話しをした。Eさんにお礼の言葉を告げた。そしてご家族にもお礼を述べ、看護師とともに病室を後にした。

〈事例6〉Uさん
　50代の男性で、肺がんの患者である。会社員をしていた方である。緩和ケア病棟への入院は3回目で、今回の入院は11月2日であった。インタビューは11月の症状が安定し状態がよいときに病室内で行った。
　今回の入院は緊急であったために2人部屋に入っていた。以前は個室に入っていたが、今の病室にはトイレがないこと、さらに温風温水洗浄機能付便座がついていないことが不満と

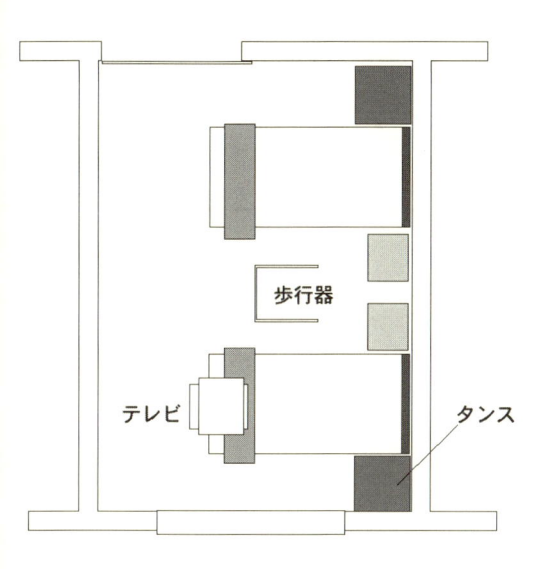

図2.36 Uさん（11/9）

語った。また、個室に入院していたときには、自宅からオーディオを持ってきて楽しんでいたと語った。個室中心の病棟構成について肯定的な意見を示した。

当時のUさんは、病室の環境を云々するよりも、現在の病気の状態について正確な情報を得たいという気持ちのほうが強かった。

〈事例7〉Nさん

40代の男性で、胃がんの患者である。エンジニアをしていた方である。緩和ケア病棟への入院は3回目で、今回の入院は11月7日であった。インタビューは11月9日、症状が安定し状態がよいときに病室内で行った。建築設計の仕事にも携わったことがある方で、非常に細かく多くのことについて語った。話の内容をまとめると以下のようになる。

[本館外来部の構成について]
・がん患者は単科にかかることはめったにない。複数の科にまたがって受診するのが一般的なので、1階と2階の外来部分に専用の移動設備を設けるべき。今は昇りのエスカレーターだけしかないので非常に不便。
・外来にくるがん患者は、身体の状態が悪いので座っているだけでも疲れてしまう。車の座席のようなゆったりとリク

ライニングが可能で、頭を支えることができるいすを用意してほしい。
・がん患者は体力が落ちていて、歩くとすぐに疲れてしまう。病院とPCUを結ぶ長い廊下などは一気に歩ききれない。途中に休むところがあれば非常に助かる。

[病室内の設備について]
・各種スイッチや配管がベッドの上のパネルに集中している。これは患者の立場で設計されていない。このようなスイッチ類は、レクチャーパネルにして患者の手元で操作できるようにすべき。
・トイレの扉が重い。健康な人の考えで設計してはいけない。身体が弱ってくるとトイレが長くなるので、換気扇の音がうるさいのは困る。また、2人部屋の前のトイレの段差をなくす。
・照明は、廊下などを除いてすべて間接照明にすべき。

[一般浴室の設計について]
・脱衣室が狭すぎる。健康な人が1人で入ることを想定している。必ず介護者がいることを考えて設計すべき。

[患者の視点に立った配慮について]
・トイレはできるだけ最後まで自分でしたい。
・最後まで自分の力で快適に過ごしたい。いろいろなことを自分でコントロールしたい。

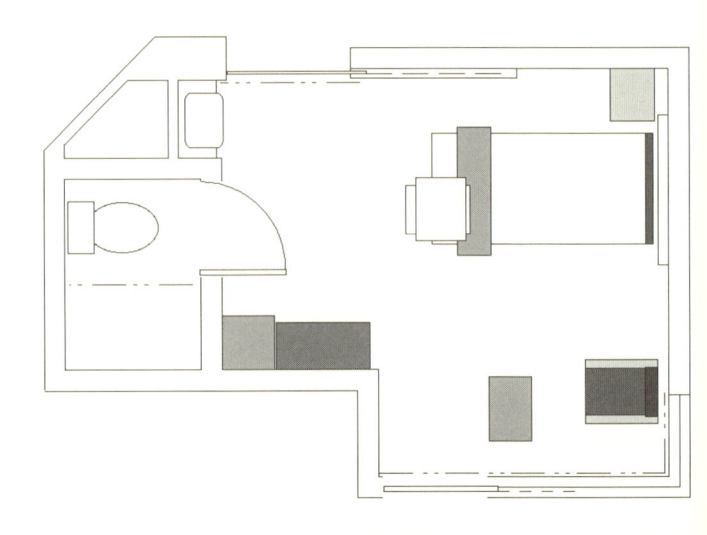

図2.37　Nさん（11/9）

- 安全性を確保する。
- 患者にやさしい環境（空気、温度）。
- 病室の掃除は集中吸引方式、暖房はセントラルヒーティングがいい。

〈事例8〉Mさんの奥さん

　Mさんは50代の男性で、胆管がんの患者である。デパートの仕事をしていた方である。緩和ケア病棟への入院は3回目で、今回の入院は8月24日であった。患者本人は寝たきりでほとんど会話ができないために、常時付き添っている家族の方に、11月27日に病室内でインタビューを行った。

　3回の入院を通して感じられたことを語ってもらった。それらを要約すると次のようになる。

［病室内の設備・構造について］
- 洋服を掛けるタンスがほしい。
- 無料の個室に温風温水洗浄機能付便座がないのはおかしい。
- 病院から貸し出されるベッドが貧弱すぎる。
- 患者をストレッチャーに乗せて移動するとき、廊下幅がかなり狭いと感じる。
- 照明が中途半端。
- 夜間に点ける照明がない。
- ゆっくりと座れるいすがほしい。

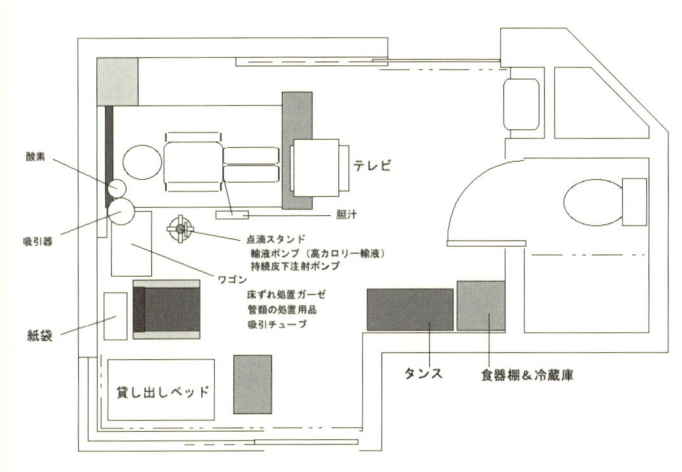

図2.38　Mさん（11/27）

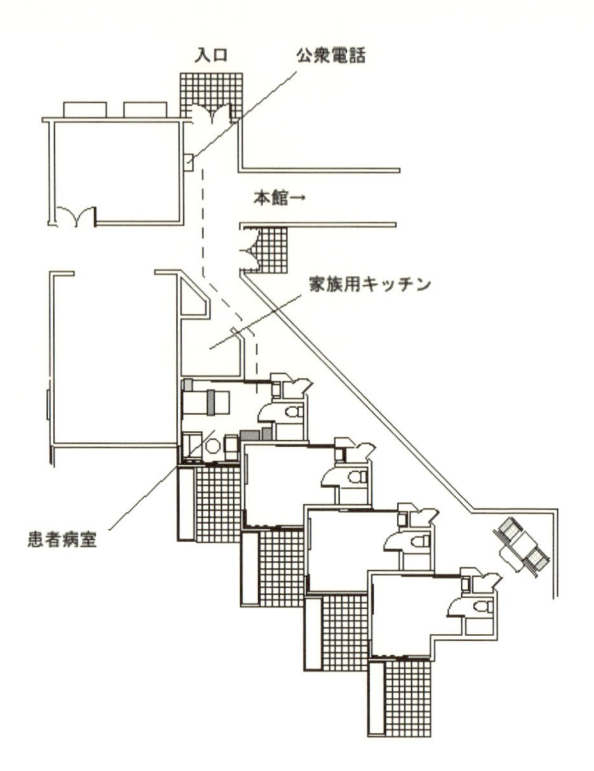

図2.39 病棟内公衆電話の位置

[病棟内の構成について]
・家族休憩室の位置が悪い。ナースステーションの前を通っていかなければならない。
・2人部屋のときは、家族休憩室が病室の前にあったのでよく使った。
・他室にいたときは家族キッチンが遠いので不便だった。
・公衆電話の位置が悪い。
・病室の入口がすべて同じなので間違えやすい。
・家族の衣類などを収納するスペースがない。

d. 1日断面でみた病棟全体の患者状態

入院患者の調査時の状況を以下の三つに分類しその構成比をみた。

表2.53 入院形態別患者構成比

入院状態	人数	P.S.			
		4	3	2	1
1) 死亡直前の短期入院	2	2			
2) 症状コントロール目的の入院	12	6	5		1
3) 在宅ケア不可能のための継続的入院	9	7	2		

①死亡直前の短期入院
②症状コントロール目的の入院
③在宅に帰ることのできないための継続的入院

　調査期間中の特定日（11月21日）に病棟婦長にヒアリングを行い、病棟に入院中の患者を上記の分類で選別した。また、同時に患者の罹患臓器と転移の部位およびPSをヒアリングした。結果を表2.54に示す。

　患者の構成比でみると、症状コントロール目的の入院が約半数を占めており、在宅に帰ることのできないための継続的入院が約4割、死亡直前の短期入院が1割となっている。一方、患者の全身状態をみると、ほとんど制限なく行動できる患者は4％（1名）にすぎず、全体の65％は身の回りのことができずにベッド上での生活を送っている。

e. 入院状態別生活の特徴

i 症状コントロール目的の入院：事例3、4、6、7

　状態のすぐれなかった事例6のUさんを除くと、生活の自立度は比較的高く、介助を伴って一般浴室などを利用している。このような段階にある患者は、体力が低下しているためにすぐに疲れてしまったり、長時間にわたって何かをすることは困難な状態である。

　また、精神的にも自分の身体の状態変化を受けとめていくことに、かなりの負担を強いられる状況にあるといえよう。調査期間中の特定日（11月21日）の1日断面でみると、このような状態にある患者は13名（52％）である。

ii 在宅に帰ることのできないための継続的入院：事例1、
　 2、5、8

　事例1、事例2は、家庭での介護力の問題や家屋の構造（特にトイレや車いすの使用）などから在宅に帰ることができない患者である。また、事例5、事例8は、症状のコントロールが在宅では難しい患者である。

　前者の場合、身体的には寝たきりの状態になるが、脳への影響がないために思考や判断は通常と変わらない状態にある。このような状態では、自らの生活行為の大部分に介助を必要とし、またそれらの介助を受ける自分の状態を受け入れていかなければならない。身体的にもかなりの負担となり、

表2.54　入院患者属性・入院形態

入院形態	性別	PS	罹患臓器	転移部位
1	男	4	胆管	
1	男	4	胆嚢	
2	女	3	舌	
2	女	3	肺	
2	男	4	前立腺	
2	男	4	胆嚢	
2	女	4	肺	骨
2	男	3	肺	骨、脳
2	女	1	肺	脳
2	女	3	肺	骨
2	女	4	大腸	肺
2	男	4	前立腺	骨
2	男	3	肺	
3	男	3	肺	骨
3	男	4	肺	骨
3	女	4	肺	骨
3	男	4	上咽頭	
3	男	4	胆管	
3	女	4	大腸	肺
3	女	4	乳	骨
3	女	4	消化管	肝臓
3	男	4	前立腺	骨
3	男	3	肺	骨

表2.55 緩和ケア病棟内使用医療機器一覧

医療機器	台数	使用目的
ネブライザー	6	排痰補助
酸素ボンベ	8	呼吸補助
酸素用取り付け器具	20	呼吸補助
吸引用取り付け器具	20	気管内吸引
点滴台	8	点滴の指示、各種ポンプの支持
脱臭器	1	病室内の脱臭
加湿器	13	病室内の加湿
ポータブルトイレ	8	ベッドサイドでの排泄
歩行器	3	歩行の安定・補助
車いす	10	歩行困難者の移動
リクライニング式車いす	5	歩行・姿勢保持困難者の移動
エアマット	23	床ずれ防止
点滴ポンプ	中材貸出	点滴量の調節
持続皮下注射用ポンプ	中材貸出	持続皮下注射量の調節

かつ、介助者に対してもかなりの気遣いをしながら過ごすという二重の負担を伴った生活となる。

　後者の場合は、多くの医療的な機器を伴う処置が必要となる。ベッド周辺部には処置に必要な機材や呼吸器、持続皮下注射のポンプを支える点滴台などの機器が置かれることになる。医療機器によりベッド周囲が取り囲まれ、身体的にもかなりの自由度が奪われる生活となる。医療機器の調査からもわかるように、症状のコントロールのために用いられる医療機器の数は数種類にも及んでいる。そこで、どのような医療機器が緩和ケア病棟では使われるか、病棟婦長にヒアリングを行った。医療機器のリストと使用の目的を表2.55に示す。それによると、一般病棟で用いられる医療機器と同じ物が使われ、疼痛のコントロールには服用薬と持続皮下注射が用いられている。また、呼吸困難などの症状に対しては、持続的に酸素を送り込むような処置がとられている。

　前述の特定日におけるこのような継続的な入院状態にある患者は10名（39%）であった。

f. 患者との交流を通して
　i　患者同士の交流について
　患者のインタビューの中にもあったように、緩和ケア病棟での患者同士の交流は少ない。通常、サンルームや廊下で出

会ったおりに挨拶を交わすくらいである。
　今回の調査期間中の患者同士の交流の例として、HさんとYさんが挙げられる。
　2人はサンルームで出会って友達となった。お互いリクライニングチェアでの生活であるが、年齢が比較的近いということとお互いに症状が安定していたことで、徐々に親しくなりお互いの部屋を訪問して話しをするようになった。

［2人のある日のサンルームでの会話］
Hさん「S先生から自宅に帰るように進められた？」
Yさん「帰る？　あ、一時的に外泊してはどうかっていわれたけれど、トイレがね…。主人に持ってもらうわけにいかないから」
Hさん「トイレがね、それに私の入る場所ないからね」（車いすを見る）
Yさん「それに、うちに帰ると何かあったときに不安でしょ」
Hさん「そうそう」

　お互いに情報交換をしながら今の生活について語った場面である。その会話の中から、住宅の問題と介護の問題、さらに急変時の対応への不安が一時帰宅や在宅での療養を阻んでいることがわかる。

［また、ある日のサンルームでの会話］
Yさん「あの方はどこの部屋の方かしら」
調査員「見てきましょうか」
Yさん「そうね、私の部屋のほうに帰っていったわね」
調査員「Yさんの部屋の隣ですよ。104号室に入っていきました」
Yさん「私の向こうの隣、こっちの隣？」
調査員「向こうの隣です」
Hさん「あら、そう」
Yさん「ここはみんな個室だから知らないのよね…」
Hさん「そうそう、個室だからわからないの。だけど、最初に入ったときに隣に挨拶に行くのもなんだかね」

　他の患者に関心はあるのだが、話しをするきっかけがない様子が伺える。

ⅱ　病棟内での幼児の問題

　11月の後半に入院してきた104号室のOさんには4歳になる娘さんがいた。毎日午後に、奥さんが娘さんを連れて病棟にくることになっていた。娘さんは病棟のアイドルになっていた。通りがかりに看護師たちもみな彼女に声をかけたが、看護業務が忙しすぎて彼女と遊んでいる時間はなかった。やがて、彼女は病室での遊びには飽きてしまい、病棟の中を走り回っていた。

　毎日の看病に、奥さんは少し疲れ気味の様子であった。無邪気に走り回る子どもを無理に押さえつけることに、少しためらいの表情を見せていた。

　そこで調査員は折り紙をしたり、ビデオを見せたり、病棟の庭で紙飛行機を飛ばしたりして、少しの間彼女と遊んだ。その間、少しでも奥さんがご主人と2人で話しができるように。

　患者の年齢層はかなり広範囲にわたっている。それはとりもなおさず、ライフステージの様々な段階の患者とその家族が施設で生活していることを示している。中には、前述のように小さな子どもを持った家族も当然いるのである。子どもが退屈して、病棟内で騒いだり、走り回って他の入院患者に迷惑をかけるというようなケースもないわけではない。

g. 緩和ケア病棟での生活と施設環境

　今回のフィールドワークから、患者と家族の個別の生活の様態の一部が明らかになった。それらの個別的な生活の中で、本質的に共通する患者と家族の基本的な施設環境に対するニーズを患者の視点と家族の視点から整理すると以下のようになる。

［患者の視点］
・基本的な生活行為（食事、身体の清潔、排泄など）はできるだけ自分で行いたい。
・かがむ、しゃがむなどの動作は身体に負担がかかるので、無理な姿勢を強いるような家具、設備は設置しないでほしい。
・体力が落ちてきてすぐに疲れてしまうが、少し休めばできることもある。少し休める場所が要所要所にほしい。

・介助を伴う行為はできるだけスムーズに行いたい。家族や他の人に余分な負担をかけたくない。
・動けなくなっても、照明の点滅、カーテンや窓の開閉、音の調整、視界の確保など、自分の回りのことを自分でいろいろコントロールしたい。
・やさしい配慮がほしい。照明の加減、窓からの眺め、自宅にいるような雰囲気の醸成、継続。
・気分を変えるためのいろいろな場を設けてほしい。

［家族の視点］
・病室内の家族の生活に対する配慮。収納、宿泊ベッド、ゆったりとしたいすなど。
・病棟諸室の配置。家族休憩室の位置、公衆電話の位置など。
・病室から離れることができる場所。看病の疲れを癒せる場所。
・様々なライフステージにある家族への配慮。小さい子どもの居場所など。

h. 施設内環境行動場面

　施設内での参与観察を通して、施設環境（諸室およびセッティング）をどのように使用しているかについて把握することができた。ここでは、施設内における患者や家族の生活欲求[18]（行動・定位欲求[19]）に対して、それらの物的環境がどのようにかかわっているかについて考察を行う。

　患者と家族が利用できる病棟の諸室およびセッティングは、個室21、2床室2、サンルーム、デイルーム、一般浴室、介助浴室、談話コーナー、廊下である。これらの場所ごとに観察された場面をみていくことにする。

i　サンルーム

　計画段階ではデイルームという名称であったこの場所は、病棟の出入口と本館からの連絡通路の接続部分に隣接している。南側に大きくとられた開口部から日射しが降り注ぐため、現在ではサンルームと呼ばれるようになっている。そこには円形のテーブルが三つと1人掛けのいすが10脚、2人掛けのいすが5脚、ピアノ、オーディオセット、水槽、観葉植物が置かれている。

[18] 人間の欲求水準に関しては、マスローの階層モデル（生理的必要、安全、帰属と愛、承認、自己実現）が有名であるが、ここではそのように厳密に区分できないものに対しては、観察された行為をもとに行動欲求と定位欲求の二つに分けることとする。

[19] ここでは「何かをしたい」という気持ちを行動欲求とし、「そこにいたい、ただいたい」という気持ちを定位欲求とする。

［患者の特徴的な行動場面］

　ここに置かれている水槽の中を泳ぐ金魚を、患者がじっと眺めている場面が観察された。「緩和ケアの環境要素として、生命の営みを象徴するものが重要である」と柏木[*20]は述べているが、その役割を果たしているものと考えられる。

　オーディオセットにいすを向けて音楽を聴いている患者も観察された。これは自分の好きな音楽を聴くということだけではなく、そこを通りかかる看護師や医師が話しかけてくることを期待している姿勢の取り方である。個室内では望めない他者との何気ない交わりを期待している様態が、患者の姿勢や行為の中にみることができる。このような欲求は、マズローの「所属と愛」の欲求とみることもできる。このオーディオセットは、「何気なく他者と交わる」欲求に対応したセッティングの要素（しかけ）の一つと考えられる。

　車いすやリクライニングチェアでお茶を飲みにくる患者もいる。患者の側に介助者が座り、寄り添うような姿勢になることが多い。このような場面では、丸いテーブルが非常に有効に使われていた。また、点滴や酸素吸入をしながらお茶会に参加する患者もいて、その場合、壁面の酸素配管の端末やコンセントの位置などによって、座席位置がほぼ決まってしまう。このように、介護や医療機器を伴う患者に対して、居場所の選択肢が限定されないような工夫が求められている。

　また、この場所で2カ月に一度、ボランティアが企画するミニコンサートが行われる。状態のよい患者や家族が車いすやリクライニングチェア、ベッドのまま集まってコンサートを鑑賞する。しかし、長時間同じ姿勢を保つことが難しい患者や、気分が悪くなり途中で部屋に帰る患者もいるため、ベッドや車いすのすれ違いを考慮した通路幅が必要になる。

［家族の特徴的な行動場面］

　サンルームは家族の休息に使われることが多い。患者の側から少し離れて気分を変えたり、患者に聞かれたくない家族同士の話しなどをする場所として使われている。

　窓付近に置かれた2人掛けのいすの横には、身体を少し隠すことのできるような壁が張り出している。この壁が、そこに座った人を他者から視覚的に保護する効果を生んでいる。

*20　柏木哲夫。淀川キリスト教病院名誉ホスピス長、日本のホスピスケアの草分け的存在。

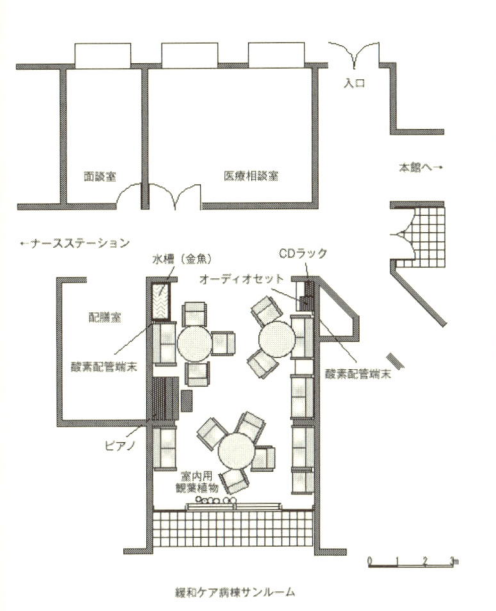

2.1 緩和ケア病棟の施設利用特性

面談室　医療相談室　入口　本館へ→

・ナースステーション
水槽（金魚）　CDラック
配膳室　オーディオセット
酸素配管端末
酸素配管端末
ピアノ
室内用観葉植物

緩和ケア病棟サンルーム

図2.40　サンルームの概要

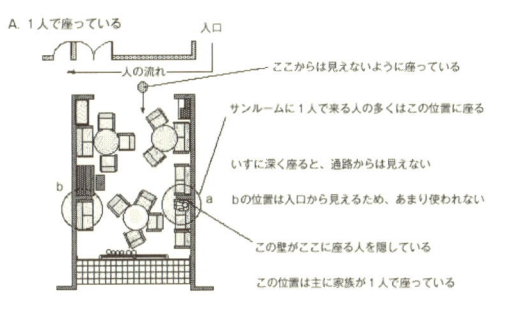

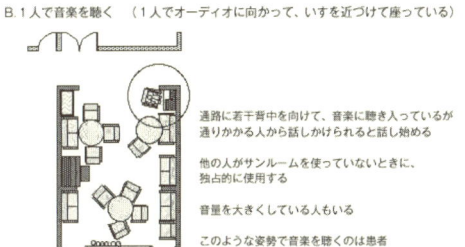

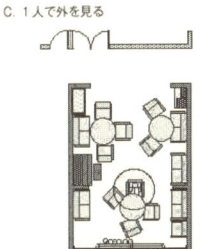

A. 1人で座っている

入口
人の流れ
ここからは見えないように座っている
サンルームに1人で来る人の多くはこの位置に座る
いすに深く座ると、通路からは見えない
bの位置は入口から見えるため、あまり使われない
この壁がここに座る人を隠している
この位置は主に家族が1人で座っている

B. 1人で音楽を聴く　（1人でオーディオに向かって、いすを近づけて座っている）

通路に若干背中を向けて、音楽に聴き入っているが通りかかる人から話しかけられると話し始める
他の人がサンルームを使っていないときに、独占的に使用する
音量を大きくしている人もいる
このような姿勢で音楽を聴くのは患者

C. 1人で外を見る

他の人がいないときに、1人で座って外を見る
この場所を選んで座るのは患者が多い

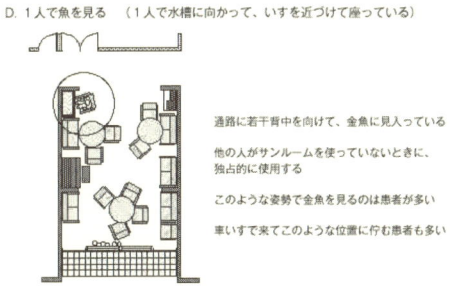

D. 1人で魚を見る　（1人で水槽に向かって、いすを近づけて座っている）

通路に若干背中を向けて、金魚に見入っている
他の人がサンルームを使っていないときに、独占的に使用する
このような姿勢で金魚を見るのは患者が多い
車いすで来てこのような位置に佇む患者も多い

図2.41　サンルームの利用状況1

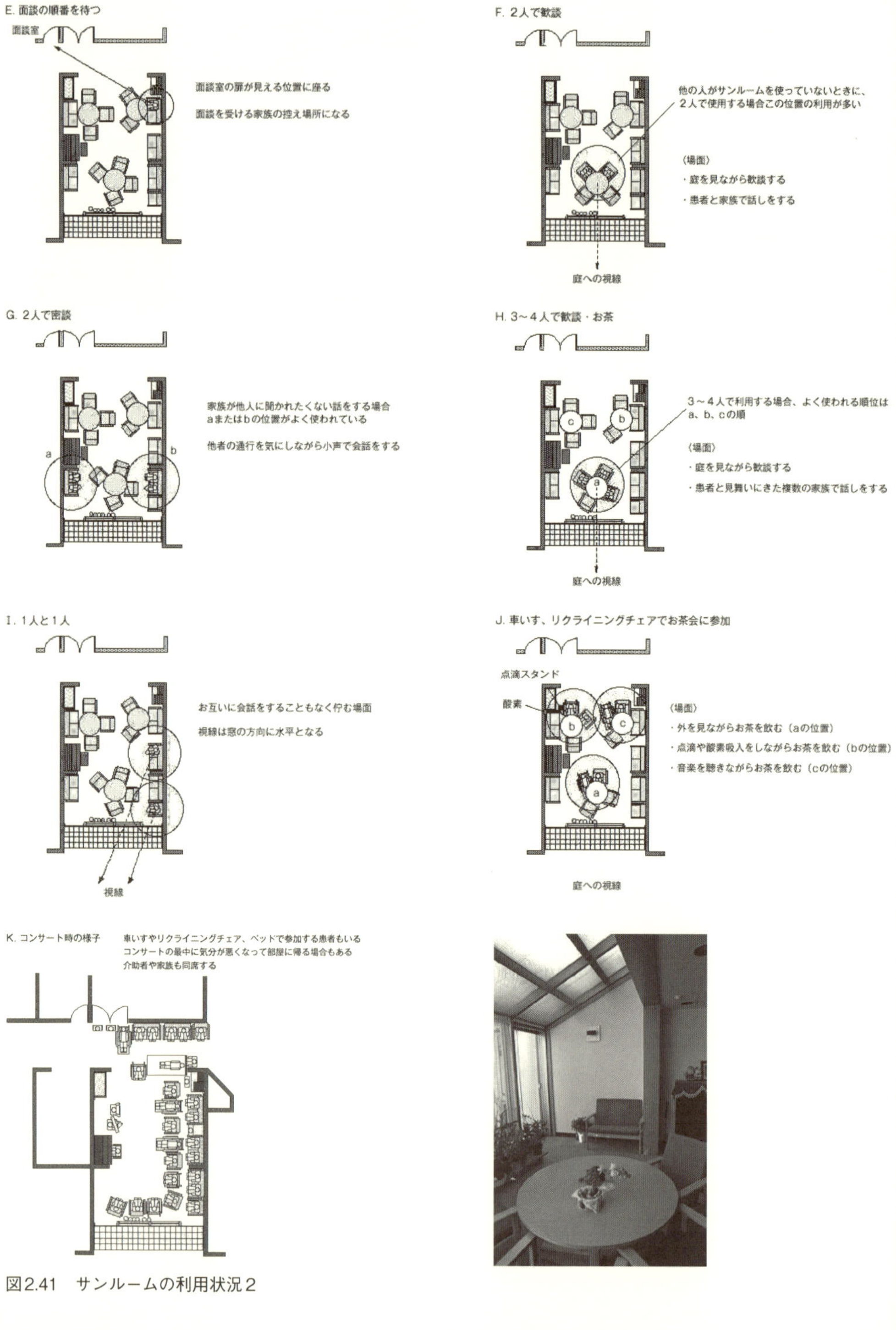

第2章 日本のホスピス・緩和ケア病棟

E. 面談の順番を待つ
- 面談室の扉が見える位置に座る
- 面談を受ける家族の控え場所になる

F. 2人で歓談
- 他の人がサンルームを使っていないときに、2人で使用する場合この位置の利用が多い

〈場面〉
- 庭を見ながら歓談する
- 患者と家族で話しをする

↓庭への視線

G. 2人で密談
- 家族が他人に聞かれたくない話をする場合aまたはbの位置がよく使われている
- 他者の通行を気にしながら小声で会話をする

H. 3〜4人で歓談・お茶
- 3〜4人で利用する場合、よく使われる順位はa、b、cの順

〈場面〉
- 庭を見ながら歓談する
- 患者と見舞いにきた複数の家族で話しをする

↓庭への視線

I. 1人と1人
- お互いに会話をすることもなく佇む場面
- 視線は窓の方向に水平となる

↓視線

J. 車いす、リクライニングチェアでお茶会に参加
点滴スタンド
酸素

〈場面〉
- 外を見ながらお茶を飲む（aの位置）
- 点滴や酸素吸入をしながらお茶を飲む（bの位置）
- 音楽を聴きながらお茶を飲む（cの位置）

↓庭への視線

K. コンサート時の様子
車いすやリクライニングチェア、ベッドで参加する患者もいる
コンサートの最中に気分が悪くなって部屋に帰る場合もある
介助者や家族も同席する

図2.41　サンルームの利用状況2

このようなセッティングが、病室以外の場所で他者に聞かれずに話しをしたい場面で活用されている。

　また、2人の別々の家族がお互いに話しをすることもなく、静かに庭をみつめながら佇む場面も観察された。他者がいることは許容しつつも、視線を交えずにある程度のソシオフーガルな関係で居合わせていた場面である。患者を支える家族にとって、精神的にも肉体的にもかなりの負担を強いられている。そのような疲れを癒す場所に求められるセッティングの要素の一つと考えられる。このような静かに庭をみつめて佇んでいたいという欲求は、積極的な行動というよりはむしろ「何もしないで、ただそこにいたい」という欲求といえよう。

ⅱ　廊　下

　2人部屋に入っていた患者が、廊下の端部の非常口の外側でタバコをふかしている様子が観察された。部屋から丸いすを持ち出し、庭のほうに身体を向けて座り静かにタバコに火を付けて佇む様子が、ガラスの扉を通してみることができた。他者に気を使う喫煙者の多くにこのような行動をみることができるが、自分だけの居場所を確保する行動としてみることもできる。また、廊下の談話コーナーでは、いすの上に正座をして座り机に向かって何かを書いている家族や、そこで食事をする家族を観察することができた。病室内で完結できない行為が、このような場所で行われている。

ⅲ　デイルーム

　計画段階では、この場所は家族が大勢集まったときに、病室では狭いことから団らんの場として設定され、それを象徴する名称として食堂とされていた。しかし、その名称は使われず、現在はデイルームと呼ばれている。

　調子のよい患者がここで食事をする場面や、家族が大勢集まって話しをする場面が日常的に観察された。また、患者がもってきたカラオケをみんなで楽しんだり、ビデオをみたりというスタッフと患者の交流の場面が観察された。それまでの患者の生活の嗜好をスタッフが理解し援助する場として活用されている。また、患者の希望で、この場所を利用して花寿司をつくる場面も観察された。自分を支えてくれているスタッフに対する感謝の気持ちをこめて、自分の一番得意な料

第2章 日本のホスピス・緩和ケア病棟

デイルームの様子
患者さんがもってきたカラオケをする
大型テレビ

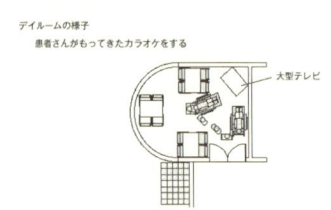

〈その他いろいろな使われ方場面〉
・ビデオをみんなで見る
・患者さんがお寿司をつくる
・以前入院していた患者の家族が訪ねてきて病棟医長と一緒に昼御飯を食べる

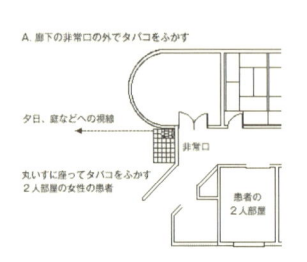

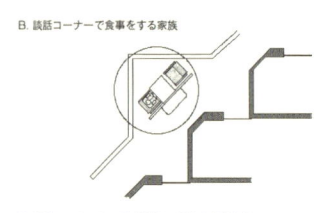

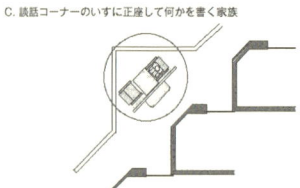

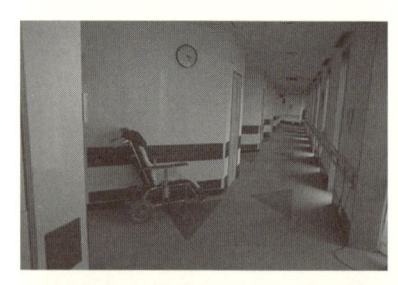

A. 廊下の非常口の外でタバコをふかす
夕日、庭などへの視線
非常口
丸いすに座ってタバコをふかす
2人部屋の女性の患者
患者の2人部屋

B. 談話コーナーで食事をする家族

C. 談話コーナーのいすに正座して何かを書く家族

〈廊下の場面〉
各病室前の空間が有効に使われている
車いすやリクライニングチェアの待機場所
医療機器の一時的な保管
ワゴンなどの待機場所

図2.42 廊下・デイルームの利用状況

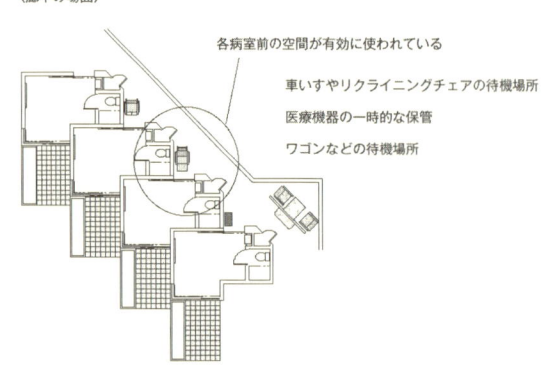

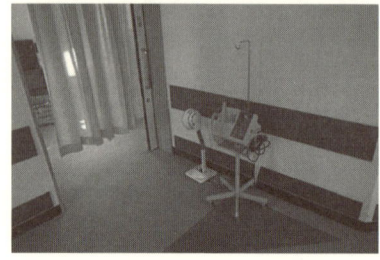

〈いろいろな病室場面〉

トイレの側にいすをもってきて座っていた患者

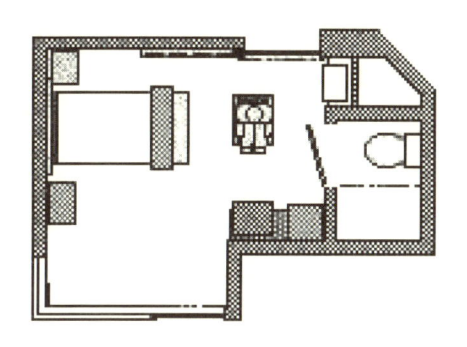

病室でのバースデーパーティ

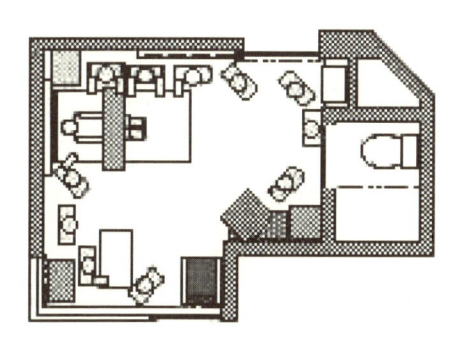

ベッドの配置を変えていた患者

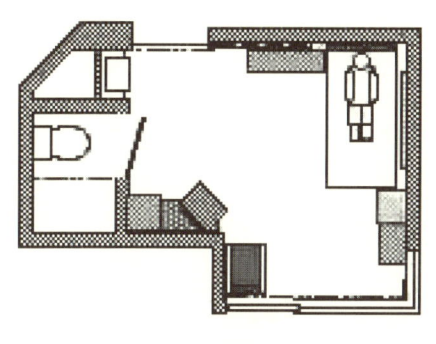

図2.43 病室場面

理をご馳走したいという患者の希望が実現したのである。このような場面では、患者の最後の自己実現を支える場としての意味をもつ場所となっていた。

iv　いろいろな病室場面

病室内での患者の行動を観察することは困難であるが、参与観察の中でいくつかの特徴的な場面を捉えることができた。

頻繁に尿意をもよおす患者が、いすをトイレの前に置き座っている様子が観察された。これは、前出の患者へのインタビュー調査でも明らかなように、自分の力でトイレに行きたいという患者の気持ちの表れとして理解することができる。即ち、マズローのいう「生理的必要」を満たすための構築環境への働きかけと見ることができる。また、病室内のベッドの向きを替えている患者も観察された。このように、病室内の模様替えを行う患者は少ないが、介助の面で特に問題がない限り患者の意志に任されている。病室内の面積的なゆとりと家具のサイズなどが、このような物理的な働きかけに応えうるかどうかを規定している。

病室内で、患者のバースデーパーティが行われる場面も観察された。患者のベッドを少し起こし、スタッフが用意したケーキにロウソクを立て、病棟医長の音頭で歌を歌い乾杯をした。患者と家族とスタッフが、ともに一つの時間を共有していることを確認した場面である。病室が、マズローのいう「所属と愛」の段階の欲求を満たすための舞台となった場面である。

このような観察調査から得られた場面を通して、緩和ケア医療施設での患者と家族の生活と施設環境（諸室およびセッティング）が、どのようにかかわっているかについて理解を深めることができた。緩和ケア医療施設では、患者の欲求段階のより高次の欲求に応えていこうとするケアの姿勢がある。そして、その欲求を具現化するためには、細やかな建築的な配慮が必要といえる。

今後は、このような施設内における患者や家族の生活ニーズ（行動・定位欲求）の多様性を認識したうえで、新たな計画の方法論を構築していく必要がある。

(3) まとめ

　本項では、緩和ケア医療施設でのフィールドワークを通して患者と家族の生活実態の把握を試みた。そして、その中で長期入院患者の施設環境での生活についての知見を整理することができた。

　今回の事例からは、家庭での介護力の問題や家屋の構造などで在宅に帰ることができない患者と、在宅では症状のコントロールが難しい患者について把握することができた。前者の場合、身体的には寝たきりの状態になるが、脳への影響がないために思考や判断は通常と変わらない状態にある。このような状態では、自らの生活行為の大部分に介助を必要とし、また、それらの介助を受ける自分の状態を受け入れていかなければならない。後者の場合は、多くの医療的な機器を伴う処置が必要となる。ベッド周辺部には処置に必要な機材や呼吸器、持続皮下注射のポンプを支える点滴台などの機器が置かれることになる。医療機器によりベッド周囲が取り囲まれ、身体的にもかなりの自由度が奪われる生活となる。

　患者と家族の個別的な施設での生活様態の一部も明らかになった。患者と家族へのヒアリング調査からは、個別的な生活の中で本質的に共通する患者と家族の基本的なニーズを、患者の視点と家族の視点から整理することができた。これらは、病いとともに生き徐々に衰えていく人間にとって、物理的環境に対する基本的欲求として捉えることもできよう。

　一方、参与観察調査から得られた生活場面の分析を通して、緩和ケア医療施設での患者と家族の生活と施設環境（諸室およびセッティング）がどのようにかかわっているかについて整理し、施設生活の中でみられる患者や家族の状況（行動・定位欲求）に対して有効な環境構成要素を把握することができた。

　今回用いたフィールドワークについては、調査技法上においてもいくつかの課題を残しているが、従来の手法からは得ることの難しい貴重な知見を得ることができた。今後は、このようなフィールドワークの手法を発展的に確立していくことが課題となろう。

2.1.6 緩和ケア病棟の設備と運営体制（1990-2000）

(1) 調査目的

ホスピス・緩和ケアは、主としてがんの末期の患者とその家族に対して、全人的なケアを提供することを目標としている。わが国では、1990年に「緩和ケア病棟入院料」が創設され、診療報酬体系の中に位置づけられる形で普及・発展を遂げてきた。本項では、制度創設から10年間の経緯を概観するとともに、これまでに設立された緩和ケア病棟の療養環境計画の実態を把握し、これからの施設計画の資料とすることを目的とする。

(2) 調査方法

a. 施設整備に関するアンケート調査、資料収集調査

2000年7月時点で、緩和ケア病棟の認可を受けた79施設（表2.56）を対象に、アンケート調査票、資料提供依頼状を送付し郵送で回収した[*21]。調査内容を以下に示す。

ⅰ「施設整備状況に関するアンケート調査」

病棟の建築状況、諸室構成、職員数、管理方式、差額ベッド料などに関するアンケート用紙を配布し、病棟医長または病棟婦長に記入を依頼した。

ⅱ「病棟資料収集調査」

病棟運営の概要を把握するために、病棟パンフレットなどの資料の提供を依頼した。また、施設の平面形状や面積配分などを把握するために、「病棟平面図」「諸室面積表」の提供を依頼した。

調査対象全79施設のうち、78施設より回答があった（回収率98.7％）。

b. 施設訪問調査

主として、1999年以降に開設した16施設を対象に、訪問調査を実施した（表2.57）。調査は、①病棟婦長に対するヒアリング調査、②病棟内視察調査を行い、病棟諸室の使われ方、建築・設備に関する問題点を把握した（平成13年2～3月に実施）。

---

*21 調査票の配布・回収は、全国ホスピス・緩和ケア病棟連絡協議会の協力により実施した。

2.1 緩和ケア病棟の施設利用特性

表2.56 調査対象施設

No.	病床数	承認年月	所在地	地方区分	地方別病床数	施設数
1	28	1993.9	北海道	北海道	70	3
2	24	2000.2	北海道			
3	18	1999.5	北海道			
4	18	2000.6	青森県	東北	79	5
5	10	1997.2	青森県			
6	20	1998.8	宮城県			
7	13	1999.2	秋田県			
8	18	1990.12	福島県			
9	20	2000.5	茨城県	関東	468	23
10	20	1996.11	栃木県			
11	23	1994.7	群馬県			
12	13	1992.2	埼玉県			
13	18	1999.1	埼玉県			
14	25	1992.7	千葉県			
15	23	1999.7	千葉県			
16	20	1999.5	千葉県			
17	25	1998.5	東京都			
18	22	1998.6	東京都			
19	24	1996.7	東京都			
20	20	1999.9	東京都			
21	17	2000.4	東京都			
22	20	1994.8	東京都			
23	25	1990.5	東京都			
24	20	1995.9	東京都			
25	20	1996.9	東京都			
26	11	1996.6	東京都			
27	28	1999.2	神奈川県			
28	20	1998.7	神奈川県			
29	20	1998.11	神奈川県			
30	12	1995.3	神奈川県			
31	22	1994.2	神奈川県			
32	22	1993.2	新潟県	中部	215	12
33	15	1993.2	富山県			
34	28	1995.1	石川県			
35	20	1998.1	福井県			
36	16	1997.12	長野県			
37	10	1998.1	長野県			
38	6	1998.9	長野県			
39	10	1996.11	長野県			
40	28	1999.6	岐阜県			
41	27	1990.4	静岡県			
42	20	1999.5	愛知県			
43	13	1999.5	愛知県			
44	18	1997.7	三重県	近畿	208	11
45	20	1999.6	滋賀県			
46	30	1998.12	京都府			
47	20	1995.9	京都府			
48	23	1990.4	大阪府			
49	10	1993.9	兵庫県			
50	23	1994.12	兵庫県			
51	22	1996.7	兵庫県			
52	21	2000.5	兵庫県			
53	12	1996.8	兵庫県			
54	9	1999.8	和歌山県			
55	25	1998.9	岡山県	中国	159	8
56	21	1997.9	岡山県			
57	15	2000.6	岡山県			
58	8	1999.9	広島県			
59	28	2000.4	広島県			
60	25	1998.11	山口県			
61	12	1999.5	山口県			
62	25	1999.12	山口県			
63	12	2000.4	香川県	四国	53	4
64	20	2000.4	愛媛県			
65	9	1995.12	高知県			
66	12	1999.4	高知県			
67	36	1990.8	福岡県	九州	215	13
68	14	1999.6	福岡県			
69	12	1998.1	福岡県			
70	16	1997.9	福岡県			
71	14	1999.11	福岡県			
72	15	1998.3	佐賀県			
73	12	1995.11	長崎県			
74	14	1998.8	長崎県			
75	16	1994.11	熊本県			
76	20	1999.6	熊本県			
77	10	2000.5	宮崎県			
78	21	1997.6	鹿児島県			
79	15	1995.6	沖縄県			

表2.57 訪問調査対象施設概要

No.	施設	所在地	承認年	新築/増改築	建築形態	設置階	調査日
1)	A施設	茨城県	2000.5	新築	院内病棟型	最上階	2001.2.8
2)	B施設	滋賀県	1999.6	新築	院内病棟型	最上階	2001.2.15
3)	C施設	千葉県	1999.7	新築	院内病棟型	最上階	2001.2.21
4)	D施設	愛媛県	2000.4	増築+改築	院内病棟型	最上階	2001.2.23
5)	E施設	香川県	2000.4	新築	院内病棟型	最上階	2001.2.27
6)	F施設	高知県	1995.12	新築	院内病棟型	中間階	2001.2.28
7)	G施設	北海道	2000.2	改築	院内病棟型	中間階	2001.3.5
8)	H施設	東京都	1999.9	新築	院内病棟型	中間階	2001.3.7
9)	I施設	高知県	1999.4	新築	院内病棟型	中間階	2001.3.8
10)	J施設	愛知県	1999.5	改築	院内病棟型	中間階	2001.3.13
11)	K施設	山口県	1999.12	新築	院内病棟型	最上階	2001.3.14
12)	L施設	愛知県	1999.5	新築	院内独立型	最上階	2001.3.15
13)	M施設	岐阜県	1999.6	新築	院内病棟型	最上階	2001.3.19
14)	N施設	山口県	1998.11	新築	院内独立型	接地階	2001.3.21
15)	O施設	山口県	1999.5	新築	院内病棟型	最上階	2001.3.27
16)	P施設	福岡県	1999.11	新築	院内病棟型	中間階	2001.3.28

(3) 調査結果
a. 施設数、施設規模、設置階数

施設数増加の経緯をみると、1997年までは年間5施設程度の割合で漸次増加していたが、1998年以降は年間約15施設の割合で増加している。こうした背景には、制度創設時の診療報酬2500点／日であったものが、1996年には3600点に、さらに1998年には3800点に引き上げられたことがあげられる。医療経営的な基盤が確保されることに呼応して、施設数も急増している。

施設形態別にみると、積層した病棟の一つを緩和ケア病棟とする「院内病棟型」がもっとも多く、ついで同一敷地内に分棟型として建てられた「院内独立型」、一般の病棟をもたない「独立型」の順となっている。2000年7月時点で院内病棟型60施設（77％）、院内独立型15施設（19％）、独立型3施設（4％）である。累積病床数は1453床である（図2.44）。

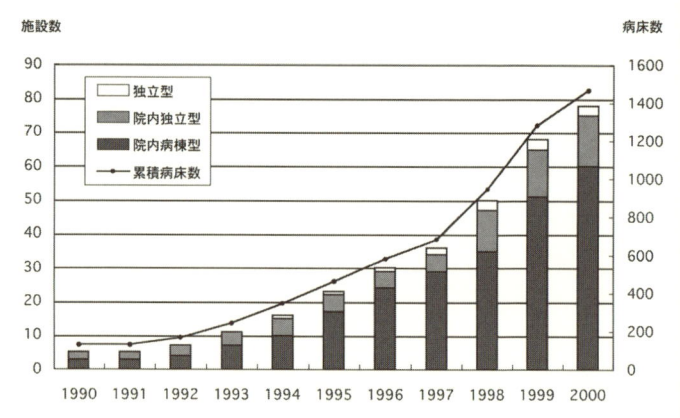

図2.44　緩和ケア病棟施設数・病床数の推移

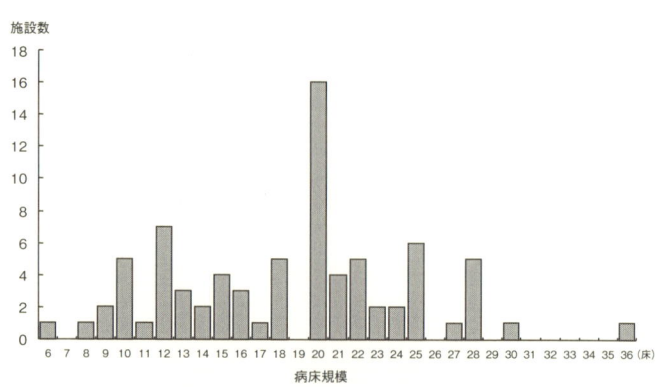

図2.45　病床規模別施設数

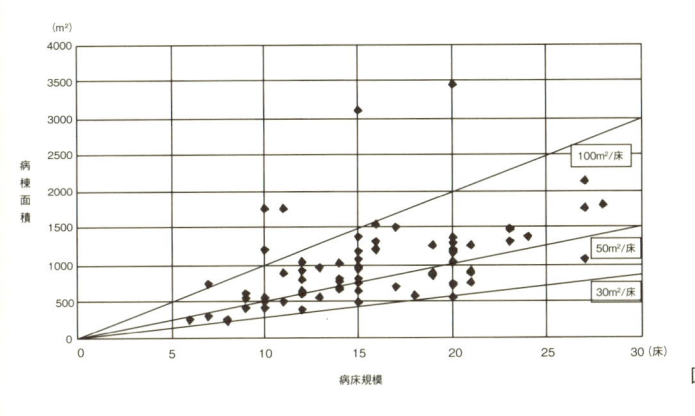

図2.46 病床規模別にみた病棟面積

病床規模別の施設数では、6床の施設から36床まで幅広く分布しているが、20床の施設が16施設でもっとも多いことがわかる（図2.45）。平均病床数は18.6床であった。

また、病床規模別の病棟面積は、30～50㎡/床未満が41施設、50㎡/床以上の施設は37施設となっている（図2.46）。100㎡/床以上の5施設のうち、3施設は独立型の施設となっている。

次に、緩和ケア病棟を施設内のどこに配置しているかをみると、最上階が36施設（46％）、中間階が24施設（31％）、接地階が15施設（19％）であった（表2.58）。積層された病棟の1フロアを緩和ケア病棟とする場合、眺望のよい最上階が選ばれている。敷地に余裕のある施設では、別棟で建築し、接地性を重視した病棟構成をとっている。一つの緩和ケア病棟が複数階にわたるものが3施設あり、その場合、どちらかの階が最上階あるいは接地階になっていた。

開棟時の施設の建築状況をみると、緩和ケア病棟として新築した施設が41施設（53％）、増築・改修を行った施設が32施設（41％）、既存のまま転用した施設が5施設（6％）であった（表2.59）。

b. 諸室構成

施設基準[*22]に示されている所用室について、病床1床あたりの面積に換算した値を表2.60に示す。家族室は平均1.4㎡/床、最大値で4.4㎡/床、部屋数は平均で1.5室/施設となっていた。もっとも多く設置している施設で四つの家族室を用意していた。患者専用台所は平均0.8㎡/床、部屋数は

表2.58 緩和ケア病棟設置階数

	施設数	％
最上階	36	46.1%
中間階	24	30.8%
接地階	15	19.2%
最上階+中間階	2	2.6%
中間階+接地階	1	1.3%
計	78	100.0%

表2.59 開棟時の建築状況

	施設数	％
新築	41	52.6%
既存のまま	5	6.4%
増築・改修	32	41.0%
計	78	100.0%

[*22] 緩和ケア病棟の施設基準には、面積に関する規定と諸室構成に関する規定がある。病棟面積は患者1人あたり30㎡以上、病室面積は患者1人あたり8㎡以上となっている。また、患者家族の控え室（家族室）、患者専用の台所、面談室、一定の広さを有する談話室が必要となる。

表2.60 施設基準諸室の1床あたり床面積（㎡/床）・部屋数

	平均値	最小値	最大値	中央値	平均部屋数	最大部屋数
家族室	1.4	0.3	4.4	1.2	1.5	4
患者専用台所	0.8	0.1	14.4	0.5	1.1	3
面談室	0.8	0.2	3.2	0.7	1.0	2
談話室	2.9	0.4	8.1	2.6	1.1	4

表2.61 病棟内付加諸室

生活関連諸室		スタッフ関連諸室		その他	
洗濯室	(64)	ナースステーション	(78)	ボランティア室	(38)
一般浴室	(63)	看護師休憩室	(68)	チャペル/礼拝堂	(23)
機械浴室（エレベートバス）	(57)	会議室（カンファレンス）	(43)	瞑想室（祈りの間）	(17)
多目的室	(39)	医局（医師控室）	(33)	売店（ショップ）	(16)
食堂	(32)	診察室	(22)	美容室	(9)
喫煙室	(26)	研修室	(13)		
介助浴室	(21)	研修者宿泊室	(6)		
ラウンジ・バー	(19)				
図書室	(13)				

（　）内は施設数

注）上記は、アンケート用紙の諸室欄に記入された諸室のみ示している。汚物処理室、リネン倉庫、一般トイレ、車椅子トイレ、電話ボックス、談話コーナー・ナースコーナー、等の病棟平面図には記載されているが、アンケート用紙には記載されていない諸室は除いている。

1.1室/施設、談話室は平均2.9㎡/床、平均1.1室/施設であった。

　一方、施設基準諸室以外に、それぞれの施設が独自に設置した付加諸室では、患者の生活に関連するものとして、洗濯室、一般浴室、機械浴室の順に多い（表2.61）。患者の自立度の低下に対応した機械浴室は、多くの施設でその必要性が示されている。また、多目的室、食堂、喫煙室などの患者の日常生活の継続を支援するための諸室の設置が多くみられる。スタッフ関連諸室では、看護師休憩室や会議室（カンファレンスルーム）を設置する施設が多くみられた。その他の諸室では、ボランティア室を設置している施設が38施設（49％）あり、ボランティアを導入する施設の拡がりをみることができる。また、患者の精神的な安らぎに関する瞑想室（祈りの間）、チャペル、礼拝堂を設置している施設もみられた。

c. 病室構成

　病室の構成では、全個室の施設が33施設（42％）であった（表2.62）。ついで、個室と2床室を組み合わせている施設が17

表2.62 病室構成別施設数

病室タイプ別組み合わせ				施設数	％
個室	2床室	3床室	4床室		
○	-	-	-	33	42.3%
○	○	-	-	17	21.8%
○	-	○	-	8	10.2%
○	-	-	○	10	12.8%
○	○	○	-	2	2.6%
○	○	-	○	5	6.4%
○	-	○	○	1	1.3%
○	○	○	○	2	2.6%
合計				78	100.0%

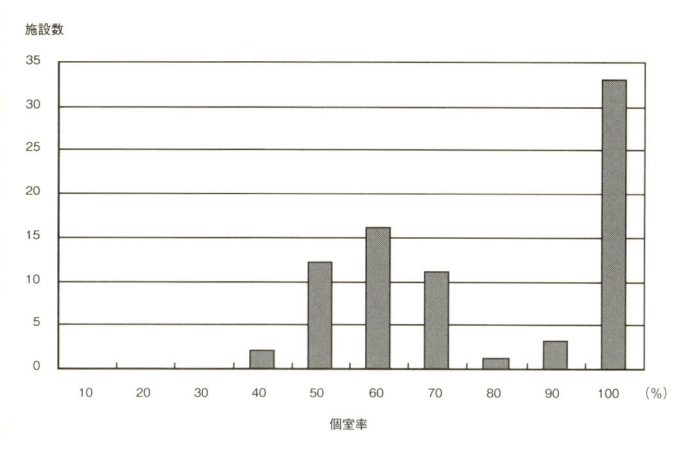

図2.47 個室率別施設数

施設（22%）、個室と4床室を組み合わせている施設が10施設（13%）である。いずれかの多床室をもつ施設は45施設（57%）であった。

次に、個室率別にみた施設数を図2.47に示す。病床全体に占める個室の割合（個室率）は、50〜70%台の値を示す施設が39施設（50%）を占めていた。施設基準の中に「特別療養の提供に係る病床の数が5割以下」という基準が定められていることが、個室数の設定に影響を与えていると思われる。ちなみに、特別療養の提供として室料を徴収する施設は51施設（65%）あり、各施設とも50%の病床に対して室料を設定していた。一方、室料を徴収していない施設は9施設（12%）であった。

d. 患者死亡前後の対応

多床室をもつ施設（45施設）で、多床室で患者が臨死に至った場合の対応は「患者を個室に移す」が37施設（82%）、「同室者を転室させる」が2施設（4%）となっており、臨死時には個室となるように対応していた（表2.63）。一方、「同室者在室のまま死亡する」としている施設は2施設（4%）あり、それらは病棟内に4床室を2室もつ施設（全18床）と、2床室を1室もつ施設（全16床）であった。多床室のメリットを肯定する施設においても、死亡時には個室の必要性を示す施設が多いことがわかる。

患者が死亡した後の対応については、「死亡した部屋から帰宅する」が45施設（58%）、「霊安室に移送する」が18施

表2.63 病棟内患者死亡時の対応
（多床室をもつ45施設を対象）

	施設数	%
個室に移す	37	82.2%
同室患者を転室	2	4.4%
同室者在室のまま死亡	2	4.4%
2床室を個室使用のため転室なし	3	6.8%
無回答	1	2.2%
計	45	100.0%

表2.64 患者死亡後の対応

	施設数	%
死亡した部屋から帰宅	45	57.7%
霊安室に移送	18	23.1%
霊安室+死亡した部屋から	4	5.1%
霊安室+死亡部屋+その他	1	1.3%
その他	10	12.8%
計	78	100.0%

表2.65 看護職員の勤務体制

	施設数	%
2交代＊	39	50.0%
3交代＊＊	38	48.7%
2交代+3交代	1	1.3%
合計	78	100.0%

＊変則2交代勤務の1施設を含む
＊＊変則3交代勤務の1施設を含む

表2.66 看護単位の分割によるケア

		施設数	%
分割していない		52	66.6%
分割している	（2分割）	24	30.8%
	（3～4分割）	1	1.3%
無回答		1	1.3%
計		78	100.0%

設（23%）となっていた。病院の方針として必ず霊安室を利用する施設がある一方、死亡した病室で死後の処置を行い、病棟から遺体を送り出す施設が約6割を占めていることがわかった。「その他」とする施設の多くは、家族の希望に応じた対応をとるとしていた。

e. 看護体制

看護職員の勤務体制は「2交代」が39施設（50%）、「3交代」が38施設（49%）、「2交代と3交代を組み合わせている」が1施設（1%）であった（表2.65）。また、看護単位を複数のチームに分割して看護にあたっているかどうかをみると、「分割していない」が52施設（67%）、「2分割している」が24施設（31%）、「3分割している」が1施設（1%）であった（表2.66）。

看護方式については、プライマリーナーシング方式が43施設（55%）、プライマリーナーシング方式とチームナーシング方式併用が10施設（13%）、受持ち看護が7施設（9%）、チームナーシングが6施設（8%）、モジュール方式が4施設（5%）、チームナーシングと受持ち看護併用が3施設（4%）、固定チームナーシングが2施設（3%）であった。

f. 病棟開設後の増改築

78施設のうち緩和ケア病棟として運営を開始したのちに、

表2.67 病棟開設後の増改築の事例

No	増改築	承認年月	開設時病床数	調査時病床数	増改築内容	増改築目的
1	増築	1990	25	25	浴室・スタッフ諸室を増築	施設充実
2	増築	1990	22	36	22床→36床	病床規模拡大
3	改築	1992	25	25	2床室→個室、家族室→個室	病室を改築 個室を増やす
4	増築	1993	8	10	個室2床・特別浴室1・車いす用トイレ1・器材室2の増築	病床規模拡大 施設充実
5	改築	1994	22	22	個別トイレ設置、間仕切り固定壁化	病室を改築 プライバシー配慮
6	改築	1994	23	21	4床室→個室	病室を改築 個室を増やす
7	増築	1995	8	20	8床→20床	病床規模拡大
8	改築	1999	4	8	4床→8床	病床規模拡大
9	改築	1999	14	12	個室2室→談話室	施設充実
10	改築	2000	28	28	障害者用トイレ設置	施設充実
11	増築+改築	2000	10	10 (改築中)	新4F増築：個室12床増築、面談室、家族室 浴室、デイルーム、談話コーナー、レストラン、屋上庭園 既存3F改築：家族室→医師宿直室、面談室→談話室、診察室→個室、談話室→デイルーム、食堂→院長室	病床規模拡大 施設充実

病棟の増改築を行った施設は11施設（14％）であった（表2.67）。増改築の内容をみると、増築が4施設、改築が6施設、増築と改築を同時に行った施設が1施設であった。増築を行った4施設は、ともに1995年以前に開設した施設であり、増床を目的にしたものが多い。改築を行った6施設は、必ずしも古いわけではなく、比較的新しい施設も含まれていた。改築の内容は以下の三つに大別できる。①「患者のプライバシー保護のために多床室を個室に変更（2施設）、個別便所の設置、病室間仕切りの固定壁化（1施設）、②「施設・設備の充実」（2施設）、③「施設規模の拡大」（2施設）。

(4) 訪問調査結果のまとめ

各施設の訪問調査より、以下の内容を確認できた。

a. 病床規模の設定

敷地・施設規模、都道府県の指導、看護態勢、利用者予測、経営効率などが要因となっている。患者や家族の視点からみた生活の場としての規模計画や、患者や家族同士の交流を意識した生活単位・生活規模としての病床規模などは考慮されていない。

b. 諸室の利用形態

立地地域の特性によって、諸室の利用形態が異なることがわかった。特に、施設周辺地域の就業形態や地域社会との関係の違いによって、患者の病棟に対する認識、家族の付添い方、見舞客の訪問などが異っている。

c. 家族室の利用形態

①患者死亡数日前からの家族の宿泊、②遠方からの見舞い客の宿泊（1泊程度）、③長期付添い者の昼間の休息、の三つに分類できた。

d. 談話室で行われる行為、活動

①病棟行事（季節の行事、日々のお茶会、コンサート）、②患者・家族の飲食（食堂の役割）、③患者・家族の談話（病棟内散歩、患者同士の交流、家族の交流）、④面会者の対応、⑤家族の休憩、の五つに分類できた。これらの機能をいくつかの談話室に分散配置している施設もあった。

e. 汚物処理室の室数と設置場所

骨転移による下半身麻痺や痛みなどによって、ベッド上での排泄を余儀なくされ、おむつを利用する患者が多い。そのため、汚物処理室の室数と設置場所が問題となる。小規模(10床程度)の施設であれば、1ヵ所の汚物処理室で対応できている。20床を超える施設では2ヵ所設置している施設が多く、その利用頻度・評価ともに高い。設置場所は病室群に近接させることと同時に、病室から汚物処理室に至る経路途中に談話室など利用者が多く集まる場が設置されない配置が望ましい。

f. 看護職員の休憩室

十分な面積を備えていない施設が多い。2交代制をとっている施設でも、仮眠場所が十分に確保できない施設がある。緩和ケアの特殊性や看護師の精神的疲労について考慮した施設的な配慮が求められている。

わが国の緩和ケアは、診療報酬制度の枠組の中に位置づけることで量的な拡大の方向に向かっている。しかし、施設整備の状況を概観すると、単に施設基準を満たすだけにとどまる施設から、患者と家族の日常生活に配慮した環境を構築している施設まで、療養環境に格差があることもわかった。

本稿は、竹宮健司「日本のホスピス・緩和ケア病棟における施設整備の現状（1990-2000）、日本建築学会大会学術講演梗概集E-1」pp.329-330（2001年）に新たな分析を加え加筆したものである。また、本研究は平成12年度厚生科学研究「緩和医療提供体制の拡充に関する研究」（恒藤暁、志真泰夫他）の一環として行われた調査の一部をまとめたものである。厚生科学研究「緩和医療提供体制の拡充に関する研究」班：ホスピス・緩和ケア病棟の現状と展望、2001年

2.2 緩和ケア病棟の療養環境計画

2.2.1 PCUデザインの鍵―施設管理者の評価

　医療系雑誌『ターミナルケア』（三輪書店）[*23]で、既存の緩和ケア病棟についてケアを提供する立場から「こうしてよかった」「こうすればよかった」という視点で、施設環境の評価をしてもらう連載企画があった。筆者は施設計画研究者の立場でこの企画に協力した。連載のタイトルは「PCUデザインの鍵」、期間は1996年から1997年まで、著者は第1回と最終回を担当した。

　建物を実際に使用したあとに、使用者自身がその使い勝手を評価するこのような作業をPOE（Post-Ocupancy Evaluation：使用後評価）といい、これは設計段階で気づかなかった点を今後の設計に生かしていこうという試みの一つである。

　ここでは、これまでに得られた施設管理者からみた評価に共通する項目や留意点を確認し、これまでの内容を整理する。

(1)「こうすればよかった」

　これまでに各施設からあげられた「こうすればよかった」という項目を、表2.68の四つの視点で整理した。

a. 病棟の構成

　病棟の構成の中で一番大きな課題は、個室と多床室である。多床室のメリットとデメリットを整理しておく必要がある。

　この連載企画の中で、大部屋を設置してよかったとしている施設は3施設あり、その理由をみると「状況に応じて改変

[*23] 2003年度までは三輪書店が発行、その後は青海社

表2.68　こうすればよかった

病棟構成	設備	バリアフリー
1）全室個室 2）所用室の整備 　・家族室 　・面談室 　・喫煙室 　・介助浴室 　・一般浴室 　・ボランティア室 　・研究者用の部屋 　・看護師休憩室 　・スタッフの泣き部屋	1）換気設備 2）防音設備 3）照明設備 4）各種スイッチ（リモコン） 5）電話 6）便座 7）携帯式ナースコール	1）車椅子対応トイレ 2）入り口の幅、段差 3）浴槽の高さ、手すりの位置 仕上げ材料 1）処置室の床材 2）トイレの床材 3）病室扉 4）壁、カーテン

写真2.5 介助浴室（桜町病院）

が可能」「患者同士のコミュニケーション」「デイケア用に使える」である。

一方、大部屋のデメリットを指摘する施設からは「家族の面会や宿泊に不適」「照明や室内温度などを個別的に調節することができない」「プライバシーの欠如」などである。

また、所用室の整備についても数多くの指摘があった。家族室は最低二つ必要で病室から少し離れた位置にあることが望ましい、などの具体的な改善要求が示された。

b. 設　備

病室内の設備に関しては、換気性能を高めてほしいという要望が多く聞かれた。転移の部位などによっては、異臭が漂うこともあるからである。

個室内でシャワーを使用する頻度は少なく、個室内にはトイレと洗面台の設置が最低限必要という意見が多い。

そのほか、病室の壁や電話ボックスの防音設備、明るさを調節できる照明設備、ベッド上で操作できる各種スイッチ、個別電話の設置（個室）、温風温水洗浄機能付便座の設置など、家庭で一般化している設備機器の設置に対する要求が多く聞かれた。

スタッフのための設備としては、携帯式ナースコールがほしいといった指摘もあった。

c. バリアフリー

各部屋に設置されているトイレや病棟内のトイレについては、車いす対応を望む声が多く聞かれた。

トイレの入口の幅が狭く点滴台を持ったまま通りにくい、段差のためにつまずきやすいなどの指摘も多い。また、一般浴室内の浴槽の高さや手すりの取付け位置の問題などを指摘する施設もあった。

d. 仕上げ材料

建物各所の仕上げ材料については、「処置室の床材を清掃しやすいものにすればよかった」「トイレの床材料を滑りにくいものにすればよかった」などを指摘する施設があった。

(2)「こうしてよかった」

次に、表2.69により「こうしてよかった」という点をみて

表2.69 こうしてよかった

```
病棟構成                          設備
    1）院内病棟型                     1）洗面台を深型シンク
    2）平屋又は最上階                 2）共用空間に水槽を設置
    3）和室の設置                     3）病室の窓を掃き出し窓
    4）畳のコーナーの設置
    5）教育研修部門を生活空間から分離   仕上げ材料
    6）病室以外に居場所がある           1）暖色系の壁紙
    7）大部屋の設置                   2）明るい色調
                                     3）インテリアや手すりを木製
```

いくことにする。

a. 病棟の構成

他部門との連携や医療の継続性という面からみると、院内病棟型にしてよかったという施設が2施設あった。

b. 設　備

洗面台を深型シンクにしてよかったという指摘があった。これは、洗面台は顔を洗ったり歯を磨いたりするためだけではなく、湯飲みや箸などを洗うこともあるためである。

共用の場に水槽を設置して、金魚や鯉などを観賞できるようにすることで、患者にとってよい効果をもたらしているという指摘も多い。

また、病室の窓を掃き出し窓にすることによって、直接外に出ることができる、ベッドに寝たままでも窓の外の様子がわかるなどの効果が得られる。

c. 仕上げ材料

暖色系の壁紙や明るい色調の仕上げ材料を用いたことを評価する施設が多くみられた。また、インテリアや手すりに木製の材料を用いることで、温かみがでるという評価もあった。

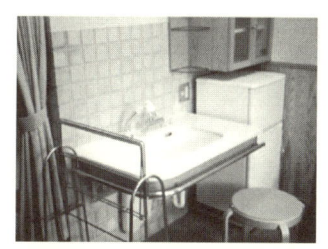

写真2.6　病室内洗面台（桜町病院）

写真2.7　掃き出し窓（桜町病院）

2.2.2　患者や家族の視点でみた施設環境

実際に施設で生活する患者や家族の視点でみた施設環境とはどのようなものか。どのような要望をもっているのであろうか。

著者が1995年に行った緩和ケア病棟における患者と家族へのインタビュー調査から、以下のように整理することができた。

写真2.8　畳コーナー（聖隷三方原病院）

(1) 患者の視点からの施設環境への希望

①基本的な生活行為（食事、身体の清潔、排泄など）は最後まで自分で行いたい

　特に、排泄に関しては最後まで自分で行いたいという希望は強くある。個室にトイレが設置されていても、扉が重かったりトイレまでの移動をサポートする配慮（身体を支える手すりや車いすの動作寸法）がないために、ポータブルトイレの利用を余儀なくされるというケースもある。

　ポータブルトイレは、たとえ個室であっても臭いやプライバシーの点から考えると、できるだけ使用せずに過ごせるように配慮すべきであろう。

②無理な姿勢を強いるような家具、設備は設置しないでほしい

　かがむ姿勢やしゃがむ姿勢は、身体に大きな負担を強いることになる。ビジネスホテルにあるような小型冷蔵庫やタンスは非常に使いにくい。

③施設各所に少し腰を降ろせる場所がほしい

　体力が低下しているためすぐに疲労を感じてしまうが、少し休めばできる行為もある。写真2.9のようなアルコーブやベンチなどが施設内の各所に用意されていることで、施設内の患者の生活領域は広がっていくのである。

④介助を伴う行為はできるだけスムーズにしたい

　介助を伴って入浴するときなど、脱衣室が狭いと介助者に余分な負担がかかってしまう。介助を伴う行為が行われる諸室は、介助者の動作寸法を考慮した室面積が必要になる。

⑤ベッド上からも、身の回りのことは自身の手でコントロールしたい

　照明や音の調整、カーテンや窓の開閉など、自分の回りのことは、その都度ナースコールで看護師を呼び出すのではなく、ベッド上から自身の手でコントロールできるような工夫が望まれている。

⑥細やかな配慮がほしい

　照明の種類、窓からの眺め、自宅の雰囲気を継続できる工夫などが患者の生活を豊かにする。

⑦多様な居場所が必要

写真2.9　病棟廊下にあるアルコーブ（国立がんセンター東病院）

気分を変えるためのいろいろな居場所が用意されていることで、病室だけに生活の場を限定されずに生活を展開できる。

(2) 家族の視点からの施設環境への要望

患者の家族に対するインタビュー調査からは、以下のように整理することができた。

①ゆったりとしたいす、収納スペースがほしい

病室内の家族の生活に対する配慮として、ゆったりとしたいすや収納スペースがほしい。

②公衆電話の位置や防音設備に配慮してほしい

家族への連絡や患者が亡くなったときの葬儀の手配など、他者に聞かれたくない話でもできるように、電話ボックスの位置や遮音壁で囲うなど、話し声が漏れないような配慮が必要である。

③息抜きをする場所がほしい

患者に付き添う家族の生活は、病室内だけで完結しない。ときには患者の側から離れ、息抜きをする場所がほしい。サンルームの一角に壁の張り出たコーナーがあり、ここに座ると廊下からの視線から身を隠すことができる。このような場所があるだけで、家族は患者から離れて1人でひと息つくことができるのである。

このように、患者と家族によるPOEからは、施設として最低限備えておく必要のある設備や、患者や家族のストレスをできるだけ軽減するための建築的な配慮が必要なことがわかった。

2.2.3 〈計画案〉提案事例

それでは、これらの知見をどのように具現化していったらよいか、具体的な事例を紹介する。これまで蓄積してきた知見をもとに、我々の研究室[*24]で提案したホスピス計画案を以下に示す。

この計画案は、既存の一般病院の南側に院内独立型として計画している。

［計画のキーワード］

本計画案は、以下の七つのキーワードをもとに構成している。

[*24] 竹宮健司、佐藤裕、田中岳人、茂木弥生子、山田明子の協働による。

①選択肢がある
・緩和ケア病棟は生活の場の選択肢の一つである。
・病いとともに生きるための場所である。そこでは、専門チームによって全人的なケアが提供される。
・最後まで尊厳をもって生きるための選択肢がいくつも用意されている。

②患者と家族を支える
　緩和ケア病棟では患者と家族を一体としてケアする。患者同様に家族の生活への配慮がなされる。

③日常生活を継続する
　患者の症状の進行に伴って徐々に身体機能が低下してくるが、その各段階での残存機能を最大に活用できるような建築的な配慮がなされる。

④自然を取り込む
　水の流れ、風、樹木、草花、小鳥の囀りが日々の生活に取り込まれるような建築の構成になっている。

⑤スタッフの学び
・緩和ケアは実践を通して学ぶものである。
・普及段階にあるわが国の現状をかんがみ、また、地域に専門スタッフを供給する拠点となるためにも、教育研修機能を充実させる。

⑥在宅での生活を支援する
　在宅での療養生活を支えるためのDay Care Centerを計画する。症状のコントロールをベースとした文化的、社会的生命の延命に寄与する。

⑦地域とのつながりを継続する
　地域のボランティアによる緩和ケア病棟での活動を積極的に支援し、地域との関係を継続する。

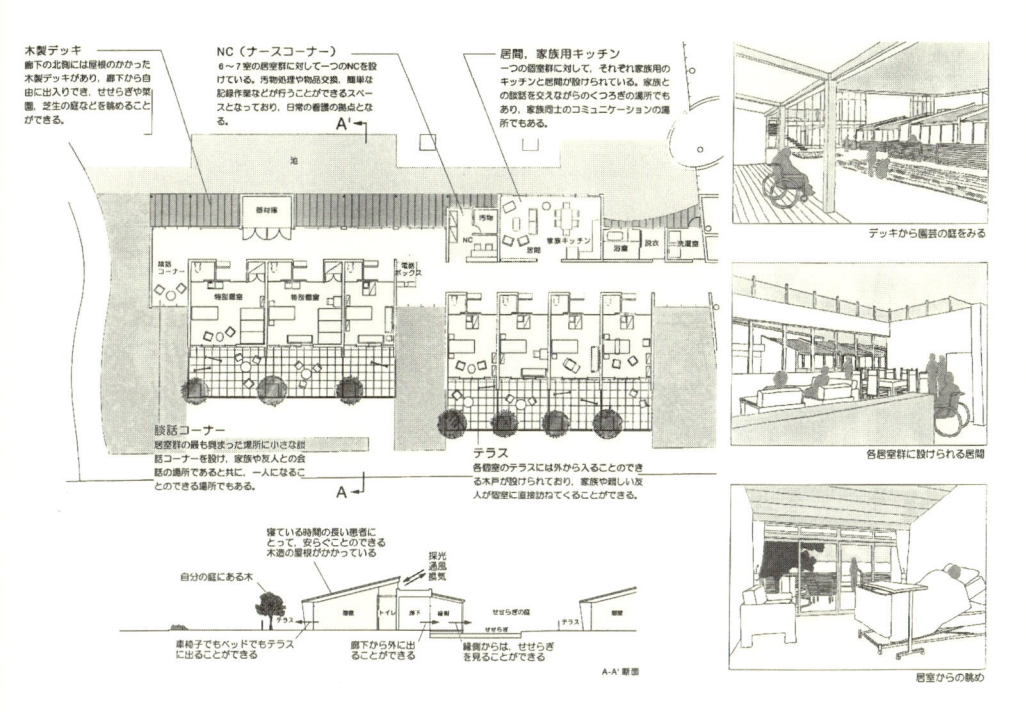

2.2 緩和ケア病棟の療養環境計画

木製デッキ
廊下の北側には屋根のかかった木製デッキがあり、廊下から自由に出入りでき、せせらぎや菜園、芝生の庭などを眺めることができる。

NC（ナースコーナー）
6〜7室の居室群に対して一つのNCを設けている。汚物処理や物品交換、簡単な記録作業などが行うことのできるスペースとなっており、日常の看護の拠点となる。

居間、家族用キッチン
一つの居室群に対して、それぞれ家族用のキッチンと居間が設けられている。家族との談話を交えながらのくつろぎの場所でもあり、家族同士のコミュニケーションの場所でもある。

デッキから園芸の庭をみる

各居室群に設けられる居間

談話コーナー
居室群の最も奥まった場所に小さな談話コーナーを設け、家族や友人との会話の場所にすると共に、一人になることのできる場所でもある。

テラス
各個室のテラスには外から入ることのできる木戸が設けられており、家族の親しい友人が病室に直接訪ねてくることができる。

居室からの眺め

図2.48　I病院緩和ケア病棟計画案　病棟計画

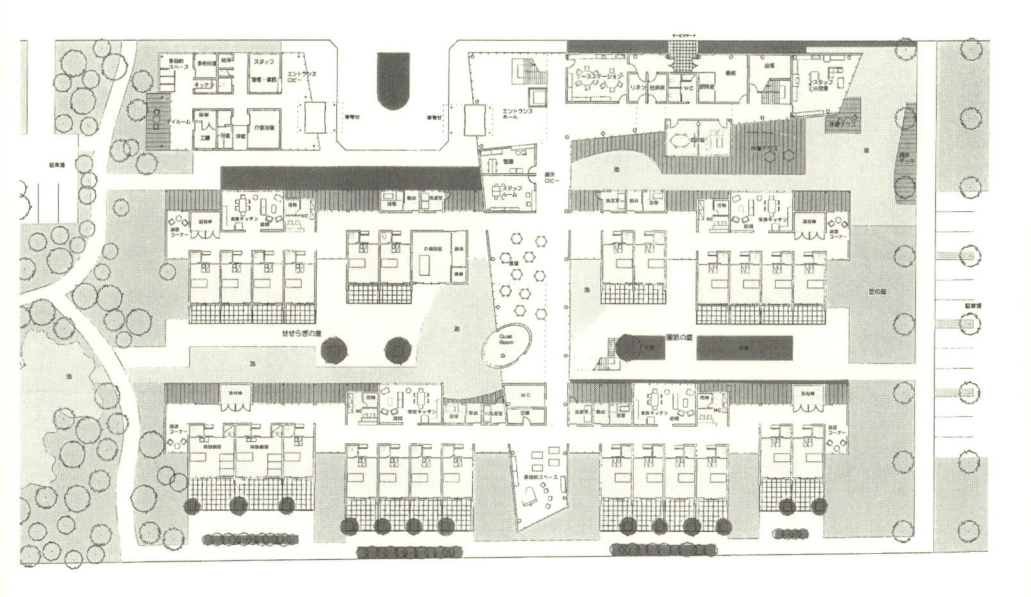

図2.49　I病院緩和ケア病棟計画案　平面図

2.3 緩和ケア病棟事例

事例1　宮城県立がんセンター緩和ケア病棟　2002年

[計画概要]
所在地：宮城県名取市
設計：藤木隆男建築研究所
設計協力：山下哲郎、竹宮健司、伊藤華子、岩崎陽子
病床数：25床
建築面積：1924㎡
延床面積：1931㎡
構造規模：RC造地上2階
工期：2001年3月〜2002年3月

　宮城県立がんセンターの敷地内に、院内独立型として計画された緩和ケア病棟である。設計プロポーザルコンペにより設計者を選定。敷地は同センター内の看護師寮の跡地であり、

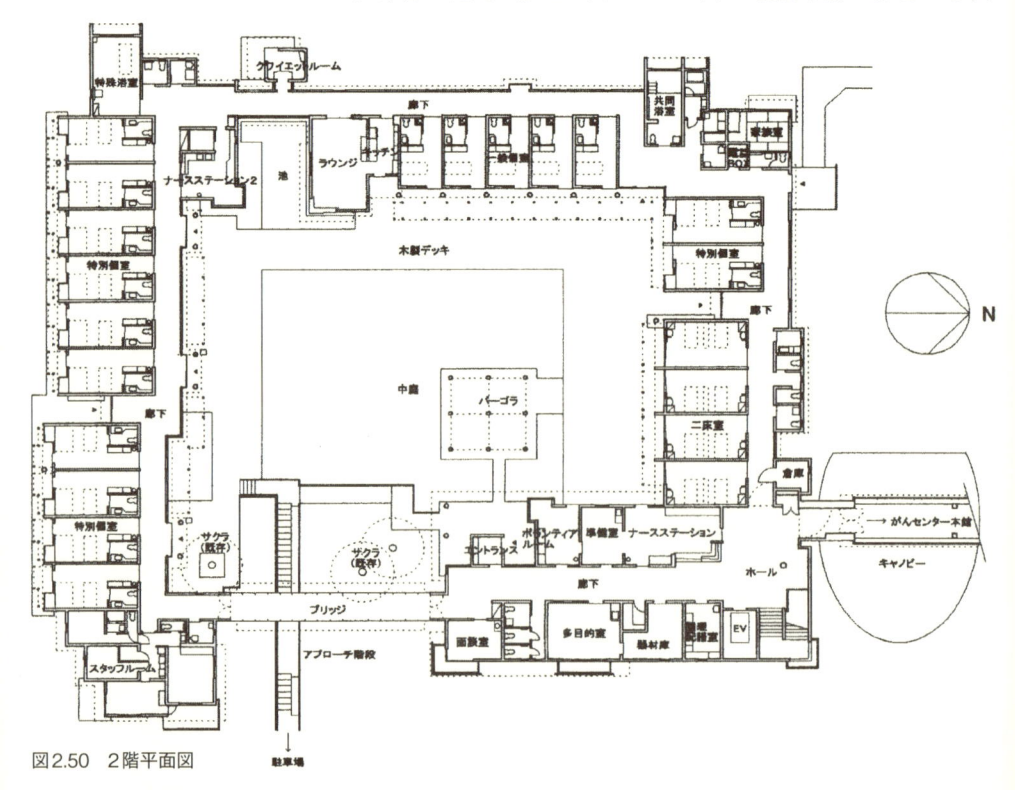

図2.50　2階平面図

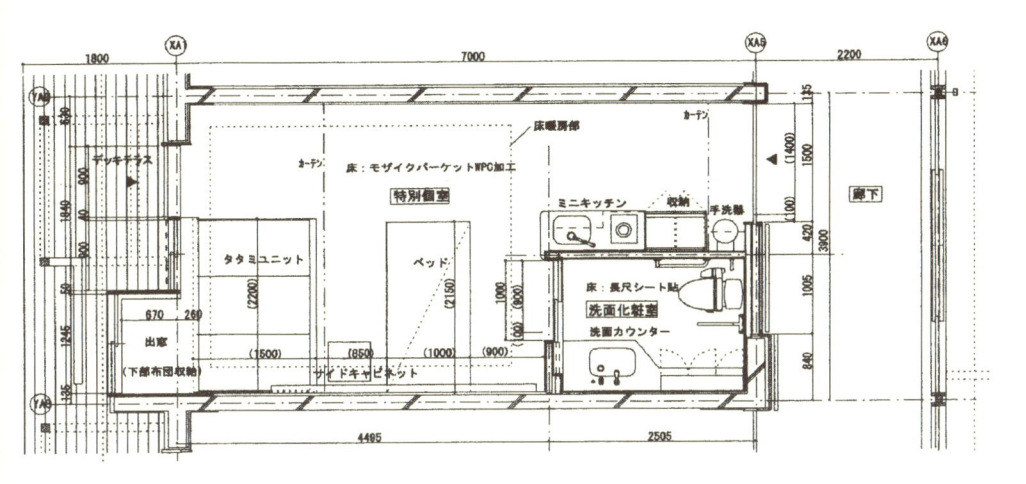

2.3 緩和ケア病棟事例

図2.51 特別個室平面図

写真2.10 1階エントランス
写真2.11 中庭への階段 
写真2.12 中庭から病室の眺め 
写真2.13 中庭での夏祭り 
写真2.14 病室前廊下 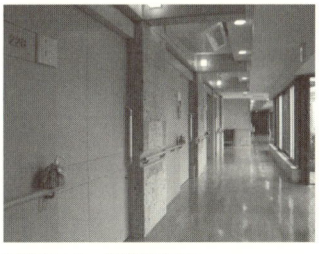
写真2.15 特別個室内観 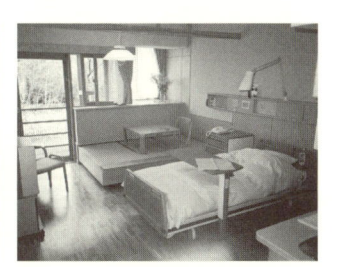
写真2.16 タタミユニットの収納

本館と渡り廊下で接続している。病棟は、敷地内に以前からあったサクラの木を生かした中庭型の構成である。中庭に面する病室からは、ベッドごと木製デッキに出ることができる。病室前の軒先には、布団や洗濯物を干すことができるようになっている。

個室は21〜28㎡で計画されており、患者と家族の生活をもっとも重視した計画となっている。病室の入口には大谷石を用いた門構えがあり、内部には勾配天井とハイサイドライトがとられている。また、特別個室には、家族の宿泊や収納を考慮した可動式の畳ユニットがある。

事例2　近藤内科病院緩和ケア病棟　2002年
[計画概要]

写真2.17　外観

写真2.18　スタッフステーション内部

写真2.19　デイルーム

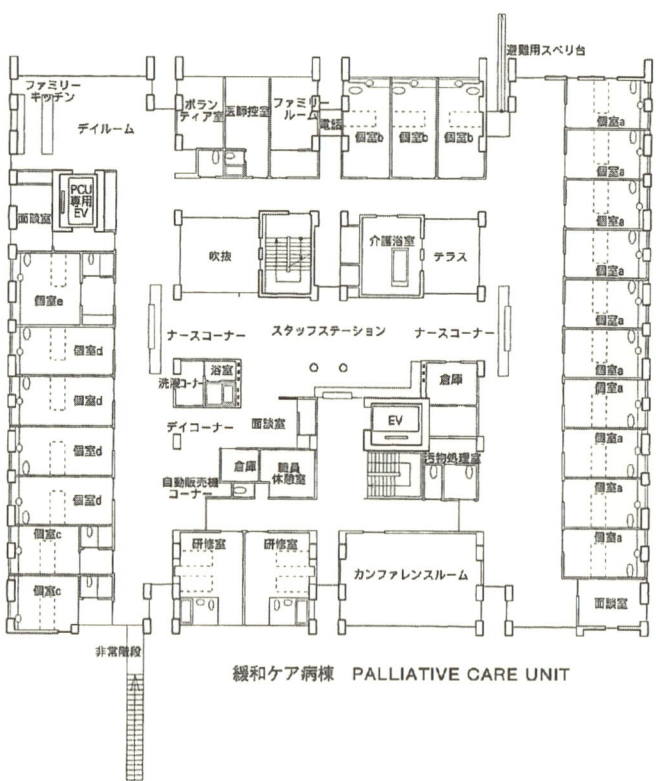

図2.52　3階平面図

所在地：徳島県徳島市
設計：ナスカ一級建築士事務所
病床数：55床（うち緩和ケア病棟20床）
建築面積：1507㎡
延床面積：4079㎡（病院全体）
構造規模：RC造一部S造地上4階
工期：2001年6月～2002年3月

　徳島県内で最初の緩和ケア病棟である。内科35床、緩和ケア科20床の個人病院である。四角形の病棟平面の四周に病室を巡らし、中央部にスタッフステーションを配置し、看護動線の短縮と開放的な看護拠点を実現している。愛知国際病院緩和ケア病棟での事例を参考に病室内窓側に便器を配置し、ポータブルトイレの使用を極力減らす試みをしている。各所に設けられたデイコーナーや廊下は、外部空間への視線を意識してつくられており、閉鎖的になりがちな病棟空間に社会との接点を取り込む工夫を凝らしている。

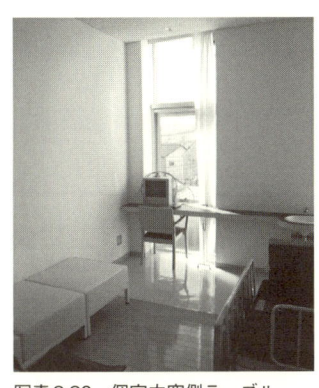

写真2.20　個室内窓側テーブル

写真2.21　個室内トイレ

事例3　東京都立豊島病院緩和ケア病棟　1999年
［計画概要］
所在地：東京都板橋区
設計：東京都財務局営繕部・岡田新一設計事務所
病床数：20床（病院全体458床）
建築面積：8179㎡
延床面積：1500㎡（病院全体4万8260㎡）
構造規模：SRC造地下2階地上8階（緩和ケア3階）
工期：1996年8月～1999年6月

　都立病院の中にある院内病棟型の緩和ケア病棟である。病室はすべて個室で構成されている。三角形の病棟平面の三辺に病室を配置し、中央に病棟ステーションを置いている。三角形の二つの頂点にはデイルームと多目的ホールを配置し、患者と家族がくつろぐための空間を設けている。多目的ホールの外側には、診療棟の屋根を利用した屋上庭園が設けられており、病室からもバルコニーを介して屋外庭園に出て、草

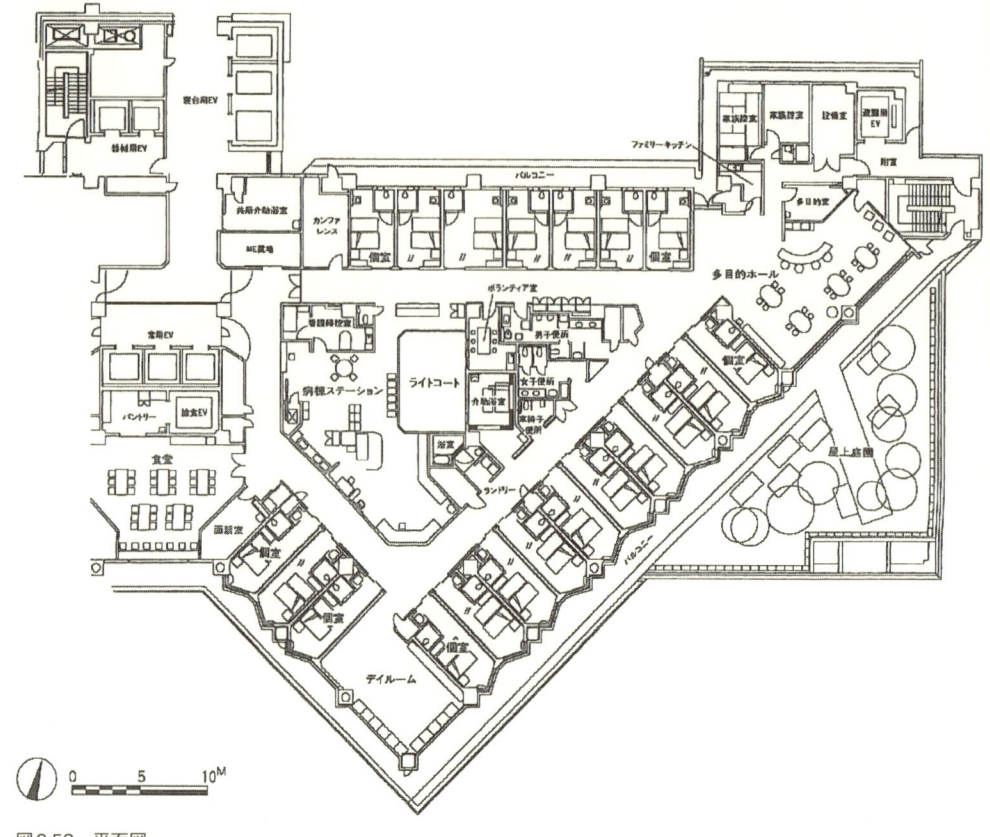

図2.53 平面図

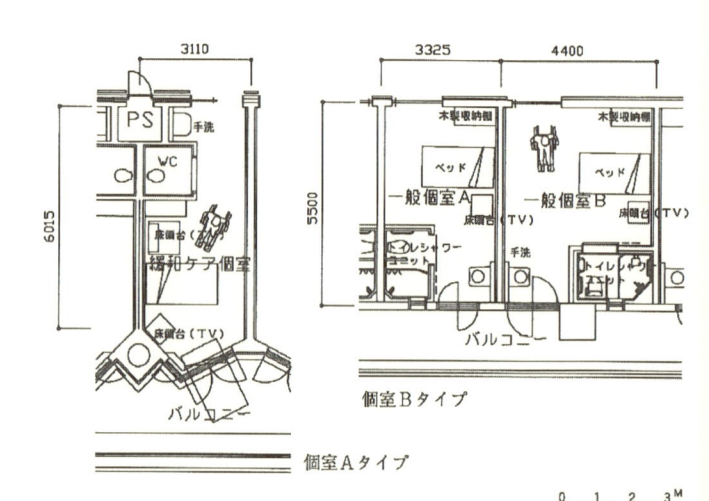

図2.54 個室平面図

写真2.22 診療部の屋上が庭園
写真2.23 屋上庭園 
写真2.24 個室内 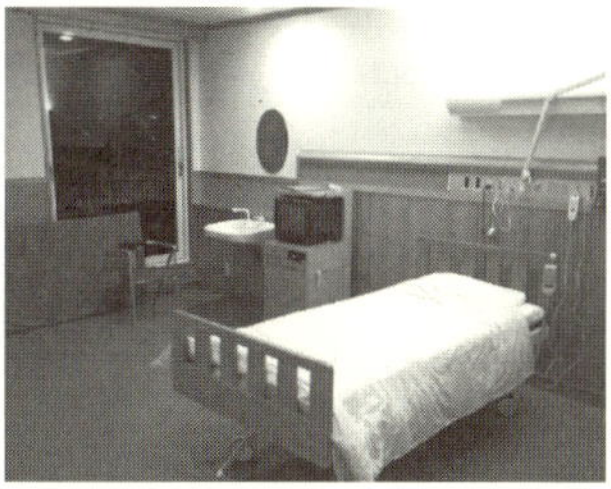
写真2.25 デイルーム 
写真2.26 多目的ホール 
写真2.27 家族室（洋室） 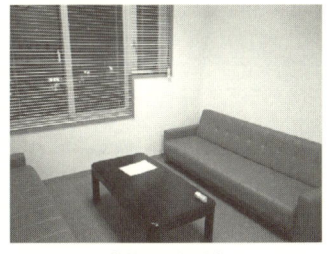
写真2.28 家族室（和室） 

花を楽しむことができる。多目的ホールに隣接したゾーンには、和室と洋室の2種類の家族控え室が設けられている。

事例4　福井県済生会病院緩和ケア病棟　1998年
［計画概要］
所在地：福井県福井市
設計：佐藤総合計画（監修：松本啓俊）
病床数：20床
建築面積：1万1114㎡
延床面積：2538㎡（病院全体4万8260㎡）
構造規模：RC造地上2階地下1階
工期：1997年10月～1998年10月

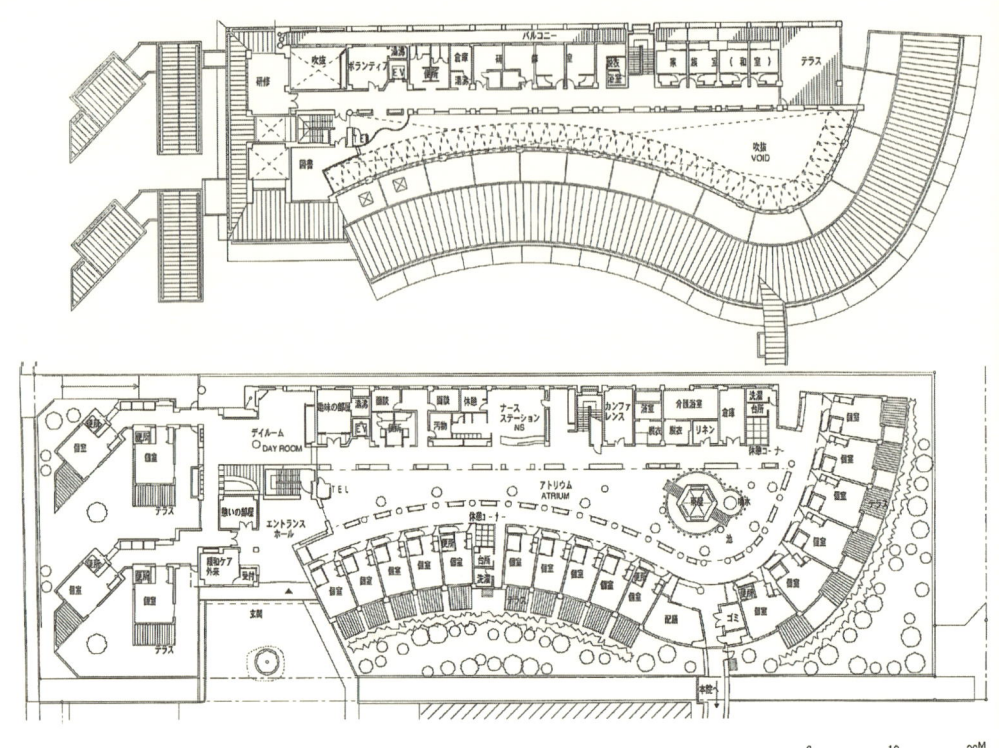

図2.55　1階平面図、2階平面図（上）

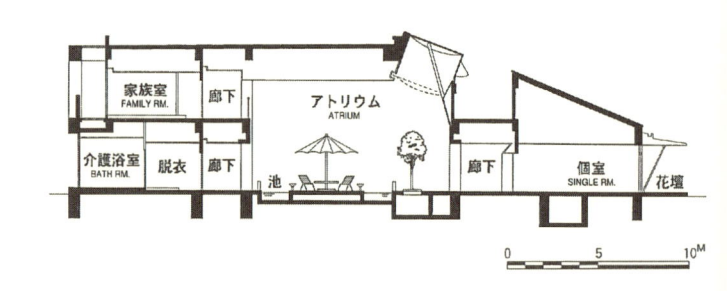

図2.56　断面図

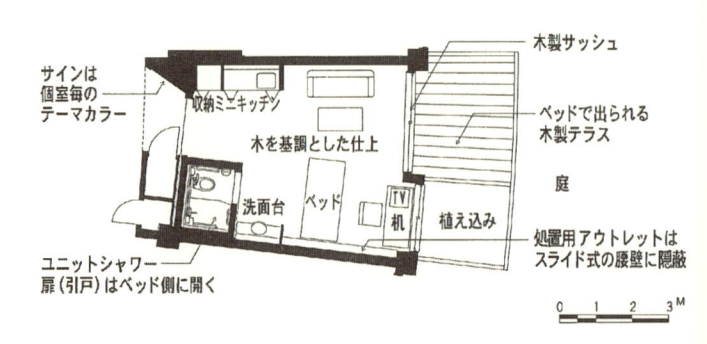

図2.57　個室平面図

写真2.29　病院前の庭

写真2.30　アトリウム

写真2.31　アトリウム

写真2.32　個室横にあるアルコーブ

　総合病院の同一敷地内に、別棟として計画された院内独立型の緩和ケア病棟である。南側に面した病室群とスタッフゾーンの中間領域を自然光を取り入れた開放的なアトリウムとしている。このアトリウム空間には、植栽や水の流れが取り込まれ、患者や家族が集うことのできる守られた自然環境を実現している。

　病室はすべて個室として設けられ、東側の16室は緩やかな弧を描き、西側の4室は離れとして独立した構成とするなど、単調さを排除した病室配置を実現している。家族室はスタッフゾーンの上階に設けられ、中間領域を介した病室の向かい側に位置している。

◆参考文献

A.H.マズロー著、小口忠彦訳『改訂新版人間性の心理学』産能大学出版部、1987年

佐藤郁哉『フィールドワーク』新曜社、1992年

Macall,G. and Simmons,J.L.: The Nature of Participant Observation, In Issues in Participant Observation (Melno Park, California：Addison-Wesley, 1964)

厚生省大臣官房統計情報部『平成2年人口動態統計（上巻）』pp.116-119、㈶厚生統計協会、1990年

Carey, Deborah Allen : Hospice Inpatient Environment, Van Norstrand Reinhold Company, 1986

長澤泰『病棟の建築計画に関する基礎的研究』pp.266-269、1987年

柏木哲夫「在宅医療ネットワークの構築に関する総合的研究」『HOSPICE CARE IN JAPAN』pp.140-149、1992年

柳沢忠ほか3名「病棟部における入院患者の一日の生活実態について(1)」『日本建築学会大会学術梗概集（北陸）』pp.1293-1294、1983年9月

山下哲郎ほか5名「病棟看護業務の時間量分析」『日本建築学会大会学術梗概集（関東）』pp.849-850、1979年9月

竹宮健司「日本のホスピス・緩和ケア病棟における施設整備の現状（1990-2000）」『日本建築学会大会学術講演梗概集E-1』pp.329-330、2001年

厚生科学研究班「緩和医療提供体制の拡充に関する研究」『ホスピス・緩和ケア病棟の現状と展望』2001年

2.3　事例図面出典：日本医療福祉建築協会『病院建築126号』2003年、『病院建築138号』2003年、『病院建築141号』2003年

第3章
世界のホスピス・緩和ケア病棟

筆者がホスピス・緩和ケアを建築計画学の視点から調査・研究を始めたのは今から20年以上前の1987年のことである。その当時のわが国のホスピスケアの先駆者たちは「ホスピスとは建物ではなくホスピスケアマインドのことである」と口々に唱えていた。

　近代ホスピス運動の母であるシシリー・ソンダースも同様の趣旨のことを話したことを直に聞いているので、教えを受けたわが国の人たちがそう唱えることは至極当然のことと思えた。しかし筆者は「ホスピスケアマインドがあれば、そのケアの提供の場は問わないのか」という疑念をつねに抱いていた。

　また同時に「ホスピスケアマインドが欠落した建物としてのホスピス」はあってはならないとも考えていた。したがってホスピスケアを遂行する人々にはそのマインドが不可欠であり、本質的に必要な条件として備えておくべきである。しかしそれだけではなく、ケアを受ける側のために、提供する側が最良の場を用意してはじめて十分な条件を満たすことになるのではないかとも考えつづけていた。そのような視点から、海外のホスピス・緩和ケアユニットでは、建築計画上の課題をどのように解決しているのかという点に関心をもちつづけていた。

　1993年に、イギリスとドイツのホスピス・緩和ケアのスタディツアーに、ホスピスケアマインドの具現者ともいうべき上智大学教授のアルフォンス・デーケンにはじめて随行することができた。その後、上記2カ国のほかアメリカ、カナダ、オーストラリア、ニュージーランド諸国のスタディツアーに5度の随行をした。そのほか個人的にスウェーデン、フィンランド、スイスのホスピス・緩和ケアの視察を行った。

　ここでそれらの知見をことごとく紹介することはできない。どうしても知っていただきたい点にしぼって述べてみたい。

　これから紹介するホスピス・緩和ケアに関する各種の情報・知見は1990年以降2003年の間のものが主になるが、インターネットなどで入手できる情報についてはいうまでもなく、セントクリストファーホスピスの情報部が発行しているディレクトリについては2007年版を参考資料とするなど、

写真3.1　シシリー・ソンダース（セントクリストファーホスピス研修棟前庭にて：1997年）

可能な限り最新情報を入手して紹介することに努めた。ただし、事例などについては2000年までの訪問調査のものであることを付言する。

本質的なホスピスデザインフィロソフィーは、最近の知見によるとその当時と現在とでは差があるとは少しも考えることはできない。

なお、イタリア、フランスの両国については文献から得た知見による紹介である。この両国の医療施設、高齢者施設については訪問調査の機会をそれぞれ数回ずつもっているが、ホスピス・緩和ケアユニットの見学の機会は残念ながらもっていない。

3.1 海外のホスピス・緩和ケアサービスの現状

3.1.1 イギリスのホスピス・緩和ケア

近代ホスピス運動の発祥地であるイギリスにおけるホスピスケアの展開には実に目ざましいものがある。入院施設の整備をはじめとして、ケア支援チームによる在宅ケア、デイケア、病院支援および病院支援看護サービスの充実、それに加えてボランティアサービスの普及はまさに世界のトップレベルにあるといえる。提供されているケアそのものの質はもとより、ケア提供拠点の充実は単位人口対でみても、目をみはるべきものがある。

2007年1月現在で、イングランドにおける成人の入院のためのホスピスと緩和ケアサービスのユニットは174、病床数は2618床である。またスコットランドでは24ユニット342床、ウェールズでは17ユニット147床、北アイルランドでは5ユニット67床である。したがって、イギリス全体では220ユニット3174床を数える。

なお、小児のための英国のユニットは37、病床数280である。そのうち32ユニット240床がイングランドに設けられている。また、コミュニティと病院支援サービスの状況をみると、イングランドでは在宅ケアの拠点が237、自宅ホスピスが97、デイケアが203拠点、病院支援ナース33拠点、病院支援チーム231チームとなっている[*1]。

写真3.2 近代ホスピス運動の拠点、セントクリストファーホスピス

*1 セントクリストファーホスピス情報部『ホスピスとパリアティブケアのディレクトリー：2007年版』による

イギリスのホスピスケアは入院、在宅、デイの各種のケアによって包括的に実施されている。

(1) 入院ケア

入院ケアは①痛み・悪心・嘔吐などの症状コントロール、②レスパイトケア（respite care）、③臨終期のために行われる。

入院ケアは、在宅では痛みをはじめとする身体症状や精神症状のコントロールが困難な場合に行い、入院期間はおおよそ2週間である。レスパイトケアは患者の家族の休息のための入院である。また、患者の全身状態が悪化して死が迫ってきているいわゆる看取りの段階で、家族では対応できない場合にも入院ケアで対処する。

入院サービスとしては、上述のように220ユニット、3174床が設けられているが、そのうち慈善団体によるものが158ユニット、2537床である。そのほかはコミュニティNHSトラスト（Community NHS Trust：健康政策当局）によるものが62ユニット、637床である。

なお、慈善団体によるものにはマリーキュリーホスピス10ユニット、232床とスーライダーユニットの6ユニット、109床を含んでいる。

(2) 在宅ケア

進行がん患者の半数以上の人たちは在宅ケアを受けている。在宅ケアは主治医およびディストリクトナース（DN）と緊密な連携を保つホスピス、および緩和ケアサービスによって行われる。

在宅ケア提供施設として、まずは独立型ホスピスがある。ここで全サービスの40％程度を分担している。在宅ケアチームの1／3程度がこのようなホスピスに付属している。その多くは、マクミランキャンサーリリーフによって基金の提供を受け、残りの60％をNHSが分担している。

緩和ケア専門のナースがコミュニティに雇用されているが、最初の3年間はマクミランキャンサーリリーフが給料を支払うこととなるので、マクミランナースとも呼ばれている。病院、ホスピス、緩和ケアサービス、NHSの一員としてコミュニティで働くマクミランナースは1400人以上を数える。

マリーキュリーキャンサーケア（Marie Curie Cancer Care）

写真3.3 路傍の可憐な草花に迎えられ、大樹に誘われるように進むと三角屋根のバナキュラー風のホスピスがやさしく迎えてくれる（アワレディスホスピス、アイルランド）

写真3.4 旧居館の改修ずみのどっしりとしたデイホスピスの玄関前には、色とりどりの花々が咲き誇っていて、暖かく迎えてくれる（聖コロンバスホスピス、エディンバラ）

写真3.5 マンチェスター市の中心街でみつけたホスピスの看板

では、イギリス中に6000人以上のマリーキュリーナースを配置して直接24時間通してのケアを行う。ケアの要請はDN、あるいは各部門の看護部門の責任者ないし本部を通じて行われる[*2]。

(3) デイホスピス Day Hospice

デイケアは、患者がホスピスや緩和ケア施設と連携を保ちながら、在宅医療が継続できるようにするケアである。サービスの内容は社会的・心理的・医学的・看護ケア、スピリチュアルな支援、理学療法、作業療法、美・理容、手足の治療、美顔術などの創造的社会活動である。

最初のデイケアは1975年、シェフィールドのセントルカ病院で始められた。2007年には255のデイホスピスがあるが、そのうちの2／3以上が既設のホスピス・緩和ケア入院施設に付置されている。

(4) そのほかのサービス

このほか病院内支援サービスとして、ホスピスサービスサポートチーム（Hospice Service Support Team）、シンプトムコントロールチーム（Symptom Control Team）あるいはホスピタルパリアティブケアチーム（Hospital Palliative Care Team）と呼ばれる組織があって、病院内で疼痛緩和・症状コントロールについて助言をするなど、患者と介護者のための情緒的支援も行っている。病院によってチームの構成、支援の内容などに多様性がみられ、必ずしも一様ではない。

このサービスは1976年、セントトマス病院がはじめて行ったもので、現在では300以上の病院で実施されている。

イギリスでは、ホスピスなどへの入院は年間5万4000人を数える。そのうち3万9000人は新入院である。94％ががんによる患者である。ホスピス内などでの死亡は2万8000人である。平均入院期間は13日である[*3]。また、ホームケアチームによってサービスを受けた新患者は年間10万1000人におよび、ケアを受けた平均月数は3.5カ月で、患者の94％ががんによる。さらに病院の緩和ケア支援サービスを受けた患者は10万人である。その87％はがんによる患者である[*3]。

提供されたケアに対する支払いはすべて無料である。費用の調達は民間からの寄付など、ホスピスなどとNHSとの契

写真3.6　花を生けるボランティアの夫人（プリンセスアリスホスピス）

写真3.7　デイホスピスでティサービスをしてくれるボランティア（セントフランシスホスピス）

[*2]　職員数などについては1997年時点の数値である。

[*3]　セントクリストファーホスピス情報部『ホスピスとパリアティブケアのディレクトリー：2007年版』

写真3.8 筆者の尊敬してやまないA.デーケンとI.Y.ティーレマン（ケルン大学ドクター）ミルドレッドシェールハウス前庭にて

写真3.9 ドイツで2番目に開設され、多くの実績をもつホスピスである。隣接する幼稚園への登園、下園の親子の姿に日常的に接することができる（アーヘンホスピス、ドイツ）

写真3.10 病棟端部のミニディコーナーから窓越しに幼稚園児の活動を見渡すことができる（前方の屋根部分が幼稚園）（アーヘンホスピス、ドイツ）

写真3.11 ボン市の中心街部に沿うように設置されたごく普通の宿舎のようなホスピス各住戸の玄関にはそれぞれの個性の表出がみられる（ボンエイズホスピス、ドイツ）

約に基づく基金によって賄われる 。その年間予算のおよそ40％がNHSからの補助であるが、これには地域によって多少の差異がある。

このようにイギリスのホスピス・緩和ケアの実際は、ユニット内の施設内ベースとユニット外の地域ベースとで患者を中心として重層的かつ多面的に支えられているといえよう。残念ながらわが国では、イギリスが指し示す到達目標にはいまだなお遠くおよばないが、その目標に向って着実に歩むきざしが見え始めていることに期待したい。

3.1.2　ドイツのホスピス・緩和ケア

シシリー・ソンダースが、ロンドンにセントクリストファーホスピスを開設したのが1967年である。その後着実にアメリカ、カナダなどの諸国にこの運動が広まるが、ドイツではホスピス運動に誤解があってその発展は遅れてしまう。それは第二次世界大戦中に広まった「安楽死」への怖れによるものといわれている。やがてその誤解も解け、1980年代からこの運動への関心が高まり、1996年時点では34のホスピス、600の在宅ケアステーションが設置されている。

その背景には、たとえば1994年のドイツの人口は8153万9000人、死亡者総数は88万4661人（人口10万対死亡率108.5）、そのうちがんによる死亡率は25％を占めていたことが一つとしてあげられる。

このような背景の中で、先見性をもつ有識者たちがいち早くその必要性を痛感し、1985年、ケルン大学付属病院の外科病棟内にドイツで第一号の5床のPCUが開設される。その後、1992年にケルン大学病院敷地内に独立型の15床のPCUを新築する。それが次節「事例9　ドクターミルドレッドシェールハウス」である。

1986年には、アーヘン市に第二号のアーヘンホスピス（53床）が開設される。1993年にはPCU18、ホスピス11、そして1997年の時点ではその年の開設を予定するものを加えると、ホスピス42を数えるに至った。

最近の情報によると、ドイツ全土には訪問ケアステーションが1300拠点あり、独立型ホスピスは200、病院内緩和ケア

ユニットは150、それにデイケアも加わって積極的な活動を展開している。その進展ぶりには目をみはるものがある。さらに医学教育にあたる緩和医学を担当する教授が9人選任されていて、そのうちミュンヘン大学医学部では緩和医学の履修が必修科目となっている。

　ドイツ国民の多くは自宅での死を希望しているという背景もあって、ドイツの緩和ケアは在宅ケアを前提としているため、ホスピス・緩和ケアユニットでの収容ケアでは症状コントロールのしにくいケース、独居のケース、臨死のケースなど、自宅では対応しにくい場合に提供されている。

　わが国同様、ドイツのホスピス・緩和ケアの歴史は若い。しかし、イギリスなどの運動を参考にしながらドイツらしい姿を模索し、今やその第一のゴールに近づきつつあることを筆者はとみに感じている。

　ドイツ政府が1990年代に、モデルホスピス計画のための資金援助、既存総合病院内に、緩和ケア病棟開設のための資金援助として10億円の予算を計上したことなどを考えると、わが国の姿勢はどうなのかといぶかりつつも、最近のがん対策基本法による実際的施策の進展を望むことしきりである。

3.1.3 アメリカのホスピス・緩和ケア

　イギリスで生まれ育ったホスピスムーブメントは、1970年代中頃にアメリカにも広がりをみせる。セントクリストファーホスピスで学んだ人たちによって、コネチカット州ニューヘブンにコネチカットホスピスと、ニューヨークにセントルカホームが開設された。この運動は、以降ボランタリーな市民運動として展開し、今日に至っている。

　ホスピス運動を支え促進した要因として、1960年から1970年にかけて当時のベトナム反戦運動、人種差別反対のいわゆる公民権運動の展開、消費者運動、知る権利などの意識革命があったことは識者の指摘するところであるが、同時に死生学者のエリザベス・キューブラ・ロスの著書『死ぬ瞬間』が、彼女の行動力と相まってアメリカのホスピス運動の触媒の働きをしたといわれている[*4]。

　1978年には全米ホスピス協会が設立され、1987年には「ホ

写真3.12　100年前からまさにホスピスケアマインドをもってケアを提供してきた200床の病院外観は病院そのもの、しかし玄関は大げさではなくやさしさに包まれている（カルバリー病院、ニューヨーク）

写真3.13　玄関を入ると明るい中庭が迎えてくれる。相対するようにミニ植物園様の空間がかたどられていて親しみをもたせる（カルバリー病院、ニューヨーク）

写真3.14　主玄関ホールでやさしく迎えてくれるボランティア（ホスピスオブウェスタンリザーブ）

写真3.15　PCU廊下でのミュージックセラピー（カブリニ病院、アメリカ）

＊4　飯塚眞之『私のホスピス取材旅行―アメリカ・新しい理念との出会い』メディアサイエンス社

写真3.16 コバッカーハウスホスピスのアニマルセラピーの犬（出番を待つ感じ）

写真3.17 ホスピスオブウェスタンリザーブのアニマルセラピーの犬（若干疲れ気味）

写真3.18 プリンセスアリスホスピス（オックスフォード）のアニマルセラピーの犬（若干寂しい感じ）

スピスプログラムの25の基準」が作成・発表されている。そのキーセンテンスを紹介する。

「ホスピスは死に逝くことを、生きていることの正常なプロセスの一部と認め、残りの人生の質（クォリティ）の維持に努める。ホスピスは生を肯定して、死を早めたり延ばしたりしない。ホスピスは希望と信頼の上に成り立つ……」[*4]

アメリカには1984年当時、31のホスピスケアの拠点があったといわれていたが、13年後の1997年には3000、そして2007年では3257に達したと報告されている。それらの多くは在宅ケアの拠点であるが、施設ケア提供拠点も175施設に達したといわれている。

さらにこの理念に基づいた子どもと親の宿泊施設としてサービスを提供するマクドナルドハウスや、親を失って悲嘆にくれる子どもたちの心を癒そうとするダギーセンターなどが開設され、ボランティアによって手厚いケアが提供されている。

アメリカでの緩和ケアの理念について少し述べておこう。それはアメリカのホスピス緩和ケアの真髄に迫ることになると思うからである。まず「患者が主役」であること、そのことは患者の尊厳や自己決定の重要性につながる。さらにはスピリチュアルケアの重要さを説く。また、誠実なインフォームドコンセントを行い、そのことが患者や家族と医療者との強い信頼関係を築く要であると説き、その実施を強く求めている。また、患者や家族に対する全人的対応の重要性も強調している。それには、多彩な専門家によるチームケアこそがその要諦であることも強調する。いわゆる学際的なチーム医療の実施であり、患者を中心にその家族、医師、看護師、ソーシャルワーカー、ボランティア、聖職者、作業療法士（OT）、機能訓練士（PT）、薬剤師、栄養士などのケアチームによるケアの実施である。

3.1.4 カナダの緩和ケア

カナダでは一般にホスピスという名称は使われていない。緩和ケアを行う場では、主として病院内であることから緩和ケアユニット（Palliative Care Unit）と呼んでいる。しかし、

オンタリオ州などでは、緩和ケアを必要とする患者が10：00〜15：30までの間にその場へ通ってケアを提供される場合、そこをデイホスピスと呼ぶことがある。

1996年9月に、モントリオールのマギール大学ロイヤルビクトリア病院で、カナダの現代ホスピスの父といわれるバルフォア・マウントに「緩和ケアの誕生」という話を聞く機会を得た。彼は「私の理解では、緩和ケアとホスピスケアは同じことで、一つの体系であること。重要なのはこの全人的なケアの理念と方法とが実際に医療全般にいきわたり、つねに病院のベッドサイドでも行われるということです。このことを医療制度にしっかりと取り込み根づかせることこそ重要なのです」と説いた。まさに緩和ケアの真髄に深く触れた思いである。

マウントは外科医で、1973年、ロンドンのセントクリストファーホスピスでシシリー・ソンダースに師事し、帰国後絶大な熱意と努力をもって関係者を説き伏せ、1975年、同病院に既存の病棟を改修・改装して緩和ケアユニットを設立した。

カナダを訪れたその年、カナダ政府では国家財政が逼迫したため、地域ケアの中心の一つであるデイホスピスの機能を充実させることで、病院病床の削減を進めるという話を聞かされた。

オタワ地域緩和センターでは、緩和ケア研究所のJ.スコットによる「今日の緩和ケア」という話を聞いた。その中で彼は、「緩和ケアは医療の主流の一つであること、さらに緩和ケアは医療の本質であることを政府に認めさせること、そして緩和医療の発展を期すること」が大きな今日的課題であると説いた。

2人の指導者の見解は見事に一致している。筆者はそのとき、カナダの緩和ケアは今後いよいよ発展をつづけるに違いないことを信じ、念願したのである。

写真3.19 カナダの緩和ケアの父といわれている元外科医のDr.マウント。物静かに、しかし熱く、カナダの緩和ケアを説いてくれた（ロイヤルビクトリア病院のPCU、モントリオール）

写真3.20 静かな住宅街のなかの一軒の民家を譲り受けて、エイズ患者の緩和ケアを熱い心で、くるむようになされていた（ケーシーハウス、トロント）

写真3.21 臨死を迎える患者が3日間程度家族とともにゆっくりと過ごせる休養室（リバディール病院PCU、トロント）

3.1.5 フランスのホスピス・緩和ケア

死へ向かう場を「ホスピス」という言葉で表現したのは、フランスのジィーヌ・ガルニエルである。彼女は南東フラン

スに「Dames du Galnaire」を発足させ、1843年にリヨンに死にゆくための場としての最初のホスピスを開設した。そうした意味ではきわめて先駆的である。フランスでは彼女の名前を冠した代表的ホスピス、メゾンメディカーレジィーヌガルニエルなどが活発な活動をしている。フランスとの比較から日本の医療制度を論じた国際医療福祉大学高橋泰の論文「フランスとの比較から日本の医療制度を考える (5)─フランスの急性期から在宅医療までの概要─」[*5]を参考に、フランスの現状を概説する。

「フランスでの終末期医学では、たとえばがんの末期患者が一般的治療かホスピスケアを選択できること、そしてホスピスケアを選択した瞬間から原則的には病気を治すための治療は中止され、それ以後のホスピスケアの自己負担は無料となる。このようにCure中心の治療期（急性期）と、ホスピスにおけるCare中心の看取り期の線引きが明確にされているのが特色の一つである。

フランスでは法律によってすべての人が緩和ケアを受ける権利が保障されている。全国に91の緩和ケア病棟があり、病院内緩和ケアチームが291あって活動を展開しているという。医学部における緩和ケアの必修化はすでに1995年から発足し、終末期医療に関してはわが国より一歩先んじている」

次に、高橋が実際に二つの施設の訪問・調査をした記録を紹介する。

最初の施設は、先に示したジィーヌ・ガルニエルの名を冠した独立型施設メゾンメディカーレジィーヌである。1874年に開設され1996年に新しく建て替えられている。ヨーロッパ最大で81床を有している。6ユニット（12～16床／ユニット）から構成されている。職員総数200名（医師10名、看護士、看護助手、OT、PTなど計150名、管理関係40名）、そのほかボランティアが数多くの支援をしている。平均入院期間は25日（中間値は14日）、原則として臨死期の患者（90％）であり、95％はがん、5％が筋萎縮性側索硬化症（ALS）である。患者の80％は病院から、20％が在宅からである。年間の施設内死亡は1000人を数える。この施設のケアの基本はイギリス、アメリカなどと同様に臨死期の苦痛の除去、そ

[*5]『社会保険旬報』No.2367、2008年10月21日

の人のQOLの維持と向上を目指すことである。

　もう一つは、大規模総合公立病院の緩和ケア病棟である。この緩和ケア病棟は10床で、がんの末期患者が98％を占める。平均入院期間は12日である。ケアの原則は身体的な苦痛の除去、死にゆく人たちへの精神的なケアと支援などで、治療はいっさい行われていない。またこの病棟には、モバイルチームと呼ばれる緩和チームが所属していて、病院内他診療科からの要請によって現場に出向して適宜、処置をするなど支援を行っている。

3.1.6　イタリアのホスピスケア

　筆者がIHF（International Hospital Federation：国際病院連盟）主催による10日間のイタリアの病院スタディツアーに参加したのは1992年のことであったが、その当時イタリアではホスピス・緩和ケアに関する話題はほとんど聞かれなかった。しかし、2005年5月に出版された『誰も知らないイタリアの小さなホスピス』[*6]というルポルタージュを超えた名著があり、それを幾度か読み返してはボランティアの方々にミニレクチャーをしてきた経験があったこと、さらに筆者の若い友人の「イタリアのホスピス事情」[*7]というレポートがあることを知っていたので、これらを基礎資料としてイタリアのホスピスケアの概要について述べてみる。

　『誰も知らないイタリアの小さなホスピス』によると、著者の友人であるアンナ・マンチーニ・リツオッティが、ベニスの北50kmほどの小さな町トレヴィーゾに、1988年に民間のボランティア組織「アドヴァル」を起こした。それはまさに無償の在宅緩和ケア組織である。「アドヴァル」の名はがんで亡くなった彼女の夫の名を冠した略称であるという。したがって少なくとも1988年には、患者が最後を自分らしく生き、人間らしく死を迎えるという考えに基づく在宅ケアが始まっていたということができる。「アドヴァル」の活動が始まってから14年の間に、彼女は1000人の死別に立ち会っている。そのようなたゆまぬ努力をつづけつつ、多くの障壁を乗り超えて、やがて死を告知された人がその死をしっかりと受け止めて、QOLを維持し向上させながら臨死を迎え

---

*6　横川善正著、岩波書店、2005年
*7　小林健一著、『病院建築』No. 124、1990年

るのを支えることを目指してきた「アドヴァル」の運動が、2004年の秋についにホスピスカーサディジェルシ（桑の木の家）の建設で実を結ぶこととなる。

この「アドヴァル」のホスピス、仮称「命の尊厳の家」の定礎式は2001年10月下旬に行われた。その数年前から彼女はホスピス建設を思いたっていた。あくまでも家族の協力と理解を得ながら、末期のがん患者への在宅での介護をつづけつつ「スィートな死を生きる」という場の着工である。「命の尊厳の家」は、竣工後「桑の木の家」となるものの、ケアそのものの本質は少しも変わっていない。

著者はそのあとがきで「ホスピスは死へと追いたてる場所でも、死にいそぐ人のための特別なところでもない。いわば終末を日常化した現代社会が瀕死のわれわれに用意した本当の意味での生き直しの場所、究極の癒しの場なのである」と述べている。

真の意味での親友であるアンナとの深い心の交流から生まれた著者の洞察であると思いながらも、その鋭い感応性には崇敬の念をおぼえずにはいられない。この「桑の木の家」は、「最後まであなたと一緒にいます」をモットーに、病院の付属機関やその延長ではなく、限りなくわが家に近い環境形成を目指している。この「桑の木の家」には12人滞在できる。

また「イタリアのホスピス事情」によると、1995年のISPC（Italian Society of Palliative Care：イタリア緩和ケア協会）の報告書「イタリアにおける緩和ケア分野の現状」では、ボランティア組織による在宅ケアであり、その支援センターが1994年には167（公立100、私立67）あって活動を展開している、と述べている。しかし、当時、腫瘍専門医や緩和ケア専門の看護師、OT、栄養士、SWによる総合的かつ学際的ケアは十分熟していないことも報告している。

さらにそこには二つのホスピスが紹介されている。一つは院内病棟型ホスピスとしてのホスピスピオアルベルゴトリブルツィオ（Hospice Pio Albergo Trivulzio）である。ミラノ市の同名の老人医療専門病院（400床）の病棟の最上階（4階）の緩和ケア病棟は1991年、9床（個室5と2人室2）で稼働を始める。公立のPCUとしてはイタリアで最初のものであ

る。患者数は年間120〜130人、入院患者の平均年齢69歳（21〜92歳）、平均在院日数は3週間（1〜195日）である。

　もう一つは、ミラノに近い小都市プレーシアにある院内独立型ホスピスである。はじめは1987年に、同一敷地内のリハビリテーション病院（400床）内に15床のPCUとして開設し、その後1996年に竣工した30床（15床×2単位）のホスピスである。全室個室、車いす対応のトイレつき、家族の宿泊用ソファーベッドも備えられている。チャペル、サロン、キッチンのある共用リビングも整えられている。医師4名、看護師10名、ボランティア50〜60名、平均在院日数23日、平均年齢68歳、在宅ケア対象患者25名、ほとんどががんの末期患者である。

　これらのことから、イタリアの緩和ケアの概要を垣間見ることができる。

3.2 海外のホスピス・緩和ケア施設事例

事例1 セントクリストファーホスピス
St.Christpher's Hospice, London

　近代ホスピス運動の原点はイギリスにあるといってよい。その運動のコアというべき拠点は、ロンドンのセントクリストファーホスピスである。「近代ホスピス運動の母」として、多くの人々から深い敬慕の念を抱かれている故シシリー・ソンダースが、1967年にこの地に創設したホスピスである。

　シシリー・ソンダースは、ホスピス内で緩和ケアを行うだけでなく、ホスピス外での緩和ケア、すなわち在宅・訪問ケアのほか、デイケアをも展開するなど包括的ケアを実施した。それだけでなく、ケアの質を高めるためにはケアを担当する人材育成こそ不可欠と考え、教育研修を徹底して実行した。

　ここで学習した多くの人たちが、そのそれぞれの母国に戻って、自国にホスピス・緩和ケアを広げる実践者となり多大な実績を積みあげている。わが国での先導者たちも例外ではない。

　筆者は2度訪ねる機会をもったが、残念ながら病室内の見学は許されなかった。ホスピスの病棟部の平面図を紹介するとともに、ホスピスの内部の一部と外観について図示する。総病床数は62床である。

　平面図（図3.1）は病棟階の1例である。病棟構成は二つの2床室、四つの4床室からなり1ユニット20床である。四つの4床室は16床のいわゆる総室が4区分されて、それぞれ窓側にデイスペースを有する形となっている。したがって、デイスペースは相互に交流を図れるようになっている。窓側のデイスペースと病室との間にはスクリーンがある。また、2床室はこのデイスペースから横引きドアで隔離されている。

　私見ではあるが、ナイチンゲール病棟の総室からの発展として、そこに入室する患者の様態から4床ずつのシェアドプライバシーの確保を行っているとも考えられ、おそらく当時としては相応の評価をなされていたと思われる。ここには新しいホスピスの計画があり、その設計担当者は全個室のユニット構成を考えているという。

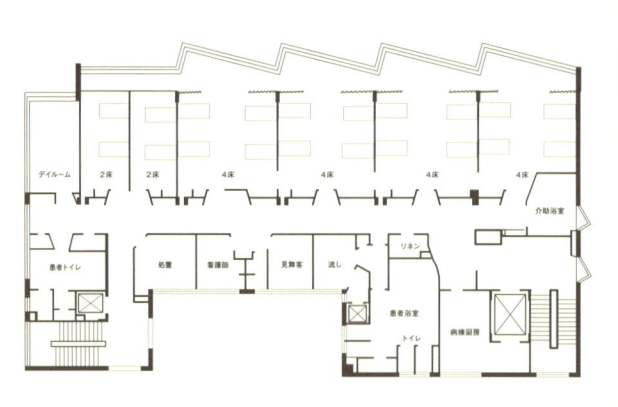

ゲートをすぎて樹林越しにセントクリストファーホスピスを望む

特色のある鋸状の病室の共用デイスペースがみえる

図3.1　病棟階平面図

事例2 プリンセスアリスホスピス
The Princess Alice Hospice, London

ロンドン郊外のエッシャーに、人口120万人を対象として1985年に開設された26床のホスピスである。在宅患者150人のケアを行い、デイケアも行っている。職員数は医師5名、看護師52名（うち在宅ケア担当8名）、ボランティア1000人によって20にもおよぶホスピスショップが運営されていて、ホスピスの年間収入の25％を占めているという。1992年に、教育研修センターが増設され開設している。

病棟構成のうち病室は個室6、5床室4で構成されている。5床室は図に示すように変形の5角形で、すべてのベッドから固有の窓を通して外の風景を眺められるようになっている。

5床室とした理由として、2床室、3床室、4床室と違って、同室の誰か1人が死亡した場合に4人が残ることとなり、各人の心理的負担が少ないということが考えられるという説明があったが、これも一理であろう（図3.2）。5床室について管理運営上困ったことはなく、1床室の数もこれでよいとの説明があった。

手入れの行き届いた広大な庭園が印象的であった。隣接する小牧場には馬が放牧されていた。庭の手入れはボランティアが行っていた。施設的に不備なものとして小教会とは別に祈りの間、患者、家族との相談室、職員同士での討議室、倉庫などがあげられた。

この施設での死亡は年間400人、病床利用率は80％ということである。

このほかに死別後の家族への熱心な悲嘆ケアの実践、教育・研修機能の充実と実践、高等学校での死生学教育の実践などは、このホスピスの重要な達成すべき機能となっている。

敷地西側からのアプローチ

敷地南側の堀割に面する病棟

敷地東側に展開する庭園から主要棟をみる

小ぶりであるが整えられた美しい中庭からデイルームを望む

第3章 世界のホスピス・緩和ケア病棟

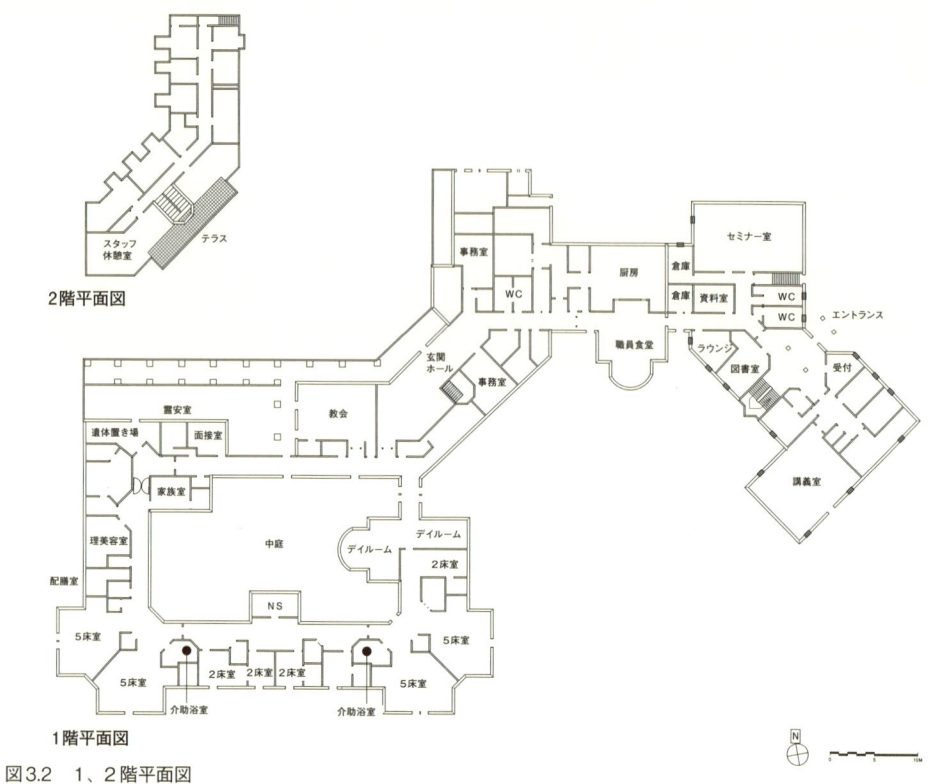

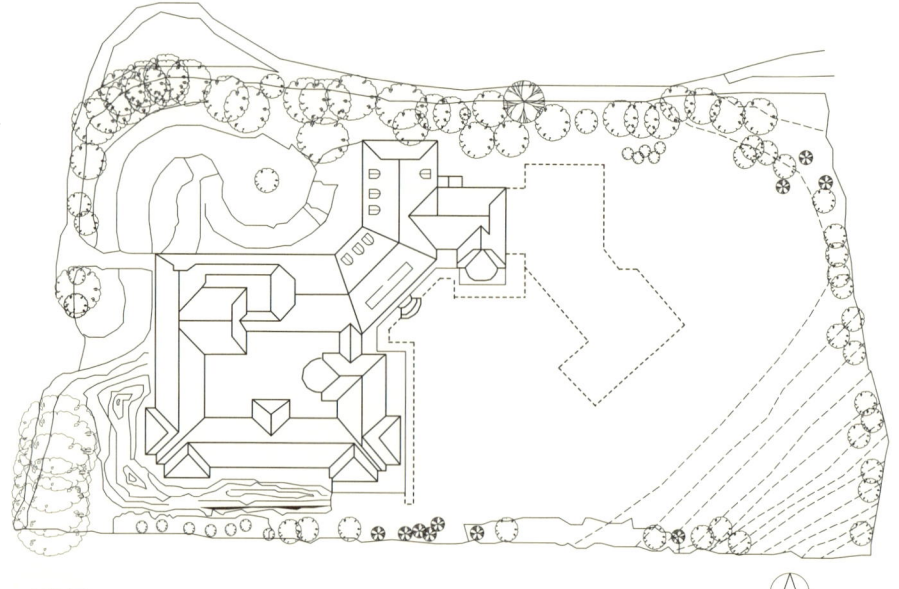

2階平面図

1階平面図

図3.2　1、2階平面図

図3.3　配置図

ぬくもりが漂う玄関ホール

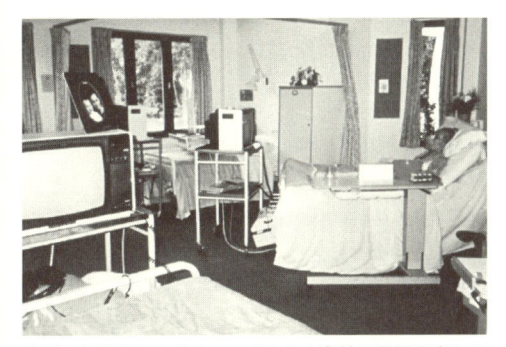

ぬくもりのある朱色のカーペットとスタッフステーション

変形5角形病室のどのベッドからも窓外の景観を楽しむことができる

多くのボランティアによって運営されている街中のホスピスショップ

個室、広い開口部からの採光、ベッドごと木製デッキへ出られる

事例3 セントフランシスホスピス
St.Francis Hospice, London

　ロンドン近郊ロンフォードに、1984年に開設された25床（個室5、4床室5）のホスピスで、5000人の市民が10年以上寄付を集めて実現した市民主導型であることが特色である。在宅患者150人のケアも行っている。1987年からデイケアを開設し、現在、毎日15人の利用がある。ここでは、身体を積極的に動かすことで寝たきりを予防し、心身のリラクゼーションの訓練を通して人間としての自分の価値に気づき、最後まで誇りをもって生きることができるように支援する。

　デイケアを受けている地域患者は、日常はGP（家庭医）のもとで自宅で過ごし、ホスピスに来所した折りにホスピス医や看護師が診察してその結果を家庭医に通知するなど緊密な連携が図られている。職員数は医師4名、看護師15名、ボランティア150名である。平均入院日数は14日程度である。

　何といっても、ホスピスを囲む外部環境形成は秀逸である（3.3.1（2）ⅰ参照）。図3.4に示すように、小さな玄関を入るとボランティアによる暖かな受入れ空間、連続する廊下のコーナーに面接に訪れた子どもの小さな遊び用のアルコーブ、病室群の焦点に置かれたアイランド型ナースステーション、病室からの眺望、デイスペース、職員食堂、納棺と見送りの室、いずれをとっても清楚でしっとりとした落ち着きをみせている。

　デイケアセンターは、ホスピスの開設より3年ほど遅れて本館に付設されたものである。平屋建てでこぢんまりとしていて、訪れる患者や家族をやさしく迎え入れてくれる。まさにクラブハウスのようである。

　やや広い空間は、主としてレクリエーションセラピー用である。患者本人の趣味や関心をより伸展させたり、彼らのスキル、能力を新しいことを学ぶことで発展させることを目指している。入浴、理・美容、園芸、ミニゲーム室がそれを囲むように展開している。自然光をふんだんに採り入れることができる開口部によって、そこを囲む花々や樹々を眺めることができる。ぬくもりのある環境形成はすばらしい。

管理棟として使っているもとの居館をはさんで右側にホスピス棟、左側にデイケア棟がある

中庭の大樹越しにホスピス棟を望む

中庭に面している病室群

3.2 海外のホスピス・緩和ケア施設事例

島型のナースステーション。ナースたちは明るい

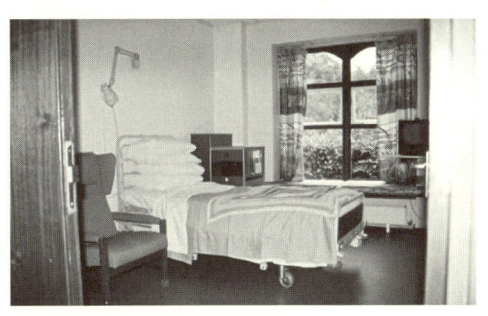

窓を通しての庭の眺望

玄関から病室に至る廊下のアルコーブを利用した子どものためのミニコーナー

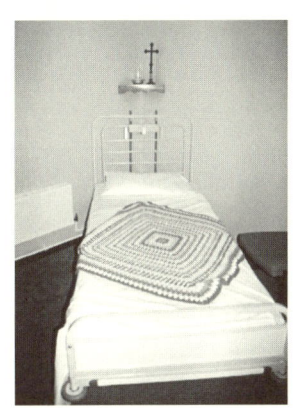

清楚な別れの間

図3.4 配置図

デイケアセンター

園芸コーナー。熱心なボランティアの協力がある

リラクゼーション、レクリエーションスペース

整えられた理・美容コーナー

ミニゲームコーナー。庭の眺望は抜群である

事例4 マリーキュリーセンター
Marie Curie Center, Liverpool

　マリーキュリー記念財団が、がん患者のケアのためにマリーキュリーホームを開設したのは1952年のことである。現在、イギリス内11カ所にマリーキュリーホスピスセンターがある。

　リバプールのセンターは1992年に設立された。人口50万人の地域を圏域としている。提供しているサービスは、入院ホスピス、外来、デイケア、死別ケア、大学病院での緩和ケア、教育・研究などである。

　在宅ケアは、マクミランナースと協力して地域の在宅ケアチームに助言指導を行う。このうち主要なものについて述べる。

　入院ホスピスは30床（個室12、2床室1、4床室4）を有し、平均在院日数13.3日、病床利用率80％、ホスピス内での死亡は54.2％である。疾患別にみると、がんが主であるが、エイズ、運動ニューロン病、慢性心不全、慢性腎不全、悪性リューマチの患者も入院する。医師、ナース（ナース：患者＝1.3：1）、OT、PT、ソーシャルワーカー、リンパ浮腫治療士（LS）がチームを組んでケアを提供する。

　デイケアは月曜日から金曜日の週5日、毎日10人、1人が週2日利用できる。患者数123人、治療主体であるが、音楽療法、芸術療法、作業療法のリハビリとあわせて行う。送迎は100人以上のボランティアが担当する。

硬い表情をみせるが、レンガ色の壁と淡いねずみ色の屋根が調和して落ち着きをみせる

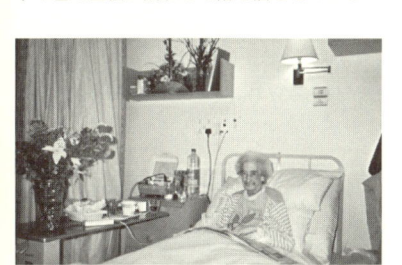

4床室在室患者のベッド回りの固有の空間形成

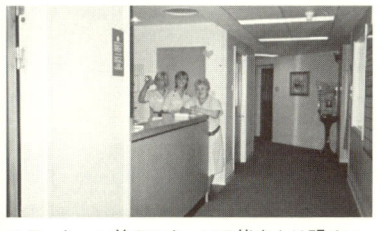

ステーション前のスタッフの皆さんは明るい

中庭の植栽とベンチ。デイケアの人たちも利用できる

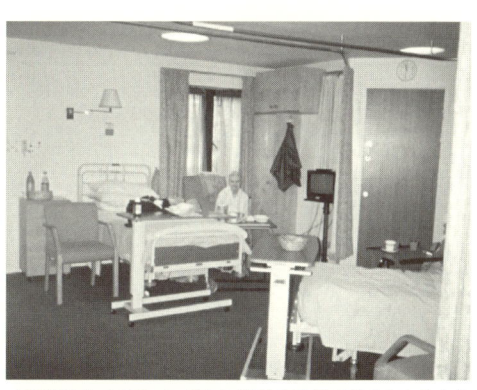

4床室のすべてのベッドから窓外の景観を眺められるように配置に工夫がみられる

事例5 ストラスキャロンホスピス
Strathcarron Hospice, Scotland

マクミラン基金を受けて慈善団体が設立、運営を行う、いわばパイロット事業として始められた。敷地は製紙工場の跡地を譲りうけ、建物は工場オーナーの居館に増改築を行ったものである。人口30万人を擁する診療圏を対象としている。

入院ケア、在宅ケア、デイケア、教育・研修の4事業を行っている。入院は18床（将来は6床増床の予定）、2週間程度までのレスパイトケアも行っている。デイホスピスでのデイケアは20人／日、登録は100人、在宅ケアは最大で200人に提供されている。このホスピスの特徴をいくつか挙げてみる。

たとえば、在宅ケアではホスピスケアという専門サービスを訪問先のその人の自宅までもち込むという考え方をしている。換言すれば、ホームケアの担当ケアラーは、第2の家族としてサービスに努めているのである。具体的には症状管理がメインであるが、家族への精神面への支援、家族と専門家とのコミュニケーションの促進、遺族へのサポートなどである。これには緩和ケア専門、がん看護専門の5名のナースがあたっている。

また、理学療法の総合的展開を行っている。的確なリハビリテーションを行わないと患者は孤立してしまったり、依存しすぎるようになってしまったり、抑うつ状態となる可能性が増してしまう。そのような意味で、身体的障害はいうまでもなく、スピリチュアルな面でのケア、緩和ケアを通しての支援は必須である。

スタッフの教育・研修はきわめて熱心に行われていた。ホスピス長は施設のあり方として、「患者がアームチェアに座って、自分の部屋でランチをゆっくり食べることができる場、さらにリラックスしてプライバシーを保ちつつ会話ができる場の保持・提供ではないか」と話した。

病室構成は個室×5室＝5床、4床室×2室＝8床、5床室×1室＝5床、合計18床である。将来の増床6床はすべて個室を予定している。なお、現在の個室の利用は性別が必要な場合、感染症をもつ場合に限られ、一般的には多床室入室である。ほかに、家族室が2室用意されている。

ホスピス正面には主玄関、デイホスピス玄関へのアプローチ道路を含むように展開している清楚な前方庭園がある。病棟前面にも近景から遠景へと自然に連なる庭園が、そして側面にもスロープをもった庭園が下方の池へと連続的に展開していて、すばらしい景観を形成している。

建物も、戸建て住宅が前後にずれこむデタッチドプランのように連続していて、抵抗感をやわらげていてあくまでもやさしい。その果たす機能、内外の環境形成という両面で、総合的に筆者が感動したホスピスの一つである。

広々とした端正な前庭（アプローチ側）

緑と花々に囲まれるような1階リハビリテーション室、2階管理部

住まい風の病棟（左側）と管理棟（右側）に面する手入れが整った芝生の庭

病室と庭との間際のテラス

住まい風の病棟。こぢんまりとした病室の集まりのデザイン

家族室。いすとカーテンの彩が濃いピンク基調でなじんでいる

リハビリテーション(OT)。広い開口部からの豊かな採光

病棟部のコア部に位置するカウンター方式のスタッフステーション。木質の巧まざる使い方

リハビリテーション(OT)内の休息コーナー

トップライトをとった病棟廊下は明るい

事例6 セントコロンバスホスピス
St.Columba's Hospice, Edinburgh

　エディンバラ市中心部の周縁の住宅地に建つ代表的ホスピスで、1977年に活動を開始したが、正式承認は1987年である。病床数は30床（1床室8、3床室2、4床室4）である。平均入院期間は21日である。保有機能としては、入院サービス、ホームケアサービス、デイホスピス、相談サービス（開業医、看護師などからの問合せなど）、電話によるサービス、医師の教育・研修などである。

　運営理念は利用者のQOLの維持と向上であり、利用者の孤立感をなくし、対人関係の構築を目指すことである。そのための環境として、特別ではない家庭のようなすばらしい場とし、利用者にリラックスでき安心感を与えられる場の形成を目指している。

　病棟の前庭をはさんで幼稚園が配置され、子どもたちの活動を目の当たりにすることで日常性が保持され、裏庭の大樹の樹間を通して北海が望まれるなど、まさに絶好の立地を占めている。

　なお、4床室はもともと6床室（72㎡）であったものを4床室としているので、1床あたりは18㎡の広さを有し、これは病室は本来個人のためのもの、そして交流のための場であるというイギリス流の考え方に準拠しているものと考えられる。

正面デイホスピス、管理部、左建物は病棟、中央に手入れの行き届いた前庭

ホスピスの裏庭からは北海を見渡せる

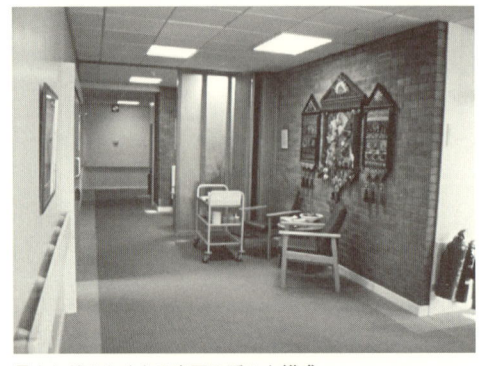

足をとどめたくなる廊下の暖かな構成

建物の前庭をはさんで反対側に幼稚園。子どもたちの生き生きとした動き、日常性を演出している

事例7 セントフランシスホスピス
St.Francis Hospice, Dublin

アイルランドのダブリン市に1990年代前半に開設された19床(1996年以前は10床)のホスピスである。市内には二つのホスピスがあって、このホスピスは北部を分担している。

1996年に入院総数は147人、うち98人が在宅およびデイホスピスより、45人が病院より、4人がGPからの紹介である。疾患別ではがんの患者が多く、部位別では肺・気管支など29人(20.3%)、小腸・大腸など23人(16.1%)、乳腺17人(11.9%)、胃・食道17人(11.9%)などである。平均入院期間は22日、年間死亡数125人、平均年齢66歳である。

建物構造は地下1階、地上2階で、地下1階は厨房、食堂、電気・機械などのエネルギー部、地上2階は職員の会議・研修・教育部などである(図3.5〜3.7)。病棟、デイホスピス、在宅ケアの事務部などが1階に配されている。病棟は個室7、4床室3で構成されている。

逆L字型の建物に囲まれるように落ち着きのある佇まいをみせる庭園は、閉じたような原型から、やがて開いた展開をみせて優れている。この建物と庭園はともにアイルランドにおける優秀作として表彰された。

このホスピスでのケア活動の範囲は広範で、アロマセラピー、リラクゼーション、芸術療法などにおよんでいる。遺族サービスも臨床心理士、心理療法士を中心として、訓練を受けたボランティアによって提供されている。

在宅訪問件数は1996年で年間4694件、うち医師の訪問件数は594件(12.7%)、看護師によるもの3976件(84.7%)である。このほか遺族訪問が124件(2.6%)ある。デイホスピスの利用者数は1996年で1026人である。1997年9月時点での利用者数は84人である。

ここでは看護・医学的評価、看護ケア、入浴、PT、アロマセラピー、リラクゼーション、社会的活動、牧師によるケアのサービスが提供される。原則として、10:30〜15:30が利用時間帯である。

主玄関。車によるアプローチの捌きとテラス

見事なレベル差をみせた庭園の構成には目をみはらされる。夜景も上手な照明によって映えることは確かである

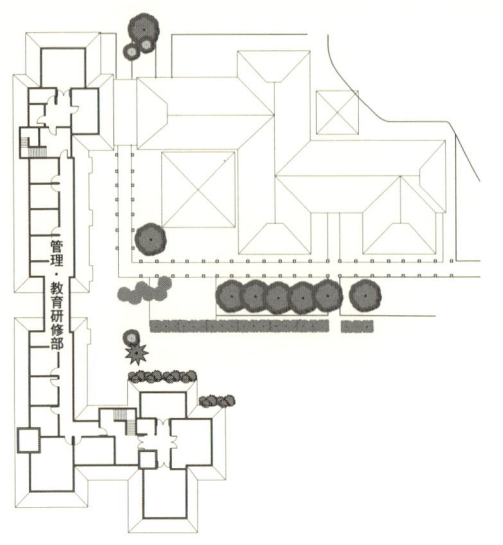

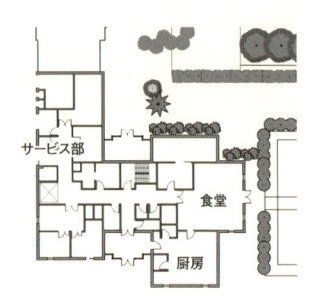

図3.5　2階平面図

図3.6　1階平面図

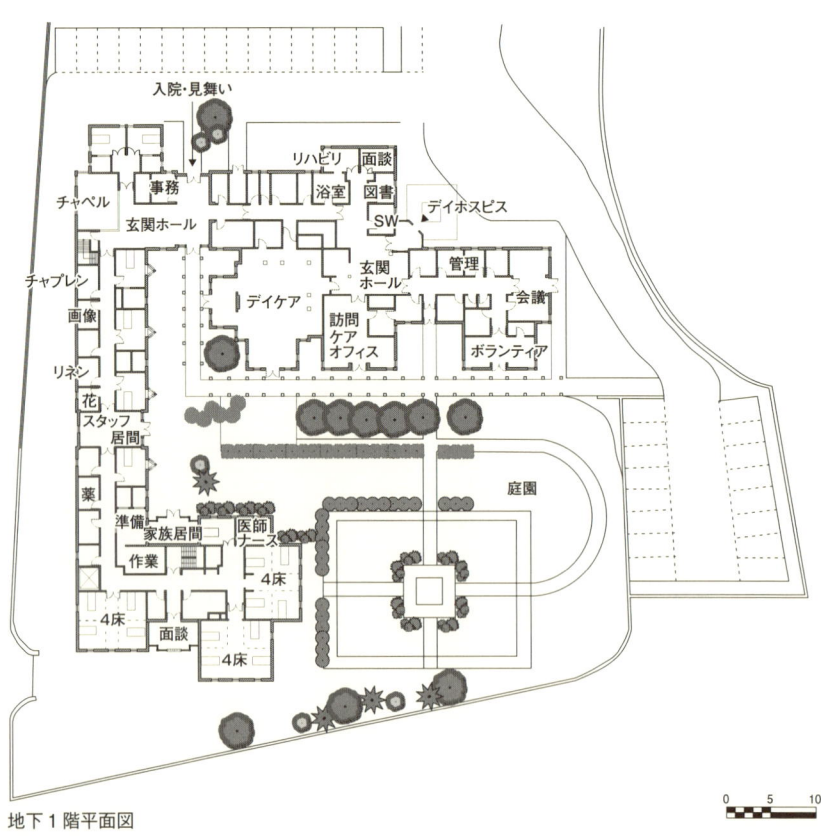

図3.7　地下1階平面図

3.2 海外のホスピス・緩和ケア施設事例

玄関ホールからデイホスピスをめぐってパーキングスペースへ抜ける歩廊。中庭を存分に鑑賞できる。室内空間と庭園との間際の構成は見事である

多様な庭園構成の一部

病棟の廊下。チョコレート色の縁取りをした淡いグリーンのカーペット。淡いイエローの壁に見事に調和して、ドア枠の木質が加わって統一性のあるやわらかな空間をつくり出している

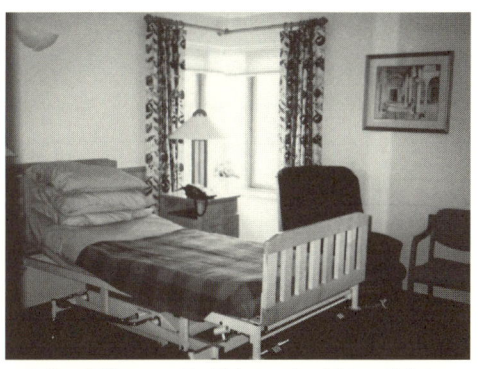

4床室の窓際のベッド。採光の工夫、明るいデザインのカーテン、カーテンロード、窓枠、ベッド枠の一部、木質による構成はやさしい

デイホスピスの共用空間のリラクゼーションスペース。ここから前方に展開する庭園の眺望は圧巻である

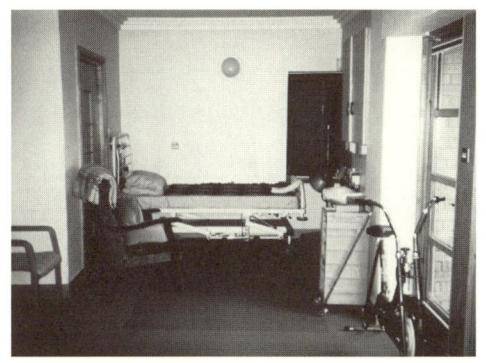

デイホスピスの簡易リハビリテーション機器と休養ベッド。患者にとって自立の維持はQOLの保持にとって重要

事例8 レクリングハウゼンホスピス
Franziskus-Hospiz, Recklinghausen

ケルン市から北へ約80kmに人口13万人のレクリングハウゼン市がある。市内にあるエリザベート病院（350床）の敷地に隣接して、1987年に開設された8床のホスピスである。がん患者が所有していた住居を提供し、そこを核として囲むように増築してつくられたドイツで3番目に開設したホスピスである（図3.8）。

在宅患者20名のケアを行っている。職員は医師1名、看護師17名である。このほか、在宅ケア専門のボランティア14名がいる。訪問した時点では、入院患者8名のうち1名がエイズ患者であった。平均入院期間は40日である。運営費のうち70%は国から、残り30%は寄付によって賄われている。

このホスピスの設計理念は、自然を巧まずして建物内に取り込み、周辺の住宅と庭園との調和を図ることを第一とし、ついで家庭環境の演出のために8床程度の小規模とし、随所に居間的小空間を形成している点にあるといえる。

その外観は周辺の住宅と見事に調和して、まさにホームライクの創出に成功している。

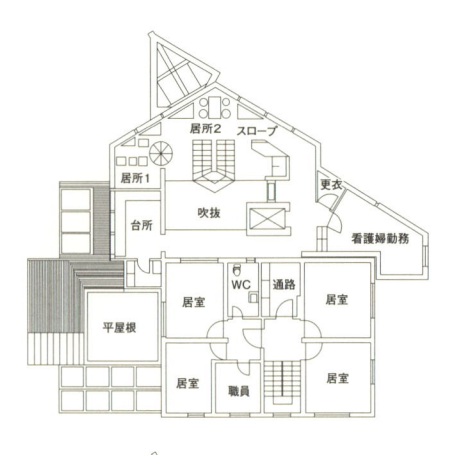

図3.8　1、2階平面図

右側のような民家を増改築してホスピスとした。赤い壁と屋根、妻側の白色のバランス

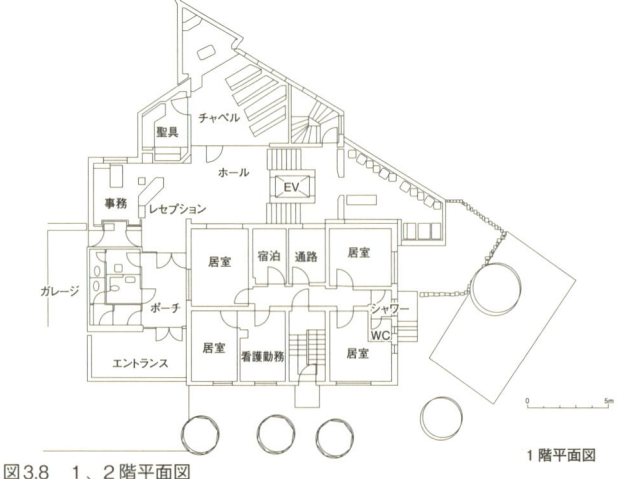

屋根裏階からの近隣住宅地の眺望は懐かしさを感じさせる

3.2 海外のホスピス・緩和ケア施設事例　　　147

トップライトが明るさを増す玄関ホールに面する待合室

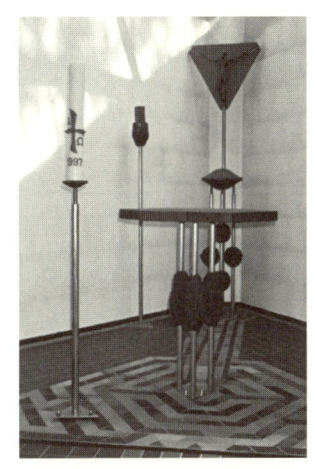

玄関を入ると小さなホール越しにミニチャペルがみえる。トップライトを上部にとり込み明るさのなかに神々しさを感得させる

階段の吹抜けに下がる自然の蔓草。葉の緑がつややかである

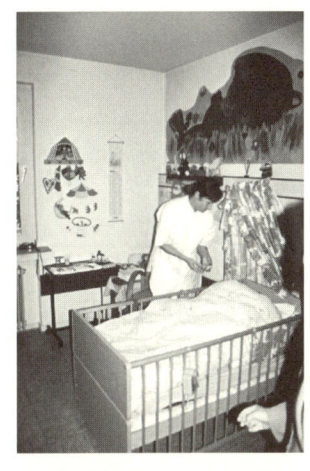

子どもの病室。幼児をやさしく見守る壁の飾り

吹抜け階段各階の床を踊り場のように広く使ってリビングコーナーとしている

吊り下がっているツタのような葉の群と白い卓上の花びんのバランス

事例9 ドクターミルドレッドシェールハウスと緩和療法ホスピス
Dr.Mildred Scheel Haus & Hospiz Für Palliative Therapie, Köln

1992年、ケルン大学付属病院敷地内に新築されたすべて個室15床の緩和ケア病棟（ホスピス）である。これは1983年、18階建ての病棟の17階に4室、5床で始まったドイツ初の小規模緩和ケアユニットが発展した施設である（図3.9）。

責任者の女医I.Y.ティーレマン（精神科医）は、多床室では同室者が亡くなったときの患者の悲嘆と、その際の混乱の中で残された患者を支えるのは無理と判断してすべて個室としたこと、15床の病棟で1年間に亡くなる患者は120人と想定され、職員が1年間で50人以上の死を体験することは好ましくないとして、15床ユニットを6床、9床と分割してそれを避ける努力をしたという。さらに在宅ケアチームを充実して、できるだけ自宅に戻ることを患者に勧めている。

平均入院期間は23日、このホスピスを利用している患者の30％が在宅ケアを受けて自宅で死を迎えている。

筆者は訪れるたびに、ティーレマンの患者を大きく暖かく包む姿勢に触れ、それに呼応して患者もしっかりと包まれている、そんな思いを強くしたのである。ティーレマンは、朝食時にデイルームに集まることのできる患者にコーヒーやティーを自ら注いで、ゆっくりと会話を楽しむことを日課としている。その折りに、各人の心のありようを少しずつ計れるようになり、自らの対処の姿勢を決めることができるという。

シェールハウスの2階は教育センターとなっている。ターミナルケアに関するセミナーなどを積極的に開いて、ドイツ全体の教育機関としての役割も果たしている。この2階と1階の一部に、研修参加者のための宿泊施設も用意されている。地階には電気・機械室などのサービス部門が置かれている。概略図に示すように、建物の形はCの字型をしている。建物に囲まれた内庭には陽が注ぎ、樹々の緑、多彩な花々、小さな泉が配されている。病室からじかにこの庭に出られるような心配りは、病室内の照明器具、ミニキッチン、手洗いなどの設備、内装材としての木質の上手な使用とともに見事というほかはない。

関連ホスピスとして、ケルン市郊外の住宅地内の共同住宅の1戸を使って5床の緩和療法ホスピスを開設して、連携的運営を行っている。玄関、リビングルーム、ミニキッチン、寝室、それらは見事に改修されて、落ち着きのうちに華やかさを感じさせて明るい。その住まいの前に展開する庭は、こぢんまりとしていながらのびやかで限りなく美しい。

1階PCU、2階研修・管理棟。各病室からじかに庭に出られる。手入れが行き届いた花木と草花は心をなごませてくれる

病室から庭への出入口上部のガラス面には陽覆いがあり、電動によって出し入れできる。ベッドごと庭に出られる工夫がしてある

池と噴水、花、樹々が囲い外観をやわらげる

玄関ホールの待ちコーナー。暖色の床と木質家具とが調和してやさしく迎えてくれる

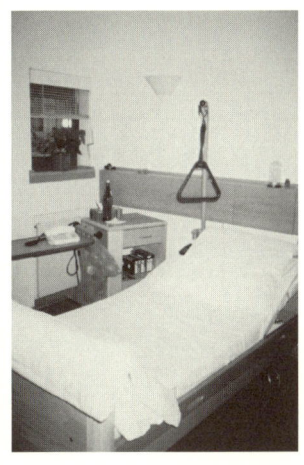

枕頭上部の木製のボックスに酸素・吸引用のアウトレットが仕組まれている。ベッドも木製である

デザインされた病室のコーナーにぴったり納まるケア用品の収納具

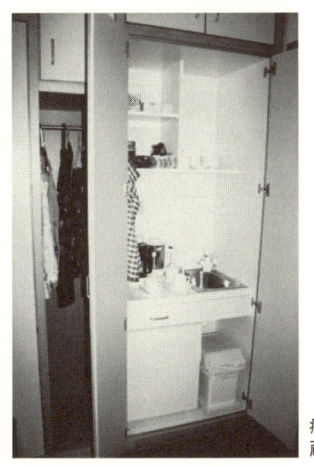

病室内の小台所、冷蔵庫とロッカー

病室内トイレ、洗面器、シャワー室

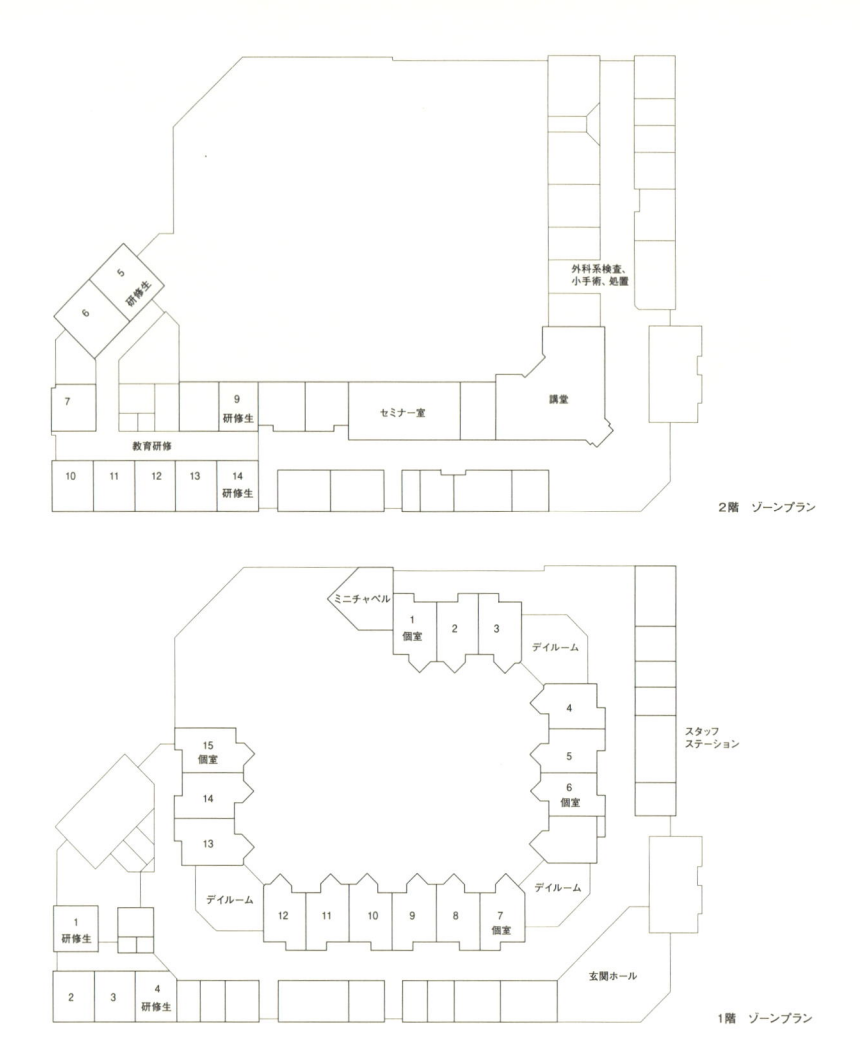

図3.9　1、2階ゾーニングプラン

自然光がふんだんに射しこむデイルーム。家具の木質、水槽の小魚は生命の象徴でもある

部屋型のスタッフステーション。作業、準備室にもなっている

団地住宅の1戸をホスピスとして使っている。その入口、小さな花々が美しい

家具をはじめ絵、ランプシェード、テーブルクロスなど、暖かな色あいをたたえるリビングルーム

ダイニングルームのボランティア。なごやかな表情をくずさない。壁の絵とカーペットの色調が豊か

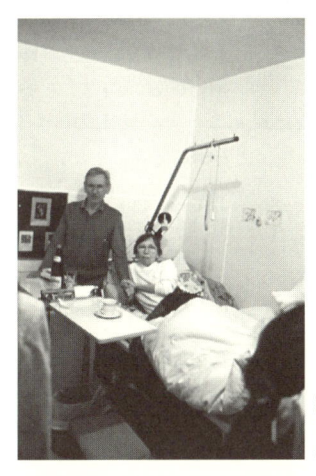

寝室を病室としている。適切なスケール感をもった空間

居住空間の前に広がるミニガーデン。見事な植栽とテラスのやさしい家具

小さな池を越えて広がる芝生によって形成された見事なミニ空間

事例10 セントエリザベツホスピス
Sankt Elizabeth Hospiz, Köln

　開設者のヨゼフ・ブロンバッハは、両親のケアを通して病院や老人ホームでは患者の人間としての尊厳が全くといっていいほど保たれていないことを知った。そこで彼は「人間の尊厳」を理念として掲げ、1980年に共鳴者たちと生涯を閉じようとする人たちのための在宅ケアを始める。その後、1990年に連邦政府のモデルホスピスの整備のプログラムにのることができ、1992年に自宅の一部を改修して6床の入院ホスピスを開所し、1994年には16床のホスピスを新築開所することができた。

　在所日数は22日～26日程度、病床利用率は80～90％程度である。がん患者が2／3、ほかはエイズ患者である。ケア担当の職員数は、おおよそ16人のナースと4人の老人介護士の計20人で患者に対し1：1以上の構成である。

　主要建物は木構造3階建てで、患者入所部分は1階と2階部分である。3階部分（屋根裏）は家族などの休息・宿泊ゾーンである。そのほか、1階部分に事務部、隣接旧館は在宅ケアのための事務部・会議室などである。また、2階部分の一部が研修室となっている。

　患者入所部分の室構成は個室12室、2床室2室の16床である。医師は近隣の病院から週2回来所するほか、かかりつけ医が適宜往診に来所する。音楽療法士も週2回来所する。

　このホスピスのデザインは、まさにこの地域独特の構法による地域色の強いいわゆるバナキュラーそのものである。暖かさとやわらかさを基調とした親しみがにじみ出ているし、作庭のポリシーにもそれらに準じて深いぬくもりがある。

ホスピスの正面玄関。切妻の軸組の地域色

民家を改修した旧ホスピス、まさにバナキュラーの典型、それに隣接して新しいホスピスが同様の考え方で建てられている

ホームライクなデザインの工夫がみられる玄関ホール。木質がやさしい

主庭園の草木越しにホスピスをみる

樹間を通して裏正面をみる

病室前のベランダからは広い主庭園を望める

2階病室バルコニーから主庭園を望む。隅の東屋へは通路がつづく

階段室から見わたせる主庭園。木質のぬくもりが伝わる

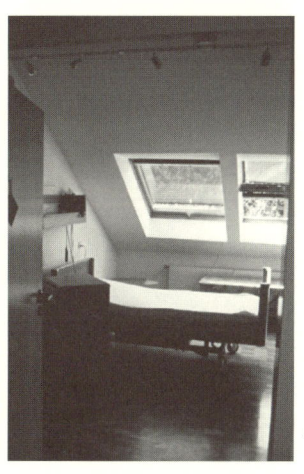

屋根裏を家族用ベッドルームとしている

小さなプール。自立の自信を少しでも持続できるようにという熱い心くばり（保温のため温水面をカバーしている）

事例11 シュトットガルトホスピス
Hospiz in Stuttgart

「緊急に助けを必要とする人々のために」と、3人の心理療法士が立ちあがりホスピスの必要性を主張、プロテスタント教会の3団体が呼応し、政治家、市民が啓蒙運動を展開した。1980年代半ばのことである。

死に関する市民へのアンケート調査の結果、在宅死を希望している人が75%を占めた。しかし、多くの人が心身の痛みや苦しみによる大きな怖れを抱いていることから、在宅ケア体制の確立のための一つの礎石としてボランティアの養成に力を注ぎ、この10年間に100人に教育、訓練を行い養成した。彼らが看護師、ソーシャルワーカー、医師で組織されるコーディネーターの指示にしたがってサービスを提供する。ボランティアの役割は話し相手になることが中心である。

在宅患者へのケアは、開業医とがん専門のナースを含む地域看護ステーションの役目である。このような活動を展開しているうちに、家族のいない人、家族がいても介護やケアができないなど、どうしても在宅ケアができず、特別なケアを必要とするケースがあることがわかってきて、3年間の準備ののちに1994年2月に、旧邸宅を譲りうけてシュトットガルトホスピスとして7床のホスピスを開設する。個室が5室、2床室が1室である。

このホスピスは、シュトットガルト市街を眺望できる小高い丘上の住宅地の一画にある。旧邸宅を改修・増築をして、まさに住まい風の見事な空間構成を創出している。

スタッフは有資格看護師12人（うちフルタイム2人）、原則として1対1の構成としている。医師は2人、1人は在宅ケア、1人は入院ケアを担当している。毎年70人の患者を受け入れている。年齢は27～94歳で平均60歳である。がんの患者90%、エイズ5%、脳疾患など5%である。平均入院期間は25日前後である。

旧邸宅を増改築したホスピスの正面

裏面となる庭側に増築されたデイルーム。軽快で明るい。大樹が覆うように包む

デイルーム増築部分。すっきりした姿を前庭から望む

大樹に囲まれるデイルーム

個室の大きな窓から大樹を通して庭の眺望を得られる

こぢんまりとしたキッチンと食卓

人々の愁いに満ちた心をやさしく包む別れの間

清潔そのもののスタッフルーム

事例12 リヴヌーヴ基金ホスピス
Foundation Rive-Neuve Hospice, Lausanne

　スイスのローザンヌ近郊レマン湖畔に、1988年に開設された14床のホスピスである。年間平均で140人の利用者がいる。このうち100人ほどがここで生涯を閉じる。利用者の90％ががん患者、ほかはエイズや難病患者である。入院期間は16〜28日である。入居者の平均年齢は60歳程度、年齢幅でみると18歳〜80歳を越えてかなりの幅をみせるが、最近では30歳、40歳代の利用者が増えてきている。35％がローザンヌ大学病院から、25％が近隣の中小病院からの紹介である。

　入所費用は全額介護保険で負担する仕組みとなっている。ちなみに、1日あたりの入所費は520スイスフラン（日本円で3万円程度）である。

　給与を支払っている職員は30人、昼夜それぞれ12人の正看護師が勤務する体制をとっている。精神的負担が大きいので、週あたり4日の勤務で、一般病院と対比すると80％程度の時間となる。これは健全な職員によってのみ、質の高いケアが保障されるという考え方からである。最近、隣接する別荘を家族の宿舎用に購入している。

　スイスでは、このホスピスのような独立型のものは6施設、病院内緩和ケアユニットが10カ所設けられている。それらの規模はだいたい10〜15床である。このホスピスへのアプローチ景観については「3.3.1（1）ホスピスへのアプローチ景観」参照。

玄関前のテラス

清楚であるがぬくもりのある小玄関ホール

共用室テラスからのレマン湖の変化する眺望は旧懐の情を誘う

クリーム色の壁は陽をかえして明るく暖かい。窓の切り方のバランス

共用室の多様ないす

共用室の一隅

簡素・清潔さのなかに朱色の家具の控え目な主張がほどよく調和させるスタッフルーム

簡素であるが、清潔感に満ちているオフィス

厳かな趣をたたえる清楚な別れの間

事例13 リバーサイドホスピス-コバッカーハウス
Hospice of Riverside-Kobacker House, Ohio

設立・運営主体は、隣接敷地の病院と同じ非営利団体である。オハイオ州コロンバス市の郊外に1989年に開設された全室個室、9床のホスピスである。1991年には全米ホスピス協会によって、その熱心な活動に対して優秀賞を贈られている。ホームホスピスエイド（入浴、マッサージ、医薬品の提供など）、地域内のナーシングホームへの出向ケアの実施などを含めて活動は多彩である。

職員構成は看護士18.6人（常勤換算、地域ケア含む）、看護助手10.7人、ソーシャルワーカー4.0人、その他4.8人。平均在院日数45.2日、レスパイトケアのための在院日数5.0日である。

図3.10は1階平面図である。そのほか2階があり、2階には管理部と在宅ケア部門が置かれている。このホスピス全体の外観は施設臭を極力避け、その人のもう一つの住まいとなるようなスケール感を保ちながら、ぬくもりを表出できるような多くの心配りがみてとれる。妻側の小さな玄関は昼間だけでなく、夜の景色の中でも自分の住まいであるかのような安堵感を与えてくれる。

このホスピスの建物回りに展開する四つの庭には、それぞれに特色をもたせている。ことに東側の玄関回り、デイホスピスを含む病室列が面する南面には樹々に囲まれた木造の東屋が置かれていてなごみを与えてくれる。

建物の内部は、見通しがきかず広すぎない廊下、各室の間口、奥行きともバランスがとれていて、仕上げ材とも関連して住まい感を醸成している。患者一人ひとりのプライバシー保持を基本としたため全室個室である。それにより家族、友人を招いたり、ペットや愛用の家具を持ち込むことも可能としている。

玄関を入るとすぐに台所と食堂がある。早朝にはコーヒーやスープの香りが漂い、昼にはクッキーを焼く匂いが流れて、患者が自分の住まいにいるような思いを抱けるようにとの暖かな心づかいがなされている（デイホスピス移設後、D.Kに改修）。玄関脇の清楚なそして小さな祈りの間、住宅にしつらえられたような明るいコモンスペース、ミニコモンコーナーなど、それに主廊下壁に掛けられたヒーリングアートなど、「住まい」表出の努力は限りなくつづけられている。

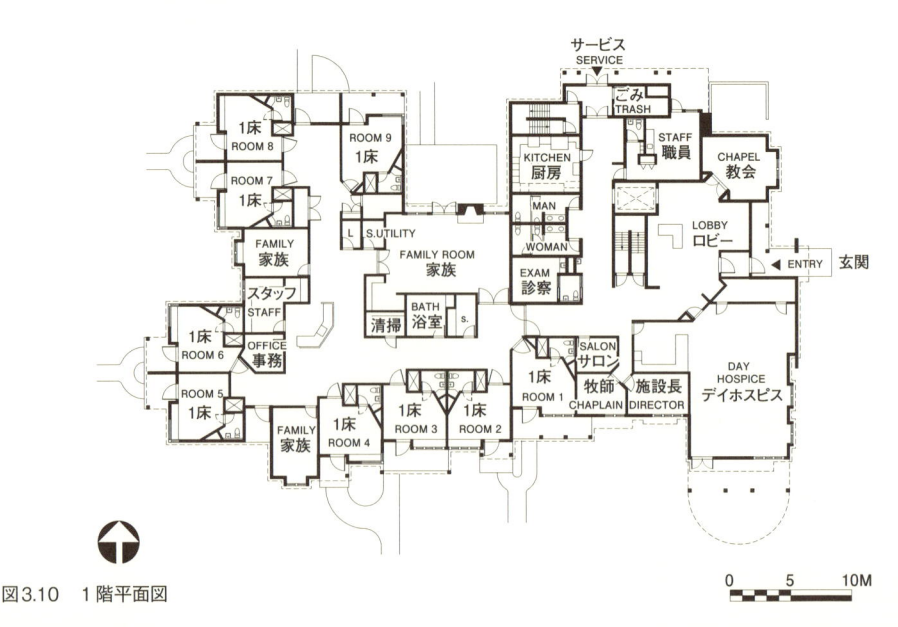

図3.10　1階平面図

3.2 海外のホスピス・緩和ケア施設事例

患者にとってもう一つのあなたの家を具現化している

玄関わきの可憐な花々のなかに小さな噴水がみえかくれしている

玄関ホールの受付カウンターはボランティアが受け持ち、あくまでもやさしい。清楚なタペストリー

玄関ホール側からスタッフステーションをみる。けっして施設的ではない

小さな小さな祈りの間。カーペット、黄味がかった壁、壁灯、カーテンまでが落ち着いた空間を創出している

スタッフステーションから玄関ホールへ通じる廊下は相応に広いが、絵が緊張をやわらげる。グリーンのカーペットがその趣を助長する

第3章 世界のホスピス・緩和ケア病棟

共用スペースのコーナーは、美しい家具によって患者を落ち着かせるように演出している

もう一つの共用スペース、家具と灯具が明るくやさしい

見舞いに訪れた子供達のためのコーナー

共用スペースのほぼ中央にダイニングテーブルがあってまさにホームライクの表出である。木製の小屋組みはいっそうその感を引き立てる

適度な広さを有する玄関ホールに接してのクッキングスペース（もとデイホスピスの改修）

南側庭園に東屋がしつらえられている。望んでこの東屋で息をひきとる人たちもいると聞いた

事例 14 ホスピスオブウェスタンリザーブ
Hospice of Western Reserve, Ohio

オハイオ州のクリーブランド市の郊外、五大湖の一つエリー湖に面して建てられている。設立母体は非営利団体で、ほかに4施設のホスピスケア拠点をもち、1日400名の人々にケアを提供している。アメリカでも有数の実績を有している。この非営利団体は1978年に設立されたが、訪問したのは1994年に新築開設された施設である。個室38室、2床室2室の計42床を有している(図3.11)。

臨床スタッフはフルタイム換算で50人、3交代制で夜間は10人のスタッフ(7人の正看護師、3人の助手)でケアを行っている。対象疾患の2/3は末期がん患者である。また、管理部門、研修部門、在宅ケア部門、家族の宿泊施設などは隣接の旧館(改修前は中・高校の一部)に配置されている。

この施設の設計理念は「もう一つのあなたの家」である。したがって随所に家庭的雰囲気を漂わせてその具現化を進めている。自然光の採り入れ、人工照明が必要な場所には間接照明の採用、やわらかな色彩による内外装の仕上げ、ヒーリングアートとしての絵画の導入、木材質の使用など、さらにはコモンルームにおける多彩な洋の東西を問わない家具や調度を備えた休息コーナーの設置、食堂に用意された通常家庭で使われている各種の食器の用意などは家庭の再現である。

また、このホスピスの運営理念である「患者をけっして一人にしないこと」、そのために「身体の痛みだけでなく心の痛み、経済的な痛み」を医療関係者だけでなく、P.S.W、表現療法士、ボランティアを含めた総合的ケアチームが共有し積極的に実現しようとしている。患者の入院の場合にはいうまでもなく、死亡退院の場合でも主玄関からという考え方からもそれらの理念を伺い知ることができる。

このホスピスのさらなる特色としては総合的「表現療法」の実施である。即ち、各種の音楽の演奏と描画、それらを組み合わせた療法などが専門的に行われている。

この施設の平面図は当初のものである。その後計画の練り直しによって、たとえば一つのチームステーションで全患者をみる予定のところを、病室群を3分割(17床2単位、8床1単位)して、チームステーションもそれぞれに1カ所ずつ設けている。そのほか食堂、台所、表現療法室などの変更などもみられる[*8]。また、チームステーションは、左右の病室群のほぼ中央に1カ所ずつ室として、中央の突出部中央ホール寄りにオープン型1カ所設けられている。メディテーションルームはエリー湖に面していて、その小窓のステンドグラスは神秘的で強い印象を残している。

[*8] 訪問終了後、退去間際に図面を入手したため確認、照合できなかったのが残念である。

けっして仰々しくなく、やさしく迎え入れようとする姿勢がみえる

左手にエリー湖を望みながらゆっくり散策する患者と家族

第3章 世界のホスピス・緩和ケア病棟

建物の端部に遊具がしつらえられていて、暖かな心くばりがうれしい

玄関ホールは明るい陽光がサイドライトとして採り入れられていて、あくまでもやさしい

中庭は屋外レクリエーション用としても整えられている

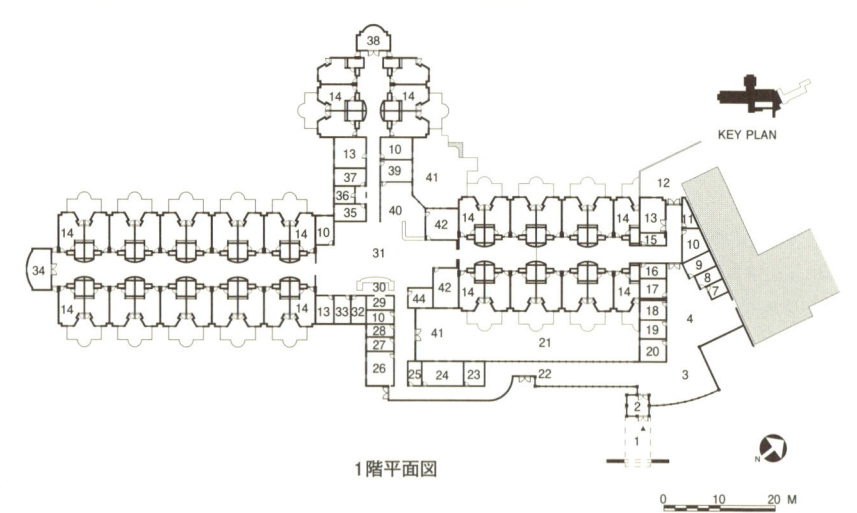

KEY PLAN

1階平面図

1	キャノピー	10	倉庫	20	家族会議	30	チームステーション	40	家族
2	玄関	11	ごみ	21	屋外レクリエーション	31	アトリウム	41	パティオ
3	受付	12	サービスヤード	22	通路	32	不潔リネン	43	家族食事
4	待合	13	機械	23	会議	33	清潔リネン	44	厨房
5	エレベーター	14	居・寝室	24	図書	34	入居者デイケア	45	階段
6	車椅子用エレベーター	15	チームルーム	25	待機	35	入浴		
		16	医師	26	職員	36	過流プール		
7	セクレタリー	17	男子トイレ	27	別れの間	37	シャワー		
8	入院受付	18	女子トイレ	28	総婦長	38	教会		
9	コーディネーター	19	静養	29	チームルーム	39	絵画・工作		

図3.11　1階平面図

家族の待合、面接コーナー。ここにも落ち着いた安定感が漂う

共用室の壁側を使った面会・休息コーナー。このような様式の違うコーナーが4カ所しつらえられている

共用ホール内のメインのスタッフステーション。デザインされた家具などが広い空間をきりりとしめている

3分されたユニットの一つを受け持つセミオープンのスタッフステーション

表現療法室。活発な活動を展開している

ホームライクなダイニングルーム。食器はすべて通常家庭で使用されているものが備えられている

事例15 クリーブランドクリニック緩和ケアユニット
PCU in Cleveland Clinic, Ohio

クリーブランド市にある世界有数の高度な総合機能を有する教育病院である。その診療機能はもとより、研究機能と実績、教育研修機能と実績の高さはつとに知られるところである。

この病院にPCUが開設されたのは1987年のことである。今回紹介する新しいPCUが稼働したのは1994年である。教育病院に開設されたこと、急性期の緩和ケアが必要な患者を対象とすることでは、アメリカでははじめてのケースでほかに類例がない。腫瘍医療を担当する医師が、がん患者には緩和ケアが必要であるという強い熱意のもとに開設された。

この病院の緩和ケアサービスは四つの機能から構成されている。即ち、①緩和ケアユニット、②他の診療科などとの総合的相談サービス、③緩和ケア外来、④在宅患者のホスピスケア、である。

このPCUへの入院患者は、痛みを除去するだけの簡単な患者と研究対象となりうるような複雑な様態を有する患者であるが、治癒の可能性のある患者についてはその治療、たとえばRI(ラジオアイソトープ)の使用、ホルモン療法、化学療法なども行う。治癒の可能性のない患者に対しては症状コントロール、痛みの緩和のケアを行う。平均入院期間は14日であるが、7日程度が目標である。退院した患者へのケアは、外来診療、在宅ケアと継続される。

主玄関。急性期の患者を収容する大病院の風格がみられる。病棟のうちの一つがPCU

PCUのリセプション。L字型の病棟の角にあって、明るくわかりやすい

デイルーム。コーナーにピアノ、背中あわせのいすに若干の関心が向く

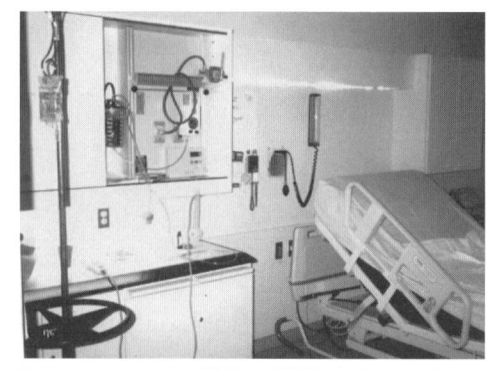

個室ベッド回りの各種機器の重装備。治療もする姿勢がみられる

事例16 ロイヤルビクトリア病院緩和ケアユニット
PCU in Royal Victoria Hospital, Montreal

1973年に開設されたカナダで最初の緩和ケア病棟である。「カナダの近代ホスピス運動の父」と呼ばれるマウントによって、古い石造の病院病棟の内部を改修してつくられたものである。病床は16床である。

マウントは、カナダにおける緩和ケアの展望について「カナダでは80～85％の人が病院で死亡している。2000年にはカナダでのがんによる死亡は7万～7万5000人と予測されている。加えてエイズによる死亡は5000～6000人と予測されている。結果的にコスト増なしを前提としてPCUの病床の効果的運用を図ること、今後病院病床の削減によって緩和ケアへの要求はますます増加することが予測される。したがって、診察、急性期入院ケア、在宅ケア、PCUの入院ケア間の相互の連携の必要性」を強く説いている。

病棟改修のPCUがこの建物内に設けられている

カウンター型のスタッフステーション。背後に作業、会議室がある

見事に整頓された清潔なデイルーム

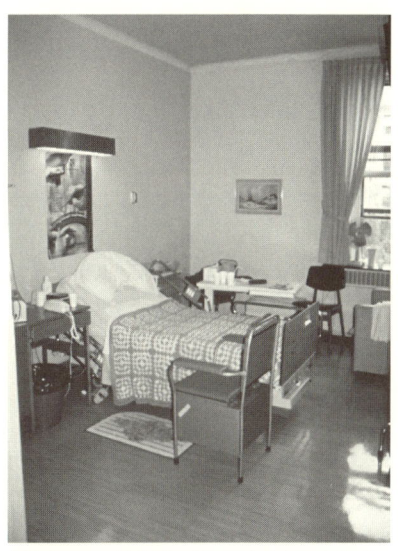

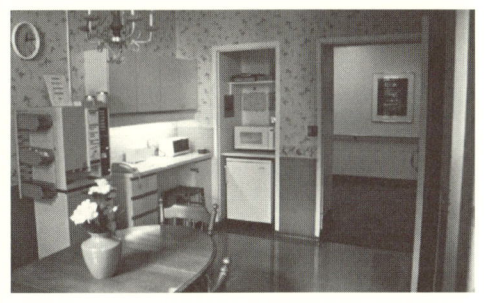

家族用ミニキッチン、ダイニングコーナー

個室の一つ。清潔感のなかにも安らかさを感じさせる

事例17 オタワ地域緩和ケアセンター
Palliative Care Center in Ottawa

1983年に、オタワ大学付属のシスターオブチャリティヘルスセンターにPCUを、という動きが始まり、開設と同時にオンタリオ州政府の支援とともに、その活動が入院患者へのケアだけでなく、地域内の患者ケアへの展開、そして教育を含む緩和ケア研究所の開設へつながる。これがオタワ地域緩和ケアセンター開設の経緯である。

特色は二つあって、その一つは施設内外を問わず、この地域において緩和ケアを必要とするすべての人々に対して、このセンターがその主導的役割を果たしていることで、他の病院、老人ホームなどに入院、入所している人すべてがこのサービスでカバーされているということである。もう一つは二つのPCU、即ち1983年開設の2階にある一般のPCUが23床（個室と多床室）のほかに、5階に1996年4月開設の長期療養を必要と

する患者のためのPCUが20床あることである。前者は基準として余命3カ月以内の患者を対象としている。後者は症状が比較的安定している患者で、基準として余命9カ月以内としている。ここには、がん患者のほかに心疾患、呼吸器疾患、腎疾患の患者も入院している。一般のPCUの病床回転がスムーズに展開しないことがあって、第2のPCUを開設したという。

緩和ケア研究所は1993年に設立された。医師、ナースに、基礎化学、行政、神学を専攻した人たちとサービス提供に関する研究者などを含んだ17人のスタッフからなる。緩和医学に裏づけられた緩和ケアが、従来の医療と同じく主流の一部であるとする信念に基づいて研究が展開される。管理部の一部を改修して研究所が移転した直後の訪問であった。

石造の外装は重たく硬いが、内部での緩和ケアはやさしい

一般PCUのチームステーション

落ち着きのあるメディテーションルーム。教会は別にある

事例18 ケーシーハウスホスピス
Casey House Hospice, Toront

　トロント市内にあるエイズの人たちのためのホスピスで、13床を有している。1986年計画開始、1988年に開設され、以降600人の患者がケアを受けている。平均在所期間は40.7日である。エイズ専門のホスピスはカナダでは2施設のみである。オンタリオ州のエイズ感染者のためのケアの仕組みは、次のようになっている。

　まず、オンタリオ州を6〜8の地域にわけて、それぞれに総合センター（通常は総合病院が担当）があって中心的役割を果たす。その後は、ケアつき住宅のような施設を含む居住センターで自立した生活を送ることができる。さらに進行すると、緩和ケアセンターへ移り住むという方式をとっている。整理するとケアの方式としては、①PCU：病院の病棟か病室（群）、②コミュニティホスピス：在宅でのケア、③独立型ホスピス：ケーシーハウスのような施設の3種に大別できる。

　ケーシーハウスは、居住施設としてのホスピス、コミュニティケア部門、資金を集める財団部門の3部門から構成されている。居住施設の規模は13人である。それを超えると住まいでなくなり施設臭が強まると考えられている。職員60人、3交代制でケアしている。コミュニティケアでは在宅の20人を対象に、6人の職員が地域の医師、ナースと協同してケアを提供している。

　費用の2/3は税金、保険料で賄い、1/3は寄付などによって賄われているという。また、がんとエイズとでは症状の出方が異なるので、ケアの仕方からみるとエイズの場合のほうがより多様な対応が求められるという。

街中の古い居館を利用したホスピス

1階の玄関を入って左に展開する共用スペース。大きな窓と小さなステンドグラスの入った窓

隣接する共用スペースのソファーといす、鉢植え、そして絵

もう一つの共用コーナー：白色の暖炉と絵そして落ち着きのある朱色のソファーがホームライクを演出している

事例19 セイクレッドハートホスピス
Sacred Heart Hospice, Sydney

　オーストラリアのホスピスケア拠点は、入院施設を含めて154にのぼる。活動の中心は在宅ケアである。緩和医学（Palliative Medicine）は医学教育、看護教育の中に定着しているといってよい。オーストラリアは多民族社会から構成されている。そのため緩和ケアの基本的要件であるコミュニケーションの確立がうまく進まず、これをいかに解決するかが大きな問題になっていた。

　セイクレッドハートホスピスは、1890年にシドニーに開設されたオーストラリア最古のホスピスである。セントビンセント病院の敷地内に12床で始まるが、現在は100床である。がん患者が主であるが、最近ではエイズ患者が漸増してきて現在は20％に達している。ニューサウスウェールズ州のエイズ患者の半数が、ここでケアを受けて死亡している。

　施設は3階建てで、1階は研修室、診察室、教会、管理部など、2階、3階が病棟である。1階あたり2看護単位、25床／1NUの4NUである。トイレ、洗面が各室に分散設置されている。個室はシャワー付きである。病棟は個室、2床室、4床室の構成である。

　エイズ患者のための専用単位は考えていない。感染管理を徹底的に行っているから問題はないし、何よりも人間はすべて平等である。たまたまエイズに罹患しているにすぎない。エイズ患者には若年者が多く、つねに差別感を感じていて、入院してまでも差別されるのではないかという不安を少しでも軽減したいということも理由の一つである。

　職員数はナース114人、医療スタッフ14人、その他72人の200人である。なお、ナースは3交代制である。このホスピスには教育センターがあり、専任のコーディネーターがいて、教育プログラムにしたがって医師、医学生、看護師、ボランティアなどにホスピスケアマインドをもつ医療者とするための教育を行っている。ホスピスの庭園は見事で、庭園賞を受賞している（3.3.1（2）ⅱ参照）。

　オーストラリアでは、1987年にビクトリア州の厚生大臣が「すべての人々は末期疾患であっても最善のケアを受ける権利がある」と尊厳死の選択に関する公式声明で述べている。また、シドニー大学付属病院ロイヤルプリンスアルフレッド病院のJ.ノレルリッキスは「国民の権利としての緩和ケア」を強く主張し、その展開を目指すべきであると説いている。

主玄関側に庭をとれないため、建物の端部側にすばらしい庭園が展開している

病棟デイルーム

事例20 メアリポッターホスピス
Mary Potter Hospice, Wellington

　ニュージーランドのウェリントン市内に、1990年に開設された24床のホスピスである。デイケア、在宅ケア（300人対象）も積極的に行っている。1973年、メアリポッター設立の組織によって市内のカルバリー病院内に開設されたが、経営上の問題などもあり1980年、地域社会に移管委任することとなり、その後1988年にホスピス新築のための基金募集を開始、相応の資金が蓄積でき、1990年にカルバリー病院を離れて現在地に竣工、開院したのである。

　このホスピスのモットーは「最後まで精いっぱい生きる（Make the most of Life）」ことで、したがってホスピスは「死の場所」ではなく、「精いっぱい生きるための場」である。

　ホスピスには三つのカテゴリーがある。すなわち①症状コントロール、②ショートスティ（レスパイトケア）、③最後をこの場で迎える人のための場（主として、自宅が離れているとか、在宅でのサポーターがいない人のため）。対象となる人たちは、90％以上が末期がん、ほかは腎臓、心臓などに起因する多臓器不全の人たちである。

　医師をはじめとして、医学生、看護学生、神学生の教育センターともなっている。外来診療、デイケアも行っている。ボランティアの教育指導も行っている。現在120人のボランティアが活動している。ケアチームは医師、看護士、ソーシャルワーカー、OT、チャプレンやシスターで構成されている。医師は4人、うち2人は緩和医学を習得、他はGPのパートタイムである。このホスピスの入院期間は3日～90日と幅広い期間におよぶが、平均は10日程度である。

　建物の主軸はおだやかな弧状をなしていて、それに諸室が付設し、しかもいわゆるデタッチドプランをなしている。平面図（図3.12）は、ホスピスのうちの主要部である1階部分のものである。このほか地下1階には厨房、機械室、X線室、レクリエーション室がある。また地上2階には管理事務室、家族室がある。1階の左端部のアクティビィティは主としてデイケアのためのものである。同様に右端部は教育部である。病室構成としては、4床室×4室、2床室×2室、個室×4室である。

　この建物の様式は、きわめて地域色豊かないわゆるバナキュラーデザインである。内装はりりしくも楚々とした感じで、それでいてしっかりとぬくもりを感じさせる。前庭からの眺望の美しさは抜きんでている。さらに外観は濃いブルーの窓枠と薄いブルーのドイツ下見の色調とが調和して、周辺の住宅、幼稚園にすっかり溶け込んでいてやさしい。玄関脇の大木はこの施設の象徴でもある。

玄関ホールに面してこぢんまりとして清楚なチャペル。空間構成の卓抜さに脱帽

ゆったりとした玄関ホール。床、天井とも淡いブルーに統一されている

丘の上に建つ地域色あふれる住まい風のモダンなデザイン。住まい各戸の小さなデタッチ様の連なりが庭と呼応してゆったりとした環境をつくりだしている

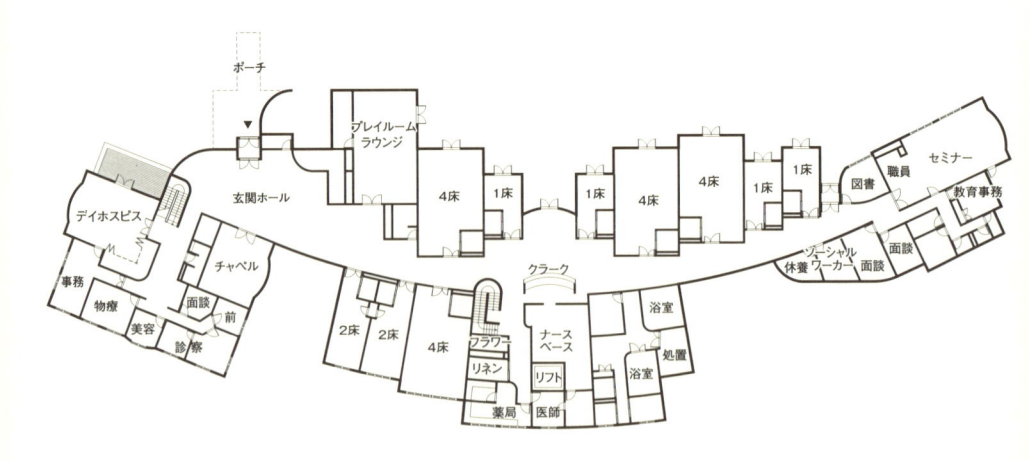

図3.12　1階平面図

3.2 海外のホスピス・緩和ケア施設事例

玄関ホールの一部

庭に面した休息コーナー

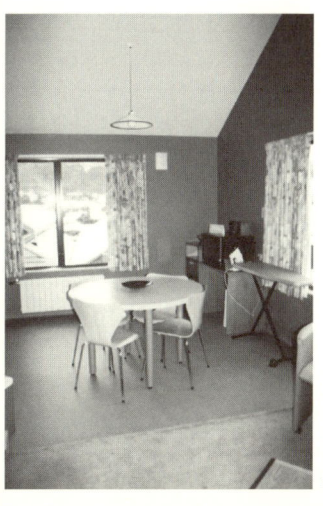

2階家族室。アイロン台も置かれている。統一のとれたカーペット、テーブルの表面、壁の色

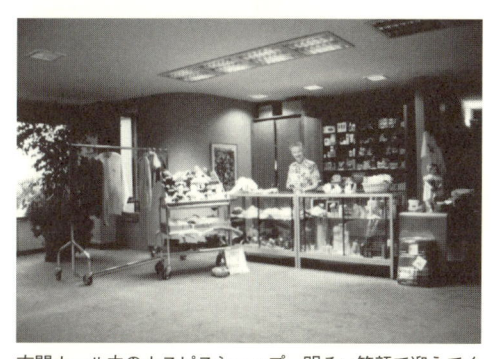

玄関ホール内のホスピスショップ。明るい笑顔で迎えてくれるボランティア

デイホスピス内の安らぎのコーナー。大きな窓から射し込む光はやさしい

明るく活発な活動をつづけるデイホスピス。ここでもボランティアが活動している

事例21 テオマンガホスピス
Te Omanga Hospice, Wellington

　ウェリントン市の郊外にある10床のホスピスである。住宅用から小修道院用を経た建物を中心に、増築してつくられている。したがって、まさに住まい的様式をもっている。主要道路からのアプローチが150mほどの小路となっていて、路傍の野草や草花が美しく迎えてくれる。

　何といってもこのホスピスの特色は、肉親を亡くした小児へのアートセラピーグループの活動である。絵を描いたり、陶器を焼いたり、落書きをしたりすることで、悲しみからなるべく早く癒されることができるように手助けをするのである。

　そのための小さな家がある。年齢によって3区分して個別に月1回ずつ、全員を月1回ずつ、計月2回のケアを受けることができる。子どもたちの心の痛みを共有しようとする努力、子どもたちへの対処の仕方は際立ってすぐれている。これまで訪ねた70ほどのホスピス、緩和ケアユニットのうちでもまさに出色のケアサービスといえる。

　アプローチ景観については「3.3.1（1）ホスピスへのアプローチ景観」参照。

住戸の連続性を断って小さいスケール感の演出に努める。使いこまれた庭との呼応

2階の会議室からみた庭と樹々。樹々のつくる景観は落ち着きを醸しだす

多彩な活動を思わせるデイホスピス

病室のベランダから見える大樹の姿はそれだけで安らぎをもたらす

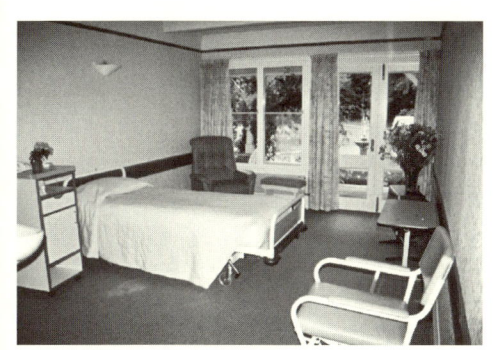

淡い薄紫色をしたシンプルデザインの病室と庭の眺め

病室と庭との間合いをつくる木製のバルコニー

落ち着きのある家具・調度によって整えられた談話室、淡いピンク色の壁がソフト感を深めている

親を亡くした子どもへのビリーブメントケア。絵などの表現活動を通してケアし、心が癒されることを期待する

子どもたちは色々な表現活動をすることで、元気を取り戻すきっかけをつかむ

親をなくした児へのケアはホスピス前面にある独立したミニハウスで行われる。多彩な支援プログラムは抜きんでている

事例22 カリナコティホスピス
Karinakoti Hospice, Turku

　フィンランドのトルク市に、プロポーザルコンペによって選ばれたベニトカサ・ランデの設計による20床を有する同国3番目のホスピスである。病室構成は個室14室、2床室3室である（図3.13）。平均入院期間は4週間、年間利用者数は250人程度、病床利用率は85％である。

　立地は海に臨み、病室から海を眺望でき、手頃な高さの樹々がやさしく建物を抱き、季節によっては木漏れ陽がやわらかくきらめいて、残されている生命を存分に過ごすことができるような豊かな環境を形成している。

　構造は地下1階（一部）、地上1階である。地階は職員用浴室などである。地上1階中央部にダイニングルームがあって、ベッドごとここへ集まることができる。命終期においても利用できるサウナ設備がある。個室間に共用リビングルームがあり、両側から直接出入りできる。個室にはミニキッチンが備えられている。瞑想室が主玄関近くにとられている。

　1日あたりの利用費は725フィンランドマルカ（日本円で2万円程度）であるが、その83％近くが補助され、残り17％が自己負担となる。

　その人にとって、人生の最後をどのように過ごすのが最も適しているのか、フィンランドの人々の人間への深い崇敬の心を感得できて感動をおぼえた。エーロ・サーリネン、アルヴァ・アアルトの精神が受け継がれていることを痛感し、もっとも心うたれたホスピスの一つである。

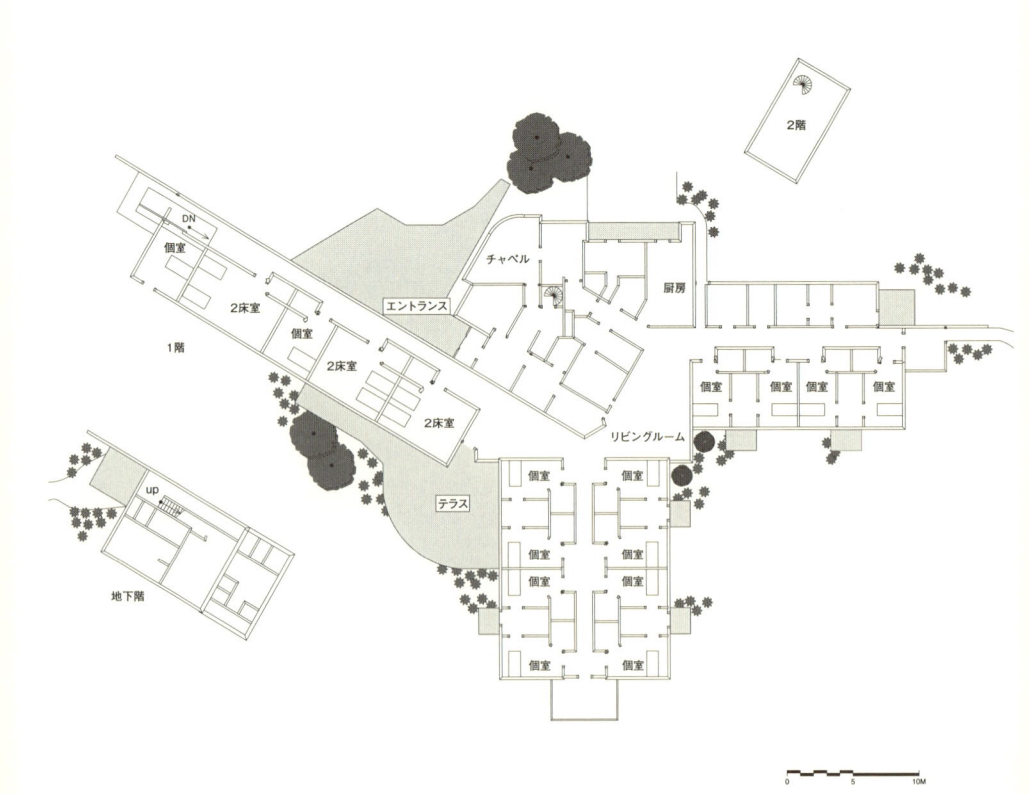

図3.13　地下階、1階平面図

3.2 海外のホスピス・緩和ケア施設事例

周辺の民家に似せながらも、決してとりすましてはいない。きりりとしたたたずまいには共感をもてる

こぢんまりとした民家風の玄関

玄関を入るとホールに面してスタッフルーム

メインホールのコーナーの家具。プラント、照明具のホームライクなしつらえ

玄関からメインホールへの通路脇の休息コーナー。木質の清潔な仕上げとスポットライト

病棟前テラス。樹々に囲まれて静かである

176　第3章　世界のホスピス・緩和ケア病棟

病棟前テラス。樹々の間から海を散見できる

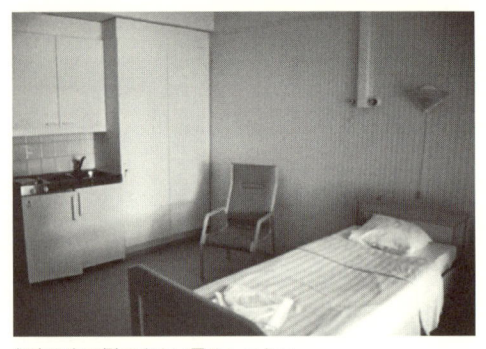

個室の廊下側のすまい風のしつらい

壁から離れて設けられた便器。背後から支えることができる

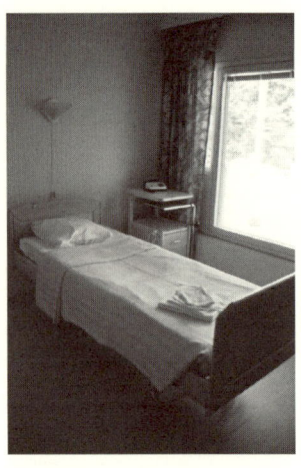

個室。広い窓から樹々を望める

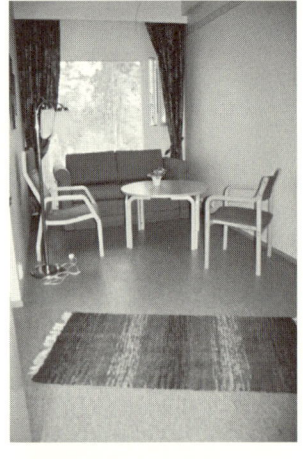

個室間のミニデイルーム。両個室から直接利用できる。色彩の統一を図った木製の家具、床のカーペット、カーテンの紫色

どんなときでもサウナを楽しむことができる

事例23 セントヨーラ病院緩和ケアユニット
PCU in St.Johra Hospital, Stockholm

ストックホルム市にあるセントヨーラ病院を訪ねることができたのは全くの偶然であった。1992年秋に、スウェーデンで行われた国際病院連盟のスタディツアーに参加した折りに、コースから外れてほんの短時間見学が許された。したがって確かな情報がほとんどなく、わずかに10枚程度のスライドが残されているだけである。

そのうちからこの病院の、おそらく3階に設けられていたPCUの一端を紹介する。重厚ではあるが暖かな外観のデザイン、PCU内の共用室の多彩なミニデイコーナーのプロットデザインは見事というほかはない。病院を囲む樹々の豊かさと静寂な趣は確かな環境の形成の成果である[*9]。

*9 スウェーデンの緩和ケアについては『終りよければすべてよし：羽田澄子編著、岩波書店、2009年6月』にその概要が具体的に紹介されている。

亜急性期の患者を収容する病院の3階にPCUが設けられている。淡いレンガ色の外観は限りなく暖かである

PCUの共用室。ゆったりとした広さ、清潔で静かな空間に暖かみのある家具、天井には木材を用いたデザイン

玄関ホールに面する共用室は明るい

PCU内のキッチン、食堂も清潔で広く、しっとりとした落ち着きを漂わせる

PCU内の広い共用室にはいくつかのコーナーが設けられている。色調が整った木製の家具、形の違ったいす

事例24 デイホスピス・デイケアユニット

　わが国ではいまだ数施設しかない、いわゆるデイホスピス（デイケアユニット）の果たしている役割は、先進諸国ではきわめて重要なものとして捉えられ、その貢献は高い評価を得ている。デイホスピスのイメージは診療の場ではなく、どちらかというとクラブ的な感覚で親しめるように、ゆっくりと落ち着きのある場の構成が望ましいとされている。

　入浴設備、理・美容室、休養室のほか、本人の動作能力の保持、家族が在宅時のケアをするのに役立つように、本人の自立訓練のための機能訓練（PT、OT）のスペース、あるいはレクリエーションセラピーの場がほしい。在宅の患者の趣味、関心を大事にして、そこからの進展を期待することと、さらに新しいことを学ぶことで彼らの能力、スキルを伸ばし進展させられるからである。そのような努力が、本人のQOLを高めるために有効であることはすでに確認されている。

　次に、デイホスピスの所要室構成を明確に示しているチャールズクローマクミランデイユニットの事例を示す。このユニットはイングランド南西部、ニューバリーに開設されている。西バークシャーをサービス対象とし、西バークシャー地域病院に隣接している（図3.14）。

図3.14　チャールズクローマクミランデイユニット平面図

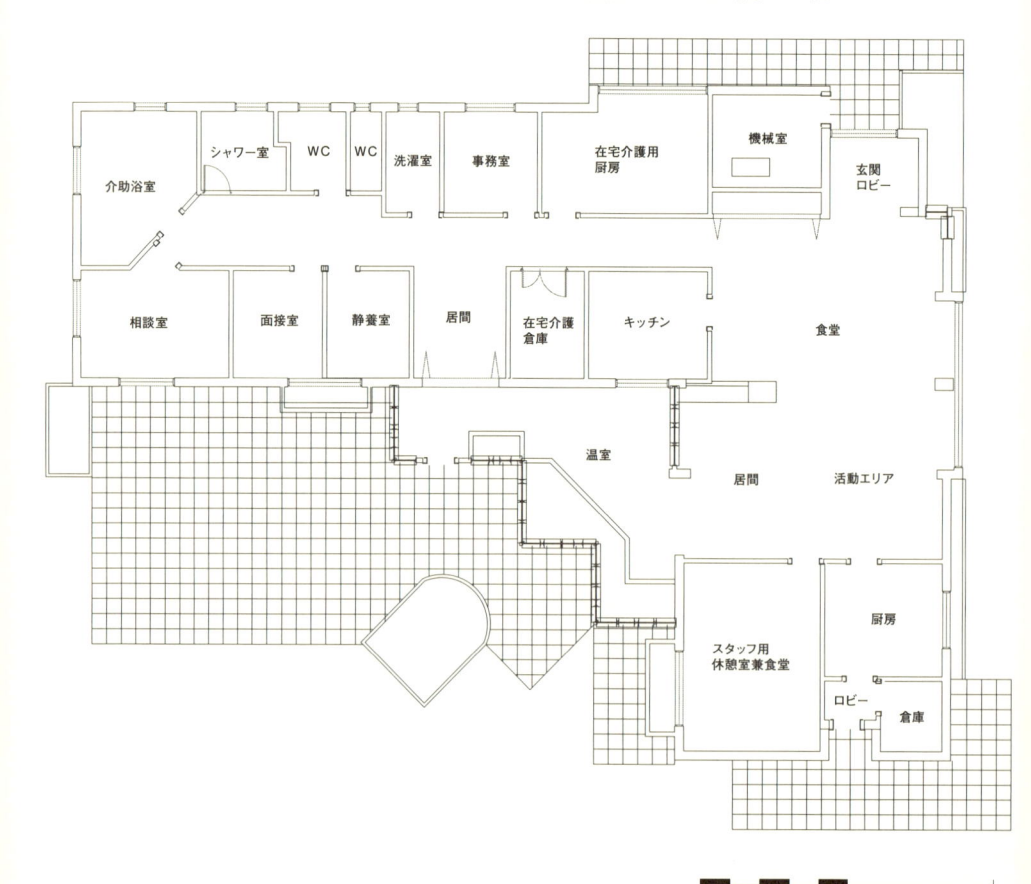

3.3　海外のホスピス・緩和ケア施設の環境デザイン

　筆者は1993年から10年ほどの間に、ヨーロッパ、アメリカ、カナダをはじめ、オセアニア諸国の70を超すホスピス・緩和ケアユニットを訪問・調査することができた。それらの施設にほぼ完璧なまでに具備されていたものは「水・緑・光」の三つのエレメントであった。いうまでもなく「水」は生命の象徴である。「緑」は希望の象徴である。そして「光」は癒しの象徴である。

　「光」を癒しの象徴としたのは、身体的側面の癒しとともに心の癒しを含んでいる。したがって、環境デザインの原則はまさにこれら三つのエレメントをどのように採り入れ、人々がなじめるようにするかにかかっていると考える。ことに「光」は彩の決め手ともなるためナチュラルライト（自然光）の季節ごと、時間ごとの採り込みは重要であると考える。近年とみにいわれている、人にやさしいぬくもりのあるヒューマンライト（人工光）も同様に重要である。

　三つのエレメントの導入という原点にたって、事例をもとに提案を行う。

　すでに「3.2　海外のホスピス・緩和ケア施設の事例」で示したように、ホスピス・緩和ケアユニットの形態は①独立型（病院敷地内、病院敷地外）、②付設型（病院病棟内）、に大別できる。ここでは独立型を採りあげ、そのホスピス・緩和ケアユニットの内部と外部の環境・空間形成について述べる。加えて内部と外部との「間際」のあり様についても述べる。この「間際」の構成は、実はきわめて重要である。それが内・外空間の連続性を可能にするからである。この空間の連続性こそ、環境形成のもう一つのエレメントである。

　なお、病棟内緩和ケアユニットの場合、若干の例外はあっても一般的には既存の病棟に採り込まれるため、計画上の自由度が低く、独立型に比してよりいっそうの配慮が求められる。基本的には、独立型の場合に留意する諸点に準じて論ぜられてよいと考える。

3.3.1 周辺環境の形成

周辺環境としては、①ホスピスへのアプローチ景観、②ホスピスからの景観について考える。後者には近景、遠景とその中間景がある。

(1) ホスピスへのアプローチ景観（第3章 事例12および21）

ホスピスで生涯を閉じることとなる人たちの数はホスピスによってまちまちであるが、入院する人たちの少なくとも30％はそこを臨死の場としている。けっして死とは無縁ではないそのアプローチ景観については、十分な考察、検討が必要である。

もっとも印象に残りしかも感服させられたのは、事例で採りあげたニュージーランドのウェリントン市近郊にあるテオマンガホスピスへのアプローチ景観である。主要道路から枝分かれした幅員2m程度の小道が、ホスピスまで150mほどの長さで緩いカーブを描きながらつづいている。路傍には可憐な草花が彩豊かに咲いていて、訪問を静かに迎えてくれているようであった。

小雨に濡れたその小道を進むと、木立の間から2階建てのホスピスの一部が見えかくれして、やがてもともとは住まいであったホスピスが整然とした姿を現す。ホスピス全体が木造建築のこともあって、その姿は限りなくやさしい。

次に紹介するのはスイスのローザンヌ近郊、レマン湖を展望できる低い丘の斜面に建つリヴヌーヴ基金ホスピスである。レマン湖に向かって降りるこの丘の斜面は実は住宅地である。別荘も多いと聞いている。斜面をレマン湖岸に沿うように走る、やや不自然な等高線様の道路を少し降りたり登ったりして、このホスピスへ向かうのである。樹木越しに、あるいは樹間にレマン湖を望みながら、左右に姿勢の定まった住家とそれを囲む低木や草花がすっきりと刈り込まれていて心をなごませ、落ち着かせてくれる。ようやく緩い坂道を登ると、目指したホスピスがきりりとした姿で迎えてくれる。石造の硬さはあるものの、外壁の工夫と窓の切り方でそれをやわらげている。

二つのホスピスとも、もともとは住居であったものを増築、改修したものである。それがアプローチ景観の形成に有利で

写真3.22 テオマンガホスピスへの入口。可憐な花々、低木が暖かく迎えてくれる

写真3.23 花々に彩られた細い小道を進むと、テオマンガホスピスの入口がみえてくる

写真3.24 忽然とデイホスピス（1階）と会議・研修（2階）棟が現れる。その佇まいはやさしい（テオマンガホスピス）

写真3.25 レマン湖を前方に望み、樹々の緑に囲まれて歩みを進めるとリヴヌーヴ基金ホスピスがやがて現れる

あったのかもしれないが、どんな場合でもこの視点を欠いてはならないと考える。

(2) ホスピスからの景観

　ホスピスの周辺環境として、近景をなす庭園の造作は重要である。ここでは庭園賞に輝いた三つの庭園と、それに劣らないと評価できる庭園を紹介する。

ⅰ　セントフランシスホスピス（第3章　事例3）

　このホスピスを囲む外部環境形成は秀逸である。もともと周辺は牧草地で、低木と中・高木のおりなす光景がすっぽりとこのホスピスを包んでいる。「事例3　図3.3」にみられるような逆L字型の建物が創出する中庭も、その一環に採り込まれて静寂な空気を醸し出している。中庭の大木の樹間から垣間見ることのできる病棟の軒先に吊られているフラワーバスケットと病室前の花々は、芝生の緑に反映して可憐で美しい。また、デイホスピスの前庭、側庭も低木や植込みの花々によって控えめに飾られていてやさしい。この見事な造園に、イギリスホスピス最優秀造園賞が贈られている。

ⅱ　セイクレッドハートホスピス（第3章　事例19）

　前面道路に沿って、ホスピスの建物主軸はほぼ平行な配置をとっている。建物主軸の妻側に、すばらしい庭園が展開している。したがって、病室からは直接その庭園をみることはできないが、自力歩行できない患者でも車いす使用によって、散策、鑑賞、休息、そして家族や友人との会話をはずませることができる。

ⅲ　セントフランシスホスピス（第3章　事例7）

　ほとんどの病室から、逆L字型の建物でかたどられた中庭と、そこから連続的に展開する庭園を眺望できる。主玄関ホールから庭に出ることができ、その延長上に展開する遊歩道をゆっくり進みながら、庭の細部に至るまで鑑賞することができる。庭に展開する低木や草花は楚々として美しい。この庭は地階の食堂から上へ斜めに切ったドライエリア越しにも眺望でき、ひとときの憩いをもたらしてくれる。デイケアユニットへ来院する患者たちにも安らぎを与えてくれる。見舞いに、あるいは付き添ってきた家族たち、そしてそこでケアを提供してくれる職員にとっても、なごみを与えてくれる。

写真3.26　住まい風の端然とした姿をみせて暖かく迎えてくれる（リヴヌーブ基金ホスピス）

写真3.27　主玄関（左側）に接する病室群の軒下のハンギングバスケットの朱色の花と、前庭の芝の緑の調和は落ち着きと安らぎを与える（セントフランシスホスピス、ロンドン）

写真3.28　主要道路からの外観。硬い印象をやわらげているレンガ色の外装（セイクレッドハートホスピス）

写真3.29　正面左妻側のミニガーデンのしつらえ（セイクレッドハートホスピス）

写真3.30 正面左妻側にしっかりしたガーデンが計画されている（セイクレッドハートホスピス）

写真3.31 明るい茶系の屋根と壁、芝生と周囲の樹林が調和して豊かさが生まれる（プリンセスアリスホスピス）

写真3.32 ストラスキャロンホスピスの病室前テラスと芝生庭

写真3.33 セントコロンバスホスピスの病院前テラスと庭

卓越したこの庭園は、建物を含めてアイルランドにおける優秀作として表彰されている。

iv プリンセスアリスホスピス（第3章 事例2）

病棟部はスクエアプランである。それによって囲まれてかたどられた中庭は、病室の窓側には向いていないが、円弧型のデイルーム、そして廊下からは、坪庭としてはやや大きめな庭にバランスよく配されて咲く花々、緑の樹木によってかたどられたどっしりとした景観を手近にみることができる。こぢんまりとしてはいるが、どっしりとした落ち着きを感じさせる。

一方、病棟部から延びるへの字型の研修用の建物は、開かれた中庭とそこから展開する外庭とをかたどっている。やがてそれは南側の斜め上向きの低い丘に連なる。この庭は、半ば閉じている空間から開いた空間へと連続的な展開をみせて開放的である。手入れが行き届いていて清潔感を漂わせている。病室の一部とデイルームからの眺望は、すばらしいの一語につきる。

(3) ホスピスの内部と外部との間際のあり方

内と外とを区別する部位として壁があり、屋根があり、窓やドアがある。それらのうちで、内と外をつなぐ役割を果たすのは窓でありドアであろう。

和風住宅の「ぬれ縁（側）」もまた、内と外とをつなぐ「間」や「際」を形づくる。それは洋風建物では、「テラス」であり「バルコニー」であり「ベランダ」であろう。それらは一般的にいえば、大型の開口部を有する玄関やデイルームに対応して形づくられる。

間際を巧みに形成している事例を紹介する（3.31、3.32、3.33）。

3.3.2 建物の外観のデザイン

独立型ホスピス・緩和ケアユニットの場合は、ほとんど例外なくいわゆるバナキュラーの表出形といってよい。多くの場合、既存の建物の改修あるいは増築などを行っていることに起因しているのであろうが、新築の場合でも例外は少ない。

そこに住む人々がゆっくりと時間をかけてつくり出した地域性、あるいはその土地だから生み出せた地域特性といった

ものである。建物を囲む景観、その地域の建物の形、色、用いられている材料といったものの関係性を通して創出された独自の建築像という視点からホスピス（PCU）建築をみてみると、訪問したすべてのホスピスが、地域性を越えて突出したものはなく、周辺建物と見事に調和した姿をみせる。

3.3.3 建物の内部環境・空間のデザイン
(1) 光・緑・水の採り込み
「水」そのものを建物の中に小さな流れとして、あるいは小さな池として採り込んでいる事例を、わが国の病院や老健施設、特養などでみることができる。しかし、筆者が訪問したホスピスではその事例はない。わずかに小魚を飼育している水槽を、いくつかの施設でみることができた。

建物に接するように屋外に池や噴水をしつらえ、室内から眺望できるという事例はいくつかみられた。また、敷地内の庭や建物のテラスから海や湖を眺望できる事例もみられた（3.36、3.37）。したがって、次の課題は「光」と「緑」の室内への導入である。「光」の採り込みを見事に実現している事例と、「緑」をきわめて自然に採り込んでいる事例を紹介する（3.38、3.39、3.40）。

(2) ホームライクデザインの意味するもの
環境・空間のデザインにあたって、次の課題は「ホームライク」の創出である。これはホスピスデザインの鉄則であるとさえいわれている。

「ホームライク」実現のためには、まずはホスピスの規模、すなわち収容病床数の課題がある。その適切な規模は15～25床が望ましいとされている。それ以上になると「収容施設」のイメージを脱しきれないともいわれる。また、敷地の関係で複数階の構成をとらざるをえない場合には、病棟部はたとえ病床規模が小さくなっても1階が望ましい。庭への車いすでの、あるいはベッドごとの出入りが容易であるし、何といっても庭が近くにあることによる親しみやすい家庭的な雰囲気を創出するのに向いているからである。

管理事務室、会議室、休養室、家族室、ボランティアルーム、スタッフルームなどは上階でも支障はない。実際に前章

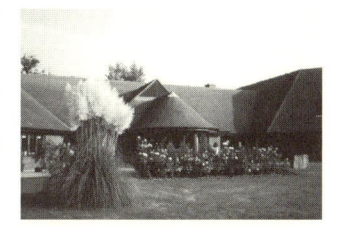

写真3.34　前庭からの外観（プリンセスアリスホスピス）

写真3.35　アプローチ道路からの外観（セントエリザベツホスピス）

写真3.36　周辺の散策路からはエリー湖を望める（ホスピスオブウェスタンリザーブ）

写真3.37　ホスピス裏庭からは樹間越しに北海を望める（セントコロンバスホスピス）

の事例で紹介した中に、同様の考え方で計画された施設が多く含まれている。

「ホーム」の対比語として「施設」がある。そうした意味で、随時「施設」とは、という問いを発しながらホームライクの意味するところの定義を試みる。

・文脈としては、ホームは木々の緑に囲まれ、庭に芝生が張られていて、各住戸の出入口は道路に沿って並んでいること、さらには各戸のスケールはけっして大きいものではないが、マッスとしてけっして小さい箱型ではなく、伝統的な屋根の形をもった姿を示すこと。
・平面図の組立てについてみると、施設では面積が広い回廊に沿って様々な室が並列していることが多いが、ホームではそうはならないこと。
・ホームの内装仕上げはやわらかく、肌ざわりがよく、暖かく、心地よい雰囲気を醸し出せること。
・ホームでは窓を多くとって、ナチュラルライトをなるべくたくさん採り入れること。人工照明にする場合は、白熱灯の使用を避けること。
・ホームの諸設備は、コントロールが容易で多目的に使用できること。また、家具については、やわらかな感じの天然材を用いること。移動できること。

さらに施設内でのホームライク建築の特質を明らかにするには、次のような要因について考察する必要があろう。

・プライバシーと個の集団化の濃淡（集団のグレード）
・適応性、機能の重複、多機能
・仕上げと造作
・組織とQOL

これら個と個の集団化（集団）をはじめ、各項目については建築家の責任において各自考察を深めることを望みたい。

(3) 所要室とその構成

i 病室（個室と多床室）の構成

ホスピス建築の主要命題の一つが病室の構成であろう。

イギリスおよびイギリス連邦とそのほかの国々で、際立って異なるのはPCUの病室構成である。イングランド、スコットランド、アイルランド、オーストラリア、ニュージーラ

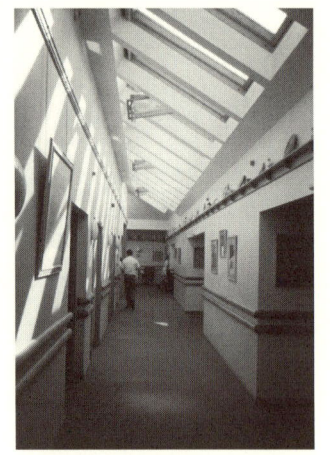

写真3.38 病棟廊下のトップライトによる採光（ストラスキャロンホスピス）

写真3.39 サイドライトに映える蔓草が玄関ホールに暖かさを生み出している（ホスピスオブウェスタンリザーブ）

写真3.40 デイルームの緑と室外の緑とが呼応して、独自の落着きのある空間を創出している（カリナコティホスピス）

ンド、カナダの諸国では、病室構成は個室と多床室（5床、4床、2床など）からなっている。多くの場合、1単位の規模は20～30床である。個室の割合は20％程度が多い。そうした意味では一般病棟の場合と類似的である。

　個室は患者が急性期にある場合に必要なので、急性期を脱すれば多床室への移行は普通のことであり、十分な広さを有すればプライバシーを保持できるだけのテリトリーを確保できる。さらに、同室の患者同士の交流も、共用のテリトリーで可能になると考えられている。

　これに対して、ドイツ、アメリカ、北欧諸国では全室個室による構成か、個室と若干の多床室による構成が少なくない。1単位の規模はイギリスなどとほぼ類似である。

　PCUへ入院している患者は、多くの場合、近々必ず死を迎えることになる人々である。1床室の場合は、死を迎える場として他人に迷惑をかけることはないが、多床室では本人のプライバシーおよび家族のシェアドプライバシーの保持が難しく好ましいとはいえまい。したがって、多床室の患者が死を迎える場合、個室が空いていればそこへ移し、そこを臨死の場とすることが普通である。しかし、個室に空室がなければ多床室が臨死の場となる。

　多床室は多くの場合4床室であるが、ロンドンのプリンセスアリスホスピスのように5床室の例も若干みられる。4床室の場合、ベッド配置はわが国の病院では窓側のラインに平行に整然と2床ずつ並べるのに対し、一方の病床は窓側のラインに平行に、他方の病床はそれに対して直角か斜めに配置するなど、比較的自由な配置を行っている。また、プリンセスアリスホスピスのように、各病床からそれぞれの窓を通して外部を眺めることができるように、変型5角形病室（5床室）の工夫もみられる。

　多床室の広さは1床あたり15㎡程度の十分な広さがあり、ベッド間隔に余裕があるためケアがしやすい。この十分な広さが、多床室での看取りを可能にしているといえるのではないか。実際にそのように説明されている。エディンバラのAホスピスの4床室のように、7.5ｍ×7.5ｍの広さがあり、ベッド間隔が双方向にかなりのゆとりがあれば問題は軽減され

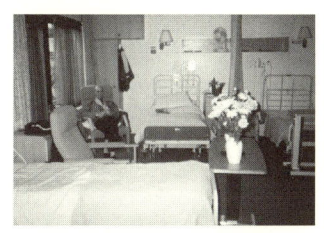

写真3.41　4床室のベッド配置。ベッドの長手方向が直交するような関係にある（マリーキュリーセンター）

写真3.42　5床室の中央でのナースのミニミーティング。患者とどんな時でも共にという心配り（プリンセスアリスホスピス、ロンドン）

写真3.43　個室に入っているＡ夫人のベッドまわりの壁には色とりどりの飾りがかけられている。それらはすでに彼女の憶い出がこもっていると話された（アーヘンホスピス、ドイツ）

る、という職員の話には少なからずうなずけるものがあった。
　プリンセスアリスホスピスの施設長（医師）に「貴方がかりに新しいホスピスをつくることを任せられた場合、病室構成については」と尋ねたところ、「個室を多めにするが、全室個室とはしないだろう」という答えがかえってきた。「多床室で起こる問題について、入室者同士はそれほど意に介していないから」がその理由であった。

ii　ナースステーション（NS：スタッフステーション）
　急性期病院の病棟では、ナースステーションと病室との距離が近く、ナースが看護っている、ナースに看護られていると患者が実感でき、安心感を得られる体制が必要である。
　これに対してホスピス・緩和ケアユニットでのナースは、前述の要件を前提としながらも、患者が臨死期を迎えてもなお生命力の維持再生を支援することが重要な役割といわれている。ナースステーションの位置についても、急性期病棟に求められる条件と変わることはない。

iii　病室内諸施設・設備
　はじめに病室構成と関連をもつトイレと浴室について述べる。
　排泄を最後までできるだけ自立して行うことを望むのはどこの国の人でも同じである。したがって、トイレの設置はベッドからなるべく近くに、が原則である。個室の場合は病室内に、多床室の場合はそれぞれの多床室単位に設けられている。いわば分散配置方式である。
　トイレの色は、衛生的というイメージから必ずしも白色系とする必要はなく、むしろ快適性こそ重要である。長時間トイレを使用しなければならない患者がいるからである。書棚を置くとか、絵を掛けることも考えてよい。なお、車いすで使用できることが望ましい。
　浴室では、介助浴槽は1個か複数設けられている場合が多い。その場合、シャワー浴もできるようになっている。個室にシャワー浴が設置されている事例もみられる。
　トイレ・浴室以外の諸施設・設備では、代表的な事例としてドクターミルドレッドシェールハウスを紹介する。（第3章　事例9参照）。

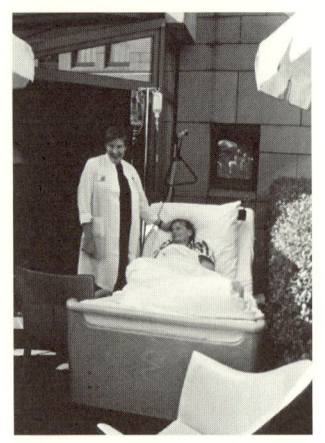

写真3.44　病室からベッドのまま庭に出て陽を浴び、風の香りを楽しむ、主治医とともに（D.M.シェールハウス、ケルン）

写真3.45　あく迄もそれなりの大きさの木質のやわらかな家具を用いたオープンステーション（コバッカーハウス、アメリカ）

写真3.46　スタッフステーション前の明るい笑顔のスタッフ4人、英国ではたびたびこのような場面に出会った（マリーキュリーセンター、リバプール）

このPCUは全室個室の15床である。6床と9床の二つのユニットから構成されている。それぞれのユニットにナースステーションが置かれている。個室の床面積は30㎡ほど。病室内の設備としては、廊下側から病室へ入った片側に組み込まれた扉つきロッカーと扉つきの小キッチン、小冷蔵庫が並んで設けられ、可能であれば自由に飲食できるように整えられている。その反対側に洗面台、便所、シャワーをセットにした小室が設けられている。洗面台には鏡がついているが、ロールカーテンでそれを覆うことができるようになっている。病気によって容貌が変わりはててしまった患者に対する配慮からである。

病棟からベッドのまま、段差なしで直接庭に出られる親子ドアが設けられている。その出入口の上部には、電動で出し入れできる陽覆いが設備されている。このほか、おむつなどの収納用として、キャスターつきの木製の収納ボックスが開発され設置されている。さらに、非使用時には酸素吸引などのアウトレットをみえないように収納できる壁つきの木製ボックスが用意されるなど、暖かくやさしい心配りが随所に伺われる。また、ベッドに転用できるソファーと、大きめのサイドテーブルが用意され、生活の単調さをできるだけ避けられるような工夫がみられる。なお、病院内の主照明は黄色灯による間接照明である。

iv 患者と家族らの生活関連施設・設備

共用室は患者と家族、患者同士、患者と職員、家族と職員、職員同士のコミュニケーションをとり合う重要な場である。親しみがもてるようにしたい。

たとえば、ドクターミルドレッドシェールハウスの責任者である女医ティーレマンは、毎朝のようにデイルームで来室できる患者に自らモーニングティーやコーヒーを注ぎながら交流を図っているという。それにより今患者が何を求めているかを知ることができ、心理的対応を確かなものにすることができる。また、それによって患者や家族がどんなに力づけられているかを感得できるという。そのデイルームには熱帯魚が泳ぐ小さな水槽が置かれていて患者を楽しませている。また、この共用室としてのデイルームは、どうしても広く開

写真3.47 陽を一杯に浴び、前庭の大樹を見渡せる明るい増築されたデイルーム（シュツットガルトホスピス）

写真3.48 病棟内PCUのデイルーム、家具・調度品・カーテン、見事なばかりのホームライクの演出（ジエイコブパーローホスピス、ニューヨーク）

写真3.49 個室内のやわらかい感じのトイレとシャワー（ホスピスオブウェスタンリザーブ）

放的な性格をもつようになるが、雰囲気を高めるために一方でゆったりとした待合室のように、他方で明るさのあるカフェテリアのような空間のしつらえが重要である。

祈りの間、あるいは瞑想の間は、必要な施設として設けられていることが多い。人種の異なる多彩な人々が住んでいる地域では宗教も多様となるため、キリスト教に帰依していない人たちもここで祈ることができるように、十字架を一時収納するなど多目的に対応している。

v　その他の関連施設

緩和ケアのために必要な医療用・看護用材料、医薬品などのストックは、治療を主とする一般病棟ほどの必要性がないためそう多くはない。

ケルン郊外、ローマーデーセンにあるセントエリザベツホスピスには小さなプールが設けられている。プールで水に浮くことにより身体が動きやすくなり、それによって残存能力が意識されて、少しでも自立しようという意欲が生まれることに意義があるという説明があった。プールの設置は、ほかに2施設でみられた。

その他、車いすでも使える工夫をしたミニキッチン、家族の宿泊室とあわせてトイレ、浴室（シャワー室）、あるいは洗濯機、アイロン台を備えている事例も若干みられた。

(4)　ホスピス・緩和ケアユニットの色彩調整

床面積が小さいなりに、性格の異なる諸室で構成されるホスピス・緩和ケアユニットでは、それぞれにふさわしい色彩調整（カラーコーディネーション）が求められる。色彩は視覚によって捉えられる。そこから聴、触、嗅、味の4感覚へ働きかけ、様々な心理的諸現象を引き起こす。

そうした意味で、調和のとれた色彩の欠落は環境形成をきわめて無味、空虚なものとしてしまう。生涯を閉じようとする人々にとって、その折々にもっとも適した彩を提供する努力を欠かすことはできない。一人ひとりが、自らの生涯を閉じる場としてそれにふさわしい環境をどのように構成しているのか、その重要な要素の一つである色彩をどのように考えたらよいのか。

ホスピスの外観には、いうまでもなく周辺景観との調和が

写真3.50　ドクターミルドレッドシェールハウスのミニチャペル・瞑想室

写真3.51　自立のための自信を少しでも長く持続できるように、伝統あるホスピスに用意されている明るいミニプール（アワレディスホスピス、アイルランド）

写真3.52　ホームライクを実現したホスピスオブウェスタンリザーブの家族用の宿泊室

求められている。それをコンセプトとして、その立地している地域性、その地域の文化に根ざしている独自の色彩、形、建築材によって象徴されるいわゆるバナキュラーの表象としての建築が望まれる。

建物内部についても、バナキュラーを基本としつつ、比較的広い面積をとる床、壁の基調色を統一し、そこにアクセントカラーを上手に導入し、ぬくもりに満ち安心感を抱けるような空間形成が求められる。さらに家具、アート、照明などを包括的に捉えて、調和のとれた美しい空間を創出できれば、いっそう患者の心をなごませることができるだろう。

ことに印象に残った事例として、シュトットガルトホスピスの瞑想の間がある。小さな空間の床に敷かれた暖色のカーペットに、帯状に射し込む自然光が時の移ろいとともに変化し、微妙な陰影を描きだす様は、自らの来し方をかえりみ、自らの行方を思いつづける患者にとって、それ以上の空間は創出しえないと思わせるほど完璧であった。

写真3.53 射し込む光、鉢植えの小木、窓外の景、極上の調和のとれた瞑想空間（シュトットガルトホスピス）

◆参考文献

セントクリストファーホスピス情報部『ホスピスとパリアティブケアのディレクトリー：2007年版』
飯塚眞之『私のホスピス取材旅行—アメリカ・新しい理念との出会い』メディアサイエンス社
高橋泰（国際医療福祉大学）「フランスとの比較から日本の医療制度を考える(5)—フランスの急性期から在宅医療までの概要—」『社会保険旬報』No.2367、2008年10月21日
横川善正『誰も知らないイタリアの小さなホスピス』岩波書店、2005年
小林健一「イタリアのホスピス事情」『病院建築』No.124、1990年

第4章
子どものためのホスピス

4.1　イギリスの小児ホスピス

現代のホスピスケアは、がんの末期患者を対象に始まったものであるが、近年、その理念は他の難病に対しても適用され、後天性免疫不全症候群（AIDS）や神経難病など、治癒の困難な疾患をもつ患者とその家族のケアへと広がりをみせている。その一つに、難治性の疾患により生命に関わる状態にある小児を対象とした小児ホスピスがある。イギリスでは、1982年に世界で最初の小児ホスピスが設立され、その後、イギリス全土に展開している。

著者は、2003年度文部科学省在外研究員（教育内容改善等に関する若手教員等の海外派遣）でイギリスに半年間滞在する機会を得た。その機会を利用して、イギリスの小児ホスピスについて調査を行った。本章では、その調査結果を基に、イギリスにおける小児ホスピスの特徴についてみていこう。

4.1.1　調査の概要

まず、小児ホスピスに関する資料を収集した。既存の施設については、ホスピスの活動を支援している慈善団体ヘルプザホスピス（Help the Hospices）とセントクリストファーホスピス（St. Christopher's Hospice）の共同事業であるホスピスインフォメーション（Hospice Information）が発行している"Hospice Directory 2003"およびACH（The Association of Children's Hospices：小児ホスピス協会）がWebで提供している"Children's Hospice List"を基に、小児ホスピスの所在地、連絡先、サービス内容など[*1]を抽出した。さらに、上記資料を補足するために、各施設が作成しているホームページを参照するとともに、各施設の開設年および新築や改築の状況については施設に電話をして確認を行った。

次に、調査時点（2003年）でイギリス内にある29施設の中から、歴史的な経緯、開設年次を考慮して、もっとも施設数の多いイングランド南東部に調査地域を限定し、承諾の得られた14の施設に訪問調査を実施した。内容は施設管理者へのインタビュー、資料提供[*2]の依頼および施設内視察であ

[*1] 両者のリストに掲載されている施設には若干の相違がみられた。ここでは、一方にのみ掲載されているものも対象とし、施設の内容については直接電話をして確認をした。

[*2] 基本的には、施設のAnnual Report、施設パンフレット、患者統計情報の提供を依頼した。さらに、承諾の得られる場合のみ施設平面図の提供を得た。

る。調査は2003年10月〜12月に実施した。

4.1.2　小児ホスピスの目的

　イギリスで小児ホスピスに取り組んでいる団体ACT（The Association for Children with Life-threatening or Terminal Conditions and their Families：生命に関わる状態あるいは末期的状態にある子どもとその家族のための団体）は、小児の緩和ケアを以下のように定義している。

　「生命に関わる状態あるいは末期的状態にある子どもたちへの緩和ケアは、身体的、情緒的、社会的、精神的な要素を受けとめる積極的で総合的なケアの取り組みである。そのケアは、子どもたちのQOLの向上と家族の支援に目的を定め、苦痛を伴う症状を管理し、休息を提供し、子どもの死と死別までのケアを包含している」

　また、対象となる子どもの年齢は、0〜18歳までとしている。

　前述のACHとACTに加え、成人を対象としたホスピスケアの全国組織であるホスピス・緩和ケア全国協議会（National Council for Hospice and Specialist Palliative Care Service）の3団体が、2001年に共同で"Palliative Care for Children"（小児のための緩和ケア）という小冊子[3]を発行している。それによれば、小児の緩和ケアを計画する際に考慮されるべき点を以下のようにまとめている。

・成人になる前に死を迎えることになる幼年期の身体状況は多様であるが、それらの多くはごく稀なものである。
・遺伝的な原因によって、一家族に複数の罹患した子どもがいるケースもみられる。
・小児の疾患の経過期間は成人とは異なり、緩和ケアが数年間に及ぶ場合もある[4]。
・子どもは、身体的にも情緒的にも認識力においても発達段階にあり、このことが医療的・社会的ニーズと疾患と死に対する子どもたちの理解の両方に影響を及ぼす[5]。
・余命が限られた状況にある子どもたちのケアは、総体的かつ学際的になされるべきである[6]。このことは、幅広いサービスと子どもたちのケアについて教育を受け経験を積

[3] ACT, ACH and National Council for Hospice and Specialist Palliative Care Services：Joint Briefing；Palliative Care for Children, National Council for Hospice and Specialist Palliative Care Services, 2001

[4] 小児ホスピスが対象としている難治性疾患の場合、生命に関わる状態あるいは末期的状態となり緩和ケアが必要になったとしても、症状が安定したり改善することもみられ、病気の進行が予測通りに進まず緩和ケアが数年に及ぶ場合もある。一方、成人のホスピスでは、がんが主な対象疾患であるため、一般的に末期的状態となってからの緩和ケアが提供される期間は長くとも数カ月である。

[5] 医療・社会的ニーズへの影響の例として、身体的な発達段階に応じて医療機器・器具の選定、投薬量の調整が必要となることや、子どもの認識力に応じた治療内容やその治療に伴う行動制限などの説明も必要となることが挙げられる。また、疾患や死に対する理解のためには、子どもたちの感情表現力や認識力に応じた支援が必要になる。

[6] ここでの総体的（holistic）ケアとは、緩和ケアの理念とされる身体的・精神的・社会的・実存的（sprutual）ニーズに対応するケアを意味し、これらのケアは医療者のみならず理学療法士、保育士、音楽療法士、ボランティアなど、多職種から構成される学際的なチームによって提供される。

第4章　子どものためのホスピス

んだ者による技術を必要とする。すべての環境において、子どもたちは子ども中心の環境の中でケアを受けるべきである。
・家族は子どもにとって最良のケア提供者であり、在宅がケアの中心にあるということを認識しておくべきである。サービスは患児の兄弟を含む家族全体を対象に、包括的にフレキシブルに提供されるようにすべきである[*7]。
・緩和ケアは、幅広いサービスと医療・福祉・ボランタリーの各セクターにまたがる組織によって提供される。緊密な連携と効果的なネットワークが不可欠である。
・病気をもった子どもたちへの教育の提供は必要不可欠で、法的な権利を有するものである。しかし、このことはケアの提供に複雑さを加えることになる。
・小児の緩和ケアに関する法制度と政府の主導は、成人の緩和ケアサービスに関するものと同じではない。
・すべてのスタッフは、子どもへのケアの経験とトレーニングを受けるべきである。

以上のように、小児ホスピスは、難治性の疾患をもち成人に比べて長期的な緩和ケアを必要とし、かつ発達過程にある患児とその家族の抱える様々な問題に対して、包括的にかつ柔軟に対応することを目的としている。

4.1.3　小児ホスピス発展の経緯

アームストロング-ダイリー（Armstrong-Dailey）[*8]らによれば、小児のための最初のホスピスケアはアメリカバージニア州で1979年に開設されたエドマークホスピス（Edmarc Hospice）における地域のホスピスホームケアプログラムであるとされている。また、同年にノースバージニアホスピス（North Virginia Hospice）では、成人のホームケアプログラムを基にして小児専用のケアを開発するためのプログラムが提供されている。一方、入院施設をもった最初のホスピスは、1982年にイギリスのオックスフォードに設立されたヘレンハウス（Helen House）である（写真4.1）。ここでは、レスパイトケア[*9]を中心とした入院プログラムの提供を始めてい

[*7] 提供されるサービスは、患児の家族や兄弟へのカウンセリングや死別後の継続的なフォローなど、患児へのケアだけでなく、患児との死別後の家族への対応をも含む包括的なものであるべきとされている。また、個々の家族の抱える個別のニーズにも対応できるような、柔軟性のあるサービスを目指すとしている。

[*8] Armstrong-Dailey, Ann and Goltzer, Sarah Zarbock：Hospice Care for Children, pp.3-5, Oxford University Press, 1993

[*9] Respite Care：患者の家族が、自宅での看護・介護の休息のために患者を入院させるケアのこと。患者の医療的なニーズではなく、家族の休息を主な目的としている。

写真4.1　ヘレンハウス

4.1 イギリスの小児ホスピス

る。成人を対象とした現代的なホスピスであるセントクリストファーホスピス（1967）の15年後にあたる。

イギリスでは、1987年に2番目の小児ホスピス、マーティンハウスチルドレンホスピス（Martin House Children's Hospice）がヨークシャーにつくられ、その後、漸次増加を続けている。図4.1は1982年からの施設数の推移を示している。2003年時点で、29施設214床となっている。施設の建築

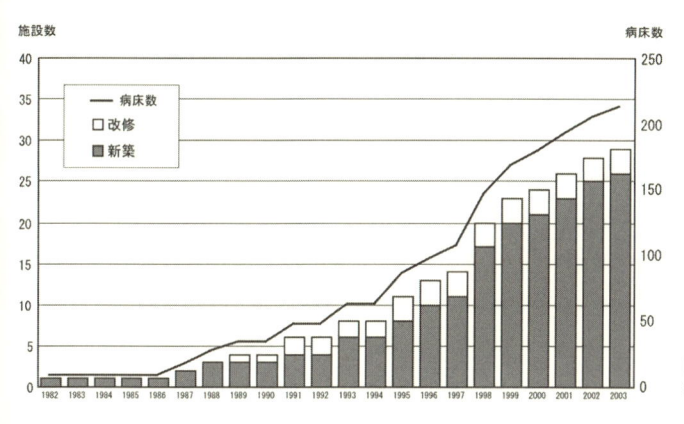

図4.1　小児ホスピス施設数とベッド数の推移

施設一覧表（2003年10月現在）

No.	Name of facility	County	Open	beds	新築/改修
1	Helen House Children's Hospice	OXFORD	1982	8	新築
2	Martin House	West Yorkshire	1987	9	新築
3	Acorns Selly Oak	BIRMINGHAM	1988	10	新築
4	East Anglia's Children's Hospices (Milton)	CAMBRIDGE	1989	7	改修
5	East Anglia's Children's Hospices (Quidenham)	Norfork	1991	6	改修
6	Francis House Children's Hospice	MANCHESTER	1991	7	新築
7	Rainbows Children's Hospice	Leicestershire	1993	8	新築
8	Derian House	Lancashire	1993	9	新築
9	Zoe's Place - Baby Hospice	LIVERPOOL	1995	6	改修
10	Children's Hospice South West	Devon	1995	8	新築
11	Hope House	Shropshire	1995	8	新築
12	Rachel House, CHAS	Perth	1996	8	新築
13	Brian House	BLACKPOOL	1996	4	新築
14	Naomi House, Wessex Children's Hospice Trust	WINCHESTER	1997	10	新築
15	Little Haven Children's Hospice	Essex	1998	9(7)	新築
16	Butterwick House Children's Hospice	STOCKTON ON TEES	1998	4	新築
17	Horizon House	NEWTOWN ABBEY	1998	10	新築
18	Eden Valley Children's Hospice	Cumbria	1998	2	新築
19	Demelza House	Kent	1998	8	新築
20	Claire House	WIRRAL	1998	6	新築
21	The Donna Louise Trust Children's Hospice	Stoke on Trent	1999	8	新築
22	Ty Hafan Children's Hospice	CARDIFF	1999	10	新築
23	East Anglia's Children's Hospices (Ipswich)	Sufolk	1999	4	新築
24	Acorns Walsall	BIRMINGHAM	1999	11	新築
25	Keech Cottage Children's Hospice	LUTON	2000	5	新築
26	CHASE Children's Hospice	GUILDFORD	2001	9	新築
27	St Andrew's Hospice Child and Adolescent Unit	GRIMSBY	2001	4	新築
28	Richard House Children's Hospice	LONDON	2002	8(4)	新築
29	St. Oswald's Children's Unit	Newcastle upon tyne	2003	8	新築
Young Adults' Hospice					
30	Douglas House	OXFORD	2002	8	新築

図4.2　イギリス内小児ホスピス一覧と施設分布（2003年10月）

状況をみると、既存の住宅や施設を改修して使用しているものはわずかに3施設で、26施設は新築である。施設の病床規模は、2床〜11床と小規模な構成で、平均は7.4床である。

現状での施設の分布をみると、ロンドンを含むイングランド南部（6）、中東部（10）、北部（10）、スコットランド（1）、ウェールズ（1）、北アイルランド（1）のように、地域的な偏在がみられる（図4.2）。

4.2 小児ホスピスの現状

4.2.1 施設基準

イギリスにある既存の小児ホスピスは、すべて慈善事業として設立され運営されている。国が定める施設基準のない新たな施設を、自らの提供するケアのあり方に即してつくりあげているのである。しかも、それらを設立するための資金はほとんどが寄付、特に地域住民からの寄付によるものである。即ち、イギリスの小児ホスピスは、地域住民の共感のもとに設立された住民のための施設なのである。地域住民の理念がそのまま具現化されたケア体制と施設環境である。著者はこのような意味からも、イギリスの小児ホスピスの施設の成立ちを建築計画の視点からとりあげる意味があると考えている。

近年になって、イギリス保健省（Department of Health）は、このような非公的な医療提供機関の安全性とケアの質を保証するために、国家ケア基準委員会（NCSC：National Care Standards Commission）を組織し、全国最低基準（NMS：National Minimum Standards）[*10]を定めた。

小児ホスピスに関する基準は、上記NMSのホスピスに関する基準に追加基準として記され、「小児のケアとアセスメント（Assessment and Care of Children）」「小児をケアするスタッフの資格と訓練（Qualifications and Training for Staff Caring for Children）」「小児のケアのための環境（Environment for Care of Children）」の三つに分かれている。施設環境に関する基準はこの三つめに含まれている。注目すべきは、この基準の表題の下に付記される「結果

*10 NMSは、CSA（Care Standards Act 2000）に基づいて定められている。多数あるNMSの中で、ホスピスは「Independent Health Care」の中に位置づけられており、15の項目が設定されている。そのうち、13〜15が小児のホスピスに関する追加基準（Additional Standards for Children's Hospice）となっている。

(Outcome)」に「子どもたちの特別なニーズは、提供される施設・設備によって対応される」とある。即ち、施設環境それ自体が、子どもたちの特別なニーズを解決するケアの一部として位置づけられている。そのほか、特筆すべき箇所を以下に引用する。

「施設は子どもたちのニーズにあったもので、医療的・施設的な環境を最小限にとどめ、家庭的で暖かく迎え入れるしつらえをなす特段の配慮によって、家具などをしつらえ必要な設備を装備する」(ホスピスに関する基準15章1)

「兄弟や患児のケアに携わるすべての親族が利用できる家族の宿泊施設を提供する」(同15章2)

「子どもたちは年齢が近いグループで一緒に、年齢に応じた設備の整った場所でケアされるべきである」(同15章6)

ただし、同基準は2002年4月1日から施行されたもので、本章でとりあげる調査対象施設の多くはこの基準策定以前に設立されており、先駆的な施設の取組みがこれらの基準のベースとなっている。

4.2.2 対象疾患

小児ホスピスを利用する患児の身体状況・疾患については、表4.1に示す四つのグループに分類されている。

Group 1：治癒の見込める治療法がなく生命に関わる身体状況と定義されるグループで、代表的な疾患としてがんがある。

Group 2：早すぎる死が予測されるが、集中的な治療が延命を期待できるかもしれない身体状況と定義されるグループで、デュシェンヌ型筋ジストロフィー、HIVなどが代表的な疾患である。

Group 3：治癒を目的とした治療法がなく、症状を緩和するために行われている行為が数年間にも及ぶことが一般的な進行性の身体状況と定義されるグループで、ムコ多糖症が代表的な疾患である。

Group 4：複数の障害によってもたらされる可逆ではないが非進行性の身体状況。合併症と脆弱性によって早すぎる死が予測されると定義されている。小児の

表4.1　小児ホスピスの対象疾患分類

Group 1	治療処置は可能かもしれないが、失敗することが起こりうる生命に関わる身体状態。緩和ケアは、予後の不確実な期間と治療が失敗したときに必要となる。ここには、長期寛解または治療処置に成功した子どもたちは含まれない。 例）がん、心臓・肝臓・腎臓の不可逆的臓器不全
Group 2	通常の子どもたちの活動への参加は許されつつ、延命を目的とした集中的な治療が長期的になされているが、時期尚早の死が依然として起こりうる身体状態。 例）嚢胞性線維症、デュシェンヌ型筋ジストロフィー、HIV/AIDS
Group 3	根治治療の選択肢がなく、もっぱら症状を緩和するための治療が数年間にも及ぶことが一般的な進行性の身体状況。 例）バッテン病、ムコ多糖症
Group 4	複数の神経障害によって筋力低下や合併症への感受性が促進され、予測不可能に悪化することもあり得るが、通常は進行性とは見なされない身体状況。 例）脳性小児麻痺を含む脳および脊髄の損傷を伴うような重篤な複合障害

出典：小児緩和ケアサービス発展のための指針1997年
(A guide to the development of CHILDREN'S PALLIATIVE CARE SERVICES 1997)

脳性麻痺を含む脳または脊椎の損傷を伴うような重篤な重複障害が代表例として挙げられている。

成人のホスピスが対象としているがんやAIDSに加えて、神経難病や重複障害を包含しているところに特徴がある、患児の余命が限られていることを基準に対象疾患が定められている。

4.2.3　死亡率・有病率

小児ホスピスが対象としている前述の疾患・身体状況の小児は、イギリスではどのくらいの割合で出現しているのか。ACT[*11]によると次のように整理されている。

・1987～1991年の間に行った1～17歳を対象とした死亡率に関する調査では、毎年平均1100人が死亡しており、その内訳は「がんによる死亡が40％、心臓疾患による死亡が20％、他の余命が限られた身体状況による死亡が40％」（ホワイル他、1996）[*12]。

・0～19歳の余命の限られた身体状況にある患児の年間死亡率は、人口1万人に対して1.5～1.9人である[*13]。これらは、前述の四つの疾患・身体状況グループを網羅している。

・地域別のデータによれば、重篤な疾患で余命の限られた身体状況にある小児で緩和ケアを必要とする有病者数は、0～19歳の人口1万人対して少なくとも12人である。

・上記の数値をもとに25万人の医療圏域を想定すると、そ

* 11　ACT and Royal College of Paediatrics and Child Health(RCPCH)：A Guide to the Development of Children's Palliative Care Services, pp.13-14, 1997

* 12　ホワイル(While)らの研究は、1987～1991年の間に1～17歳の小児を対象とした調査（イングランドとウェールズにおけるOPCS死亡統計-1992）を基にしている。
While, A., Citrone, C. & Cornish, J.：A study of the needs and provisions for families caring for children with lifelimiting incurable disorders, Department of Nursing Studies, King's College, London, 1996

* 13　この数字は地域的に幾分相違がある。2001年のデービス(Davies)の調査によれば、南グラモーガンでは人口1万人に対して1.46、一方、2000年のマグワイアー(Maguire)の北アイルランドでの調査では1.92。
Davies, R.E.：Mortality in all children in South Glamorgan 1990-1995, with special reference to life limiting conditions, Welsh Paed J2001；15, pp.31-36, 2001
Maguire, H：Assessment of need of life-limited children in Northern Ireland, Northern Ireland Hospice Children's Service, 2000

図4.3 イギリス東部地域の小児ホスピス分布

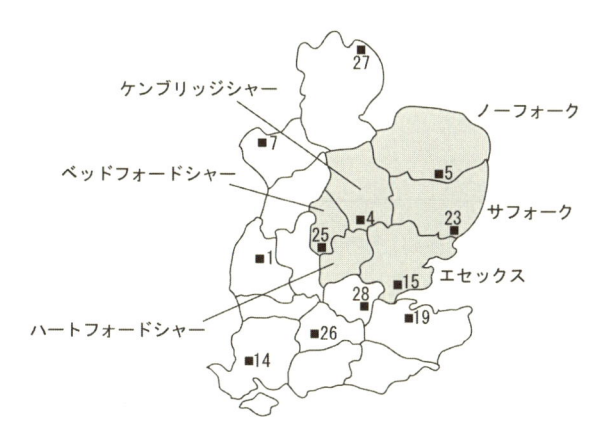

＊図中の数字は図4.2の通しNo.に対応

こには約5万人の小児人口が見込まれる。そして、1年間に8人が余命の限られた身体状況で死亡することになる。8人のうち3人はがん、2人は心臓疾患、3人は他の余命の限られた身体状況によるものと推計される。さらに、60〜85人の小児が余命の限られた身体状況におかれ、その半数がつねに有効な緩和ケアを必要とする状態にあるとされる。

それでは、これらの数字を実際のイギリスの人口にあてはめてみると、どのようになるのであろうか。2002年の人口統計[*14]を用いて、地域別の0〜19歳人口をもとに小児ホスピス対象（有病者）数、緩和ケア必要者数を推計した。イングランド、ウェールズ全体では年間約2000人の死亡者が見込まれ、緩和ケアを必要とする患児は1万5000人と推計される。

さらに、イギリス東部地域に立地する五つの既存施設の利用圏域・年間利用患者数のデータ[*15]をもとに充足関係の試算を行った。前述の推計式にこの地域の人口を代入すると、この地域の2002年の推計緩和ケア必要者数は1588名、推計死亡者数225名となる。一方、五つの既存施設をこの年に利用した年間利用数は445名、死亡者数は68名であった。そのため、このデータでみると推計緩和ケア必要者数の約3割が小児ホスピスを利用していると考えられる。

＊14 高等保健機関(Strategic Health Authorities)によるイングランドおよびウェールズの2002年のデータを用いた。

＊15 ここでは、イギリス東部地域に立地する三つの団体（EACH、SEECH、KEECH）の計5施設の2002年4月1日〜2003年3月31日の施設利用者統計資料を用いている。

4.2.4 小児ホスピスの運営体制

(1) ケアプログラムと運営体制

調査対象施設の施設概要、管理運営体制を表4.2に示す。提供されるケアプログラムは、家族のためのレスパイトケアが中心となっている。家族が休息をとるための短期的な入院がもっとも多い。そのため1回の平均滞在日数は、5日以内の施設が75%を占めている。

現状では利用圏域が広く、登録者数が1ベッドあたり最大で31人、平均19人となっている。そのため施設によっては、通常のレスパイトケアに年間利用割当日数を設定する施設もある。ただし、緊急時とターミナル時は適応外としていた。

半数の施設は在宅ケアチームをもつが、もたない施設は地域の訪問看護チームとの連携をとっている。デイケアは8施設で行っており、送迎用の専用バスを用意している施設もみられた。死別後の家族ケア(Bereavement Care)も、小児ホスピスが提供するケアの一つとして位置づけられている。

すべての施設で特殊治療として音楽療法、プレイセラピー、多感覚応用療法(Multisensory Therapy)を行っており、それらに対応した諸室が設けられている。また、水治療用の大型プールやジャグジーを設置する施設もみられた。家族室はどの施設でも複数設置され、もっとも多い施設では、通常病室と同数の家族室が用意されていた。

対象施設は、すべて民間のボランティア組織によって設立・運営されている。NHSからの運営補助を得ている施設

写真4.2 送迎用ワゴン車(デメルザホスピス)

表4.2 小児ホスピスの施設概要、管理運営実態(2003年調査時)

施設No.	No.	A	B	C	D	E	F	G	H	I	J	K	L	M	N
地域	Region	South	South	South	Eastern	Eastern	Eastern	South	London	Southwest	Midlands	Midlands	Midlands	Eastern	Eastern
開設年	Open	1982	2001	1998	1989	2000	1991	1996	2002	1995	1995	1988	1999	1998	1994
病床数	Total Beds	8	9	8	7	5	6	10	8(4)	8	8	10	11	9(7)	8
通常ベッド	General Beds*	6	8	7	6	4	5	9	8(4)	6	8	8+(G.B 1)	9+(G.B 1)	6	7
緊急用ベッド	Emergency Beds**	2	1	1	1	1	1	1	0	2	2(FRs)				
建物	Building***	PB	PB	PB	R	PB	R	PB	PB	PB	PB	PB	R	PB	PB
ケア	Inpatient Care	○	○	○	○	○	○	○	○	○	○	○	○	○	○
Care	Respite Care	○	○	○	○	○	○	○	○	○	○	○	○	○	○
	Home Care			○		○	○	○				○		○	
	Day Care		○	○	○		○	○	○		○	○			
	Bereavement Care	○	○	○	○	○	○	○	○	○	○	○	○	○	○
特殊治療	Music Therapy	○	○	○	○	○	○	○	○	○	○	○	○	○	○
Therapy	Play Therapy	○	○	○	○	○	○	○	○	○	○	○	○	○	○
	Hydro Therapy														
	Multi-sensory Therapy	○	○	○	○	○	○	○	○	○	○	○	○	○	○
年間利用割当(日/年)	Allocation	N.A.	28	21	25	No	25	14	12–14	No	No	No	No	No	No
病床稼働率	Occupancy Rate at one time	80%	95%	80–90%	85%	85%	65–85%	70%	85–90%	80%	92–96%	75%	75–85%	45–64%	78%
平均滞在日数(日/回)	Average Length of stay	N.A.	3	2–3	4	4	4–5	4	4	4–5	6	4–8	3–5	2–22	5–6
登録患者数	Registered Patients	150	160	250	90	110	90	140	85	175	180	250		150	132
NHS運営費補助	Operation grant from the NHS	0%	0%	0%	15%	5%	7–10%	0%	0%	6%	10%	10%	10%	7%	5.9%
ケア基準	National Care Standards	N.A.	○	N.A.	○	○	○	○	○	○	○	○	○	○	○
家族室数	Number of Family rooms	4	8	6	4	5	2	5	2	6	5	3	3	8	4
置安+家族室	Family Suite	0	2	1	1	0	2	1	1	1	1	1	1	1	1
利用圏域	Catchment Area	Thames Valley National	SW London, Surrey, West Sussex	Kent, Sussex, SE London	Cambridge, Suffolk, Norfolk, N.E.Herts, N.Essex	Bedfordshire, Hertfordshire	East Anglia, Norfolk, S.Lincs, N.Suffolk	Dorset, Hampshire, Isle of Wight, Surrey, West Sussex, Brekshire, whiltshire	North,East,Central London	Southwest, Devon, Cornwall, somerset(N.E. & N.W.), Bath, Bristol, S.Groustershire	Cheshire, Shropshire, North & Middle Walse	West Midlands	West Midlands	Essex	East Midland

*G.B:Gohome Bed **FR:Family Room ***PB:PurposeBuilt R:Refurbishment

表4.3 小児ホスピスの施設人員構成（2003年調査時）

No.	職員	Staffs	B Full	B Part	D Full	D Part	E Full	E Part	F Full	F Part	G Full	G Part	H Full	H Part	I Full	I Part	J Full	J Part	K Full	K Part	L Full	L Part	M Full	M Part	N Full	N Part
	施設No. 稼働病床数(Beds)		9		7		5		6		10		4		8		8		10		11		7		8	
1	医師	Doctors		5		3	1	1		5				5		4		5		3		1		2		1
2	看護師長	Chief Nurses	1		1		1		3		1		1		5		2		1		1		3		1		
3	看護師	Registered Nurses	10		12.3		10		30		16		7	8	12	5	9	11	11	14	18		12	4	9	
4	看護助手	Assistant Nurses	4						20		17						4	3							8	
5	介護スタッフ	Care Workers	23		12.3		10		20				9	7	12	6			5	6	19		5		*3	
6	在宅看護師	HomeCare Nurses	6		2		2	2													4				4	
7	ソーシャルワーカー	Social Workers	1		6		1		3				1				7	2			3		2			
8	心理学者/カウンセラー	Psychologists/Counsellors	1		*1				1						*2		3				1					
9	悲嘆カウンセラー	Grief Counsellors											1				2		1							
10	作業療法士	Occupational Therapists (OT)	1								1															
11	理学療法士	Physio Therapists (PT)		1			1										1			1		1		1		
12	言語療法士	Speech Therapists (ST)																								
13	音楽療法士	Music Therapists		1					1		1				1						1					1
14	プレイセラピスト	Play Specialist			1.7		1			2					1	2		1			1		5		*4	
15	教師	Teachers											1	1					1				4			
16	宗教家	Person of religion		1		1																1					
17	事務員	Administrators		3			1		14				2	4	2		2		2		5		5		3	
18	死別後のコーディネーター	Bereavement Coordinator		1	*1				1						1										1	
19	ボランティア	Volunteers	150						600		130				30				250				350			110
20	ボランティアマネージャー	Volunteer Manager	1																							
	1ベッド当たりの医師数		0.6		0.4		0.2	0.2			0.8				1.3		0.5		0.6		0.3		0.1		0.3		0.1
	1ベッド当たりのケアスタッフ数 (No.2～5の合計)		4.2		3.7		4.2		12.2		3.4		4.3	3.8	3.6	1.5	1.9	1.8	1.7	2.0	3.5		2.9	0.6	2.3	

<注> Full : Full time worker　Part : Part time worker　*1：ソーシャルワーカーが兼務　*2：外部組織と契約　*3：看護助手と兼務　*4：看護助手・介護スタッフが兼務

は8施設のみで、その値は最大でも15％にとどまっている。

(2) スタッフ構成

調査対象施設の中で、スタッフ構成に関する資料が得られた12施設の概要を表4.3に示す。常勤の医師を配置している施設は1施設のみで、それ以外の施設では非常勤や地域の医師との連携で対応している。一方、看護・介護スタッフは、常勤で1.7人／床～12.2人／床（平均4.0人／床）を配置している。コ・メディカルのスタッフについては、施設ごとに構成が異なっている。利用者のニーズに対応できるスタッフがいない場合は、地域の医療施設・教育施設やボランティアからの支援を受けている。

また、調査対象の小児ホスピスでは、小児の緩和ケアに関する普及・啓蒙活動を積極的に行っており、地域内の医療者・看護者への研修やボランティア講座を開催している。

写真4.3　音楽療法士（クイドゥナムホスピス）

4.3 小児ホスピスの建築的特徴

4.3.1 平面類型

施設平面図の提供を受けた9施設について、平面構成を大別すると「中廊下型」「分節型」「中庭型」の三つに分類できた（図4.4）。中廊下型は、直線または曲線状の廊下の両側に諸室を配置するタイプ。利用者の居室は南側に配置され、北

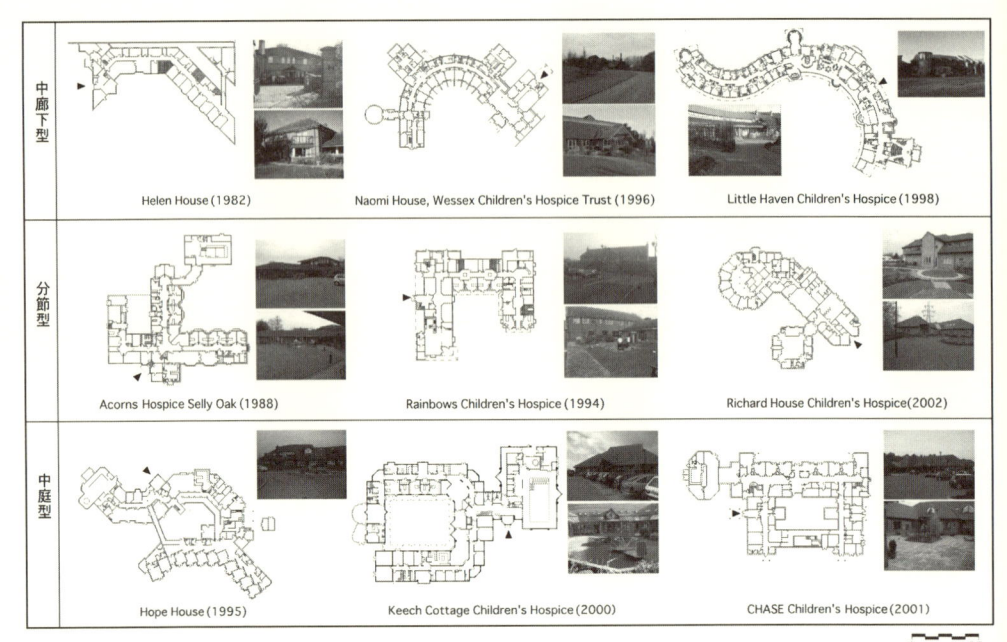

図4.4 平面分類別施設平面図と外観写真

側にはスタッフ関連諸室が配置されている。分節型は、内部廊下を分節させて、いくつかの諸室群を構成するタイプである。エントランス付近にスタッフ関連諸室群を設け、居室や浴室などをまとめて配置している。2002年に建設されたリチャードハウスチルドレンホスピス（Richard House Children's Hospice）では、デイケア部門の独立性を高めた配置となっている。中庭型は、中庭を中心に諸室を構成するタイプである。中庭との関係でみると、中庭を取り囲む回廊を設置する、居室が中庭に面する、光庭のように観賞用として中庭を設けるタイプがみられた。

4.3.2 平面構成

2001年に開設したチェイスチルドレンズホスピス（CHASE Children's Hospice）の平面図並びに平面構成図を事例として示す（図4.5、6）。諸室群は、居室、家族、共用・学習、治療・浴室、霊安室・聖所、スタッフ諸室の六つのグループに分類できる。居室や共用・学習室は、車いすでの移動を考慮して接地階に配置する構成がみられる一方、家族室は家族の

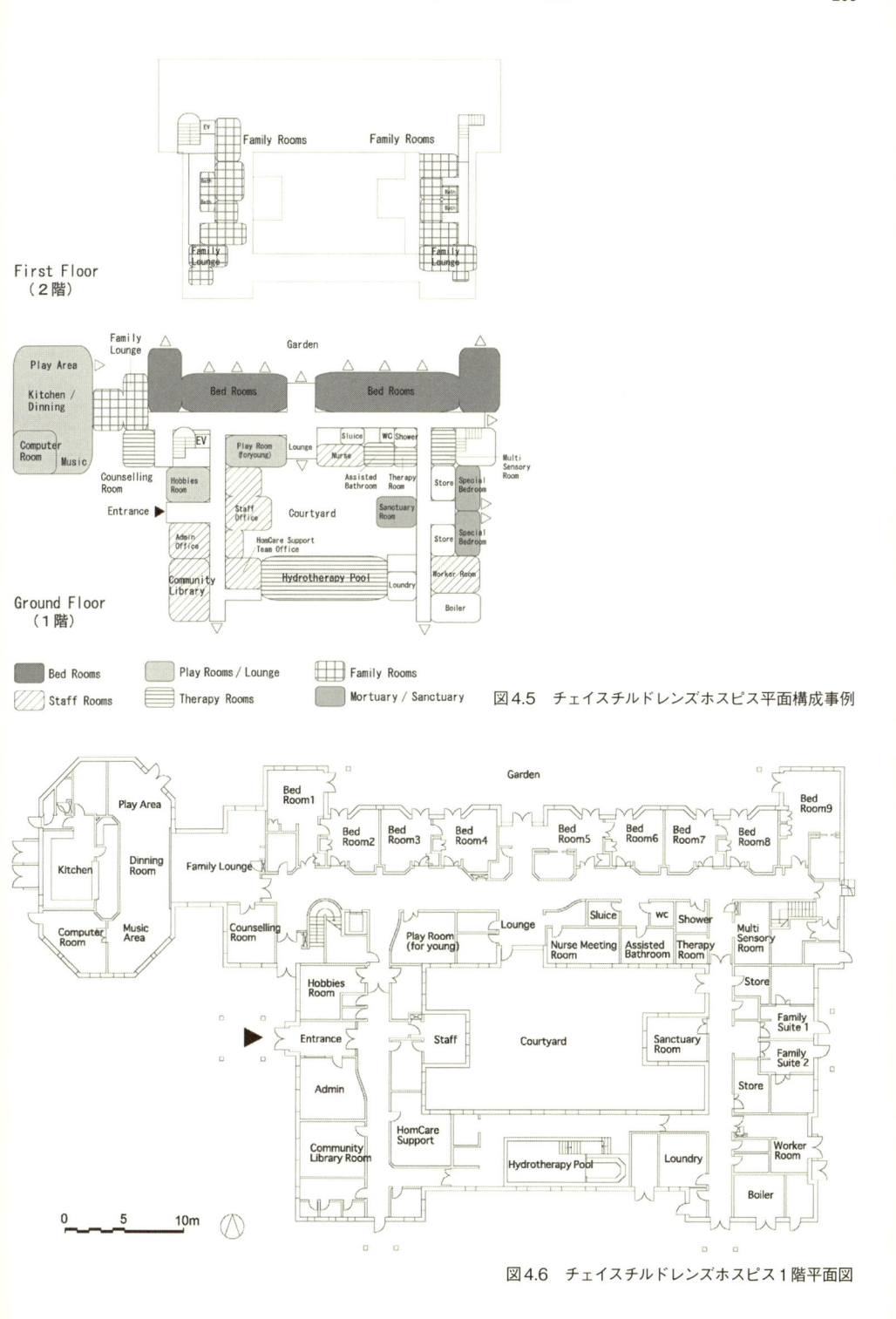

4.3 小児ホスピスの建築的特徴

First Floor（2階）

Ground Floor（1階）

凡例:
- Bed Rooms
- Play Rooms / Lounge
- Family Rooms
- Staff Rooms
- Therapy Rooms
- Mortuary / Sanctuary

図4.5　チェイスチルドレンズホスピス平面構成事例

図4.6　チェイスチルドレンズホスピス1階平面図

休息を考慮して2階に設けられる例が多い。また、患児の死亡後も家族が一定期間過ごせるように、特別な霊安室を落ち着いた場所に設ける配慮もみられた。スタッフ研修のための諸室（会議室・研修室・研修者用ラウンジなど）は、患児・家族の生活グループのゾーンとは分離している。

写真4.4　チェイスチルドレンズホスピス外観

4.3.3　面積構成

施設から提供された平面図の中で、縮尺が明記されている6施設を対象に諸室の面積を計測した[*16]。前述の六つのグループ別の面積を表4.4に示す。延床面積は1410㎡～3014㎡と幅がある。1床あたりに換算すると135～603㎡/床（平均175㎡/床）である。K施設は、大型プールを設置し、隣

表4.4　諸室グループ別面積（6事例）　　　　　　　　　　　　　　　　　　　　　　　　　　　（㎡）

施設	Beds	開設年	居室	家族	共用・学習	治療・浴室	聖所	スタッフ	廊下	合計	合計/Beds
H	8	1982	137	153	101	108	17	329	239	1,084	135
M	9	1987	191	220	189	79	20	270	442	1,410	157
L	9	1998	159	221	201	104	32	534	526	1,778	198
C	9	2001	239	142	301	148	72	369	432	1,702	189
R	8	2002	125	101	363	119	20	638	225	1,591	199
K	5	2000	116	327	508	571	95	758	639	3,014	603

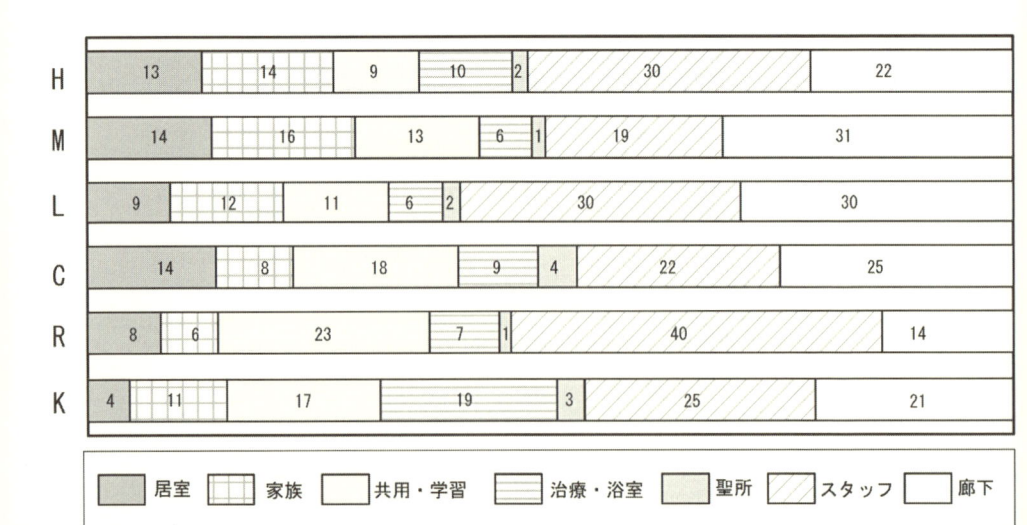

施設	居室	家族	共用・学習	治療・浴室	聖所	スタッフ	廊下
H	13	14	9	10	2	30	22
M	14	16	13	6	1	19	31
L	9	12	11	6	2	30	30
C	14	8	18	9	4	22	25
R	8	6	23	7	1	40	14
K	4	11	17	19	3	25	21

図4.7　諸室グループ別面積構成比率（6事例）

接する成人のホスピスと諸室を共有しているため、他の施設の約2倍の床面積となっている。居室の面積をみると、1ベッドあたり平均約20㎡/床で計画されている。グループ別の面積構成比率（図4.7）をみると、居室の割合は4〜14%（平均10%）を占めている。同様に家族室は6〜16%（同11%）を占めている。また、共用・学習は9〜23%（同15%）の値を示し、施設内での学習や交流のための空間も重視していることがわかる。スタッフ諸室は19〜40%（同28%）であった。

＊16 提供された図面の縮尺は統一されていない。そのため本分析では厳密な計測精度を求めず、小児ホスピスの面積配分の概略を捉えるためのものとする。

4.3.4　諸室構成・設備

訪問調査で得られた諸室計画のコンセプトと利用状況をもとに、各グループを構成する所用室・空間と、それらに求められている計画上の配慮・留意事項および参考事例（平面図）をまとめて表4.5に示す。

(1) 居　室

居室は原則としてすべて個室で構成されている。スタッフが複数の子どもたちを同時に観察できるためにつくられた大部屋はない。個室であっても十分に目の行き届くようにスタッフの人数を確保し、子どもと家族の尊厳を守ることのできる環境を提供している。

居室内にはベッド、床頭台、洗面設備の他に、家族が利用するソファーや学習机などを設置するスペースがとられている。

兄弟が同時に利用することも想定し、個室間に専用扉を設けた連結個室を用意している施設もみられた（表4.6）。

ベッドは、患児の年齢や身体特性に応じて多種の選択肢が用意されている。乳幼児用のサークルベッドは、柵の部分にクッション性のある素材を用いたり、エアマットを折り返すようにして使用している例もみられた（表4.6事例写真）。

ベッドから車いすやストレッチャーへの移動時に、姿勢を安定し介助者の負担を軽減するために、居室の天井に移動補助具を設置している。イギリスではこの装置をホイスト（hoist）と呼んでいる（表4.6事例写真）。チェイスホスピスの一室では、居室と隣接する浴室とがホイストのレールで結

表4.5 小児ホスピスの諸室グループ別所用室と空間計画上の配慮・留意事項

グループ	所要室・空間	計画上の配慮・留意事項	事例平面図
居室・病室 Bed Room	小児用居室 連結室 （きょうだい用）	・原則個室で構成 ・身体寸法と介助に応じたベッド ・移動介助のための補助具 ・外部（庭）に出るための扉 ・付き添い者用のソファ ・医療・介護用品収納庫 ・身体機能に応じた設備（NC等） ・学習机・道具収納 ・電動車いすの動作寸法	隣接する居室間に扉を設けた事例（C.）
家族 Family	家族室 浴室付家族室 浴室* 家族ラウンジ 家族用キッチン 家族用喫煙室	・家族用宿泊室・ラウンジ・キッチンをまとめて配置 ・患児のきょうだいの利用も考慮 ・家族の休息（レスパイトケア） ・家族用浴室・洗面設備 ・家族の喫煙ニーズへの対応	家族室（計8室）を2階にもつ事例（L.H.）
共用 Common	キッチン 食堂 ラウンジ	・可能な限り全員で食事（教育指導） ・食事を楽しむ ・患児間の交流 ・家族間の交流	食堂とラウンジを近接させた事例（L.H.）
遊び Play	プレイルーム 幼児用プレイルーム プレイエリア テレビ・ビデオ室	・成長段階に応じた遊び ・幼児と学童を分離（遊びの種別） ・遊びの種類と設備（給排水・防音） ・見守りやすさと安全性 ・自然環境・外部環境の活用	
教育・情報 Education Computer	音楽室 図書室 工作室 コンピュータ室 教育情報センター	・基礎的な教育環境整備 ・学習内容とスタッフ配置に対応 ・作業内容に対応した設備 ・学習教材の保管場所確保	遊びコーナー・音楽室の事例（L.H.）
治療・入浴 Therapy Bath	感覚療法室 理学療法室 ジャグジー 水治療室 介助浴室	・水治療対応のプール・ジャグジー ・車いすでの利用に対応 ・移動介助のための補助具 ・家族の同時利用も考慮 ・感覚療法に対応	車椅子対応のジャグジー・プール（A.S.O.）
霊安・聖所 Mortuary	霊安室 特別室 チャペル 黙想室（多文化）	・遺体の安置（長時間対応） ・家族へのケア ・家族が死を受容するための支援環境 ・多様な宗教への対応 ・お別れ会 ・霊柩車（ワゴン）用出入口 ・死別後のケア環境	チャペルに近接した特別室・霊安室（N.H.）
スタッフ Staff	受付・事務室 スタッフステーション スタッフ用トイレ 洗濯室 倉庫・修繕室	・スタッフ構成に対応した諸室 ・スタッフ間の連携・専門性への配慮 ・居室ゾーン内にスタッフコーナー ・医療・看護・介護物品の配置 ・家族との面談スペース ・介助用機器の保管場所確保 ・メンテナンス物品等保管倉庫	居室群の中にあるスタッフコーナー（K.C.）
屋外・庭 Exterior Garden	遊技場 中庭パティオ Memorial Garden 駐車場 車寄せ（出入口）	・子どもの遊び庭 ・中から眺める庭 ・家族を癒す庭（Memorial Garden） ・駐車場（家族用・スタッフ用） ・車いす利用に対応（遊具・通路） ・車いす対応の車寄せ（出入口）	性格の異なる庭を配置した事例（N.H.）

(C.) CHASE
(L.H.) Little Haven
(A.S.O.) Acorns Selly Oak
(K.C.) Keech Cottage
(N.H.) Naomi House

4.3 小児ホスピスの建築的特徴

表4.6 居室・病室

グループ	所要室・空間	計画上の配慮・留意事項	事例平面図
居室・病室 Bed Room	小児用居室 連結室 （きょうだい用）	・原則個室で構成 ・身体寸法と介助に応じたベッド ・移動介助のための補助具 ・外部（庭）に出るための扉 ・付き添い者用のソファ ・医療・介護用品収納庫 ・身体機能に応じた設備（NC等） ・学習机・遊具収納 ・電動車いすの動作寸法	Bed Room 1　Bed Room 2 隣接する居室間に扉を設けた事例（C.）

事例写真					
収納家具と隣室への扉 (CHASE)	天井の移動介助補助具 (Little Haven)	身体特性への配慮 (Demelza House)	庭に出るための扉 (CHASE)	身体機能に応じたリモコン (CHASE)	

ばれており、移動時の姿勢の安定を図っていた。近年、学齢期の利用者で、身体の大きな患児への対応が必要となっているためである。

　庭など屋外空間に出るための扉を設け、車いすやベッドのままで屋外に出ることができるしつらえを提供していた。車いすは、患児が自ら操作できる電動式のタイプが多く利用されていた。これらは通常の手動式のものよりも大型になり、ベッドへの移乗介助や車いすが回転できる動作領域を確保する必要がある。

　照明器具は、間接照明やペンダントライトなどの局所照明が用いられ、ベッドに寝ている状態でまぶしくないように工夫されている。空調の吹出し口も、気流がベッドに直接あたらないような位置に設置されている。身体的な障害をもつ患児への対応として、ナースコール、各種スイッチの工夫がみられた。チェイスホスピスでは、室内照明やテレビのリモコンを一元的に管理できるリモコン装置を導入していた（表4.6事例写真）。

　居室内に設置される収納家具には、日常生活用品・衣類な

どの収納棚のほかに、医療用の物品棚を設置している施設もみられた。壁面収納家具をつくり込むものや家具を組み合わせたところもある。学齢期の子どもが利用している居室では、コンピュータやオーディオ機器を持ち込んでいた。

特別な個室を除き、トイレを居室内に設ける施設は少なく、居室群に隣接した場所に車いす対応の大きめのトイレを設置するのが主流であった。乳幼児はオムツや小型ポータブルトイレ（おまる）を利用し、学齢期対応の個室であっても室内に小型のトイレを設置するよりも、排泄の介助が容易な大きめの共用トイレを設置していた。

（2）家族室

家族室はどの施設でも複数設置され、もっとも多い施設では子どもの居室と同数の家族室が用意されていた。同室は家族の休息を考慮して、居室から離れた位置に設けられている。2階に家族専用のラウンジやキッチンをまとめて配置する施設が10事例あった。このような配置について施設管理者は「施設をはじめて利用する家族にとって、子どもの世話をすべてスタッフに任せることには抵抗がある。子どもをスタッフに委ね、安心して休息をとるための最初のプロセスとして必要な距離になっている」と説明している。

表4.7 家族室

グループ	所要室・空間	計画上の配慮・留意事項	事例平面図
家族 Family	家族室 浴室付家族室 浴室* 家族ラウンジ 家族用キッチン 家族用喫煙室	・家族用宿泊室・ラウンジ・キッチンをまとめて配置 ・患児のきょうだいの利用も考慮 ・家族の休息（レスパイトケア） ・家族用浴室・洗面設備 ・家族の喫煙ニーズへの対応	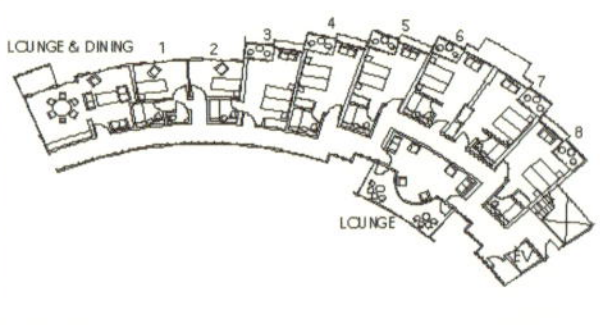 家族室（計8室）を2階にもつ事例（L.H.）

事例写真

|  家族室
(Little Haven) |  家族用ラウンジ
(Little Haven) |  家族用ラウンジ
(Richard House) |  家族用ラウンジ
(Hope House) |  家族室
(Hope House) |

(3) 共用・学習室

　このグループは、共用、遊び、教育・情報の三つの要素からなる。成長段階にある患児にとって、共用空間での他者との交わりは重要な意味をもつ。

　共用空間として、ほとんどの施設で食堂を設置している。そこでの食事は、教育的な観点から可能な限り利用者全員でとる方針を定めている。そして、食堂に隣接するラウンジを家族同士の交流のために設けている（表4.7事例写真）。

　遊び場は、乳幼児期、学童期、思春期の各年齢期に応じて複数用意され、安全性と見守りやすさについて特に配慮を必要としている。乳幼児のためのボールプールや柔らかい遊具を配置したプレイコーナー、高学年の子どもたちのためのコンピュータゲームやオーディオ機器をまとめたプレイルームを離れた位置に設置する例が多い。

　学習は、発達段階や身体特性に応じたコミュニケーションや学習支援が必要となるため、集団的な指導ではなく、個別の対応をとっている。施設によっては、防音設備の整った音楽室を設置し、音楽療法士による専門的なプログラムを提供しているところもある。

(4) 治療・浴室

　特殊治療として、音楽療法、プレイセラピー、多感覚療法を行っており、それらに対応した諸室[*17]が設けられている。また、水治療用の大型プールやジャグジーを設置する施設が11事例みられた。

(5) 霊安室・聖所

　子どもの死亡後、家族が子どもの死を受け入れるまで一定期間過ごせるように、遺体を安置した部屋全体を冷却できる霊安室と隣接して、落ち着いた場所に家族室を設けている。イギリスの小児ホスピスでは、こうした諸室をファミリースウィート（Family Suite）と呼んでいる。

　半数の施設でチャペルや黙想室を設けているが、特定の宗教に限定することなく、多様な信仰形態に対応できるしつらえを採用している。

[*17] この多感覚療法を、重度知的障害者を対象に感覚刺激空間を用いて最適な余暇やリラクゼーション活動を提供する療法として「スヌーズレン（Snoezelen）」と呼ぶ団体もある。

表4.8 共用・学習室

グループ	所要室・空間	計画上の配慮・留意事項	事例平面図
共用 Common	キッチン 食堂 ラウンジ	・可能な限り全員で食事（教育指導） ・食事を楽しむ ・患児間の交流 ・家族間の交流	食堂とラウンジを近接させた事例 (L.H.)
遊び Play	プレイルーム 幼児用プレイルーム プレイエリア テレビ・ビデオ室	・成長段階に応じた遊び ・幼児と学童を分離（遊びの種別） ・遊びの種類と設備（給排水・防音） ・見守りやすさ安全性 ・自然環境・外部環境の活用	遊びコーナー・音楽室の事例 (L.H.)
教育・情報 Education Computer	音楽室 図書室 工作室 コンピュータ室 教育情報センター	・基礎的な教育環境整備 ・学習内容とスタッフ配置に対応 ・作業内容に対応した設備 ・学習教材の保管場所確保	

事例写真

- キッチンに隣接した食堂 (Helen House)
- ラウンジに隣接する食堂 (Naomi House)
- 暖炉のあるラウンジ (Little Bridge)
- 食堂 (Little Haven)
- オープンカウンターキッチン (CHASE)
- 幼児用プレイルーム (Little Haven)
- 学童用プレイルーム (Acorns Walsall)
- 高学年用プレイルーム (Demelza House)
- 学童用プレイルーム (CHASE)
- 高学年用プレイルーム (Hope House)
- 楽器コーナー (CHASE)
- 音楽室 (Keech)
- 音楽・集会室 (Little Bridge)
- チャペル・音楽室 (Little Haven)
- 学童用プレイルーム (CHASE)

4.3 小児ホスピスの建築的特徴

表4.9 治療・浴室

グループ	所要室・空間	計画上の配慮・留意事項	事例平面図
治療・入浴 Therapy Bath	感覚療法室 理学療法室 ジャグジー 水治療室 介助浴室	・水治療対応のプール・ジャグジー ・車いすでの利用に対応 ・移動介助のための補助具 ・家族の同時利用も考慮 ・感覚療法に対応	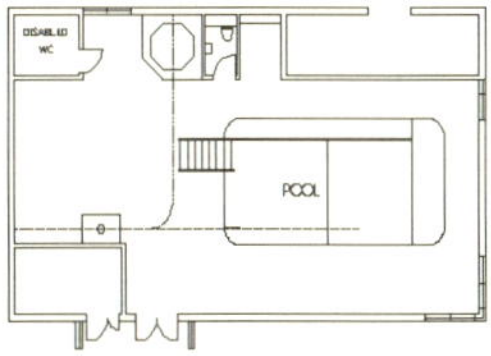 車椅子対応のジャグジー・プール (A.S.O.)

事例写真

- 車椅子対応プール (Acorns Selly Oak)
- 移動補助具付きジャグジー (Little Bridge)
- 感覚療法室 (Rainbows House)
- 車椅子対応プール (Naomi House)
- 車椅子対応プール (CHASE)

表4.10 霊安室・聖所

グループ	所要室・空間	計画上の配慮・留意事項	事例平面図
霊安・聖所 Mortury	霊安室 特別室 チャペル 黙想室（多文化）	・遺体の安置（長時間対応） ・家族へのケア ・家族が死を受容するための支援環境 ・多様な宗教への対応 ・お別れ会 ・霊柩車（ワゴン）用出入口 ・死別後のケア環境	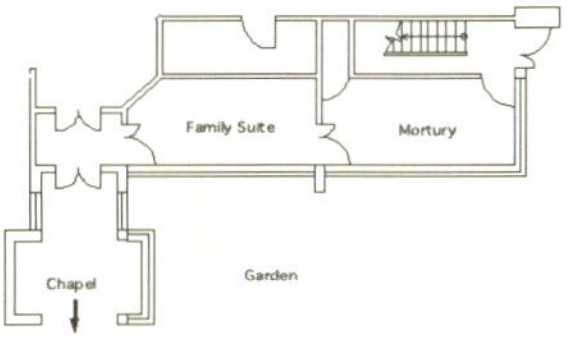 チャペルに近接した特別室・霊安室 (N.H.)

事例写真

- FamilySuite 家族室 (Naomi House)
- 冷却用空調付き霊安室 (Naomi House)
- FamilySuite (Rainbows House)
- Chapel (CHASE)
- 霊安室専用出入口 (Keech Cottage)

表4.11 スタッフ諸室

グループ	所要室・空間	計画上の配慮・留意事項	事例平面図
スタッフ Staff	受付・事務室 スタッフステーション スタッフ用トイレ 洗濯室 倉庫・修繕室	・スタッフ構成に対応した諸室 ・スタッフ間の連携・専門性への配慮 ・居室ゾーン内にスタッフコーナー ・医療・看護・介護物品の配置 ・家族との面談スペース ・介助用機器の保管場所確保 ・メンテナンス物品等保管倉庫	居室群の中にあるスタッフコーナー (K.C.)

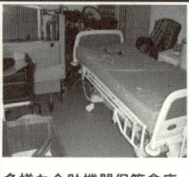

事例写真

| スタッフコーナー
(Keech Cottage) | スタッフルーム
(Little Haven) | スタッフ用モニター
(CHASE) | 多様な介助機器保管倉庫
(Keech Cottage) | 移動介助機
(Keech Cottage) |

(6) スタッフ諸室

　居室群の中に設けられるスタッフ室は、医療施設の病棟ナースステーションのようなオープンカウンターではなく、一つの部屋として設けられている。チームを構成する専門性とチーム内の連携のための配慮が求められている。

(7) 屋外空間・庭

　屋外空間には、車いすのまま利用できるブランコなどの遊具を配置した庭、室内からの眺めを重視した庭、ファミリースウィートに隣接した専用の庭など、用途や諸室との関係を考慮しながら計画されている。

　子どもとの死別後、遺族ケアを目的としたメモリアルガーデン（Memorial Garden）を設ける施設も5事例みられた。メモリアルガーデンには小川が流れ、流れの中に亡くなった子どもの名前が刻まれた石が置かれている。ケアスタッフは、遺族と一緒にこの水面に向かい、家族が子どもの死を受け入れられるように語りかける。兄弟を亡くした子どもの中には、自分が病気にかかることなく生きていることを責め苦しんでいることもあるという。悲嘆にくれる家族の気持ちに寄り添い、支え続けるためにこの庭がある。

表4.12 屋外・庭

グループ	所要室・空間	計画上の配慮・留意事項	事例平面図
屋外・庭 Exterior Garden	遊技場 中庭パティオ Memorial Garden 駐車場 車寄せ（出入口）	・子どもの遊ぶ庭 ・中から眺める庭 ・家族を癒す庭（Memorial Garden） ・駐車場（家族用・スタッフ用） ・車いす利用に対応（遊具・通路） ・車いす対応の車寄せ（出入口）	性格の異なる庭を配置した事例 (N.H.)

事例写真

| 遊具を配置した庭
(CHASE) | Family Suiteの前庭
(Naomi House) | Memorial Garden
(Naomi House) | 遊具を配置した庭
(Milton) | Memorial Garden
(Acorns Walsall) |

　患児たちの来訪手段は、車いすのまま乗降できる専用自動車が主体であり、施設エントランスの車寄せと家族やスタッフのための駐車場の確保は必須の計画要件となっている。

4.4　子どもと家族のニーズに即した支援体制

4.4.1　役割と現状

　イギリスの小児ホスピスが提供している緩和ケアは、現代の医療では治癒が困難とされる疾患に罹患し、余命が限られた身体状況にある子どもとその家族を支援する総合的なケアプログラムである。小児ホスピス関連3団体が小冊子で示しているように、対象年齢は0～18歳とされ、乳幼児期、学童期、思春期の各年齢期に応じたコミュニケーションや学習支援が必要となる。ケアプログラムの中では、家族が子どもたちにとって最良のケア提供者であり、在宅での生活を中心に据えている。施設は、そうした家族に休息を与え、子どもたちの在宅生活を補完する役割を担っている。既存の29施設は、すべて慈善事業として設立・運営されていた。イギリス東部地域における2002年の既存施設の利用者データを用いた試算からは、推計緩和ケア必要者数の約3割を既存の小児ホスピスでケアしていることが示された。

4.4.2 運営体制

　施設で提供されるケアは、家族のためのレスパイトケアが中心であり、平均滞在日数は5日以内の施設が75％を占めている。調査対象施設の半数は、在宅ケアを提供し、2/3の施設ではデイケアを提供していた。死別後の家族のケアもすべての施設で提供され、小児ホスピスが提供するケアの一つとして位置づけられていた。成長・発達段階にある子ども特有の問題に対し、多職種の専門スタッフでチームを構成している。看護・介護スタッフは、常勤で1.7人／床を配置し、コ・メディカルスタッフについては、地域の医療施設や教育施設、ボランティア団体からの支援も受けている。

4.4.3　建築的特徴

　施設を構成する諸室群は、居室、家族室、共用・学習室、治療・浴室、霊安室・聖所、スタッフ諸室の六つのグループに分類できた。各グループの面積配分からは、居室（平均10％）、家族室（11％）に比べ、共用諸室（15％）の割合が高く、施設内での生活・学習・交流の場を重視していることがわかる。施設は平屋もしくは2階建てで建築され、延床面積は平均175㎡／床で計画されている。居室の面積は平均約20㎡であった。居室には、利用者の身体的特性に対応した設備・機器が使用できるような工夫がなされ、兄弟での利用を想定した連結室などの計画上の配慮がみられた。家族のための諸室も居室と同程度の面積を占めている。家族室には、在宅療養を続ける家族が施設をはじめて利用する際の不安を考慮し、段階的な施設利用が可能となるように居室から少し離れた位置に設ける、居室と同数の家族室を用意するなどの配慮がなされている。

4.4.4　イギリスの小児ホスピスから学ぶこと

　イギリスの小児ホスピスは、国や自治体が提供する公的なサービスではなく、民間のボランティア組織による慈善事業として展開されている。イギリスには、NHS（National Health Service）という租税を財源に医療サービスを無料で提供する医療保障制度があるが、小児ホスピスはこの制度の

枠の外にある。今回の調査では、NHSからの運営費援助を受けている施設は8施設あったが、最大でも年間運営費の15％にとどまっている。このように制度から独立した体制が、小児ホスピスの柔軟なケア提供の仕組みと空間構成を可能にしていると考える。即ち、施設環境は難病の子どもとその家族の生活を支援することに共感した市民たちが、自ら資金と知恵を出し合い、理想的な形を模索し具現化した結果とみることができる。「在宅がケアの中心にある」「子どもにとって家族が最良のケア提供者である」などの視点は、効率性を重んじる施設管理者側の発想ではない。難病の子どもとその家族のニーズを中心に、ケア提供の仕組みと空間が組み立てられている。

小児ホスピスのわが国への導入を検討するうえでイギリスの事例から学ぶべきことは、既存の医療システムの中に小児ホスピスをどのように組み込むかという考え方ではなく、利用者である子どもとその家族のニーズに即した支援体制をつくりあげる柔軟な発想力と実現力であり、さらに、施設ですべてのケアを提供するのではなく、在宅の生活を補完する役割として施設を捉え直す視座にあると考える。

4.5　施設事例

事例1　リトルヘブンチルドレンズホスピス
　　　（Little Haven Children's Hospice）

1998年に開設された小児ホスピス。S字型の平面型をした2階建ての施設である。建設費約9億6千万円。子ども用の居室は9室あるが、調査時点では人件費の関係から稼働していたのは7ベッドであった。

病床稼働率は45～64％、対象年齢は0～19歳である。サービス利用期間は平均で2年（最短は数日、最長は17年）である。1回の利用期間2～22日と比較的短期の利用が中心であるが、子どもが亡くなるターミナルケアとして利用するときは長くなる。登録患者は150名、毎年新規登録が50名ほどある。運営費の93％は寄付によって賄われており、NHSからの補助は7％にとどまっている。

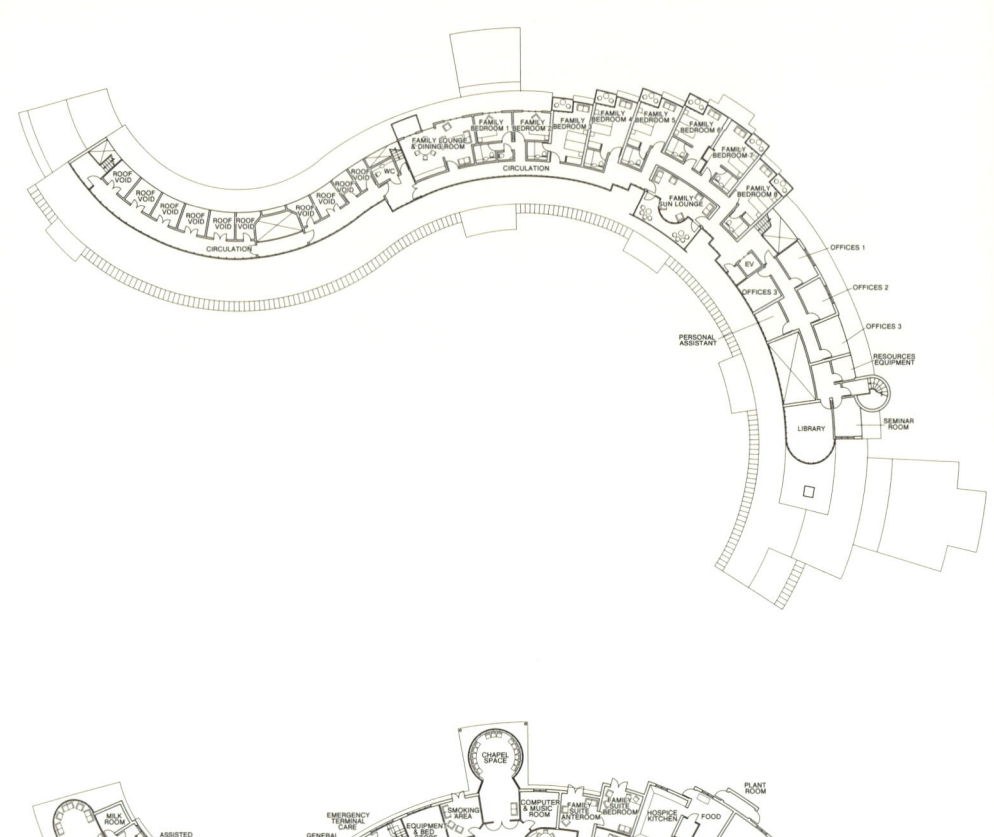

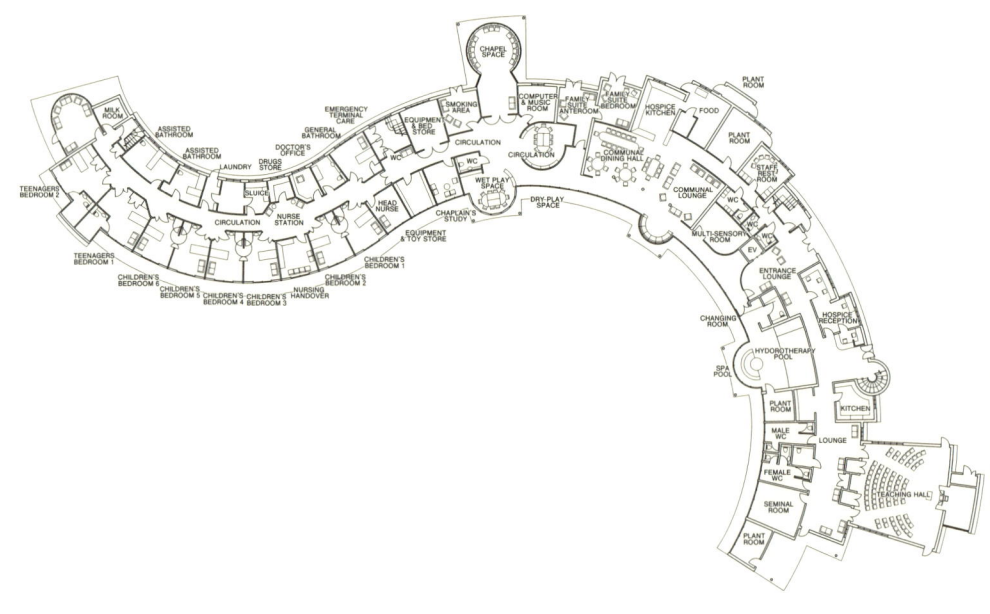

図4.8　1、2階平面図　Little Haven Children's Hospice

写真 4.5　幼児用ベッド

写真 4.6　学童用ベッド

写真 4.7　家族用ラウンジ（2 階）

写真 4.8　プールとジャグジー

事例 2　ナオミハウスチルドレンズホスピス
（Naomi House, Wessex Children's Hospice Trust）

　1996 年に設立された小児ホスピス。馬蹄形の平面型をした 2 階建ての施設である。居室は 10 室ある（一般用が 8 ベ

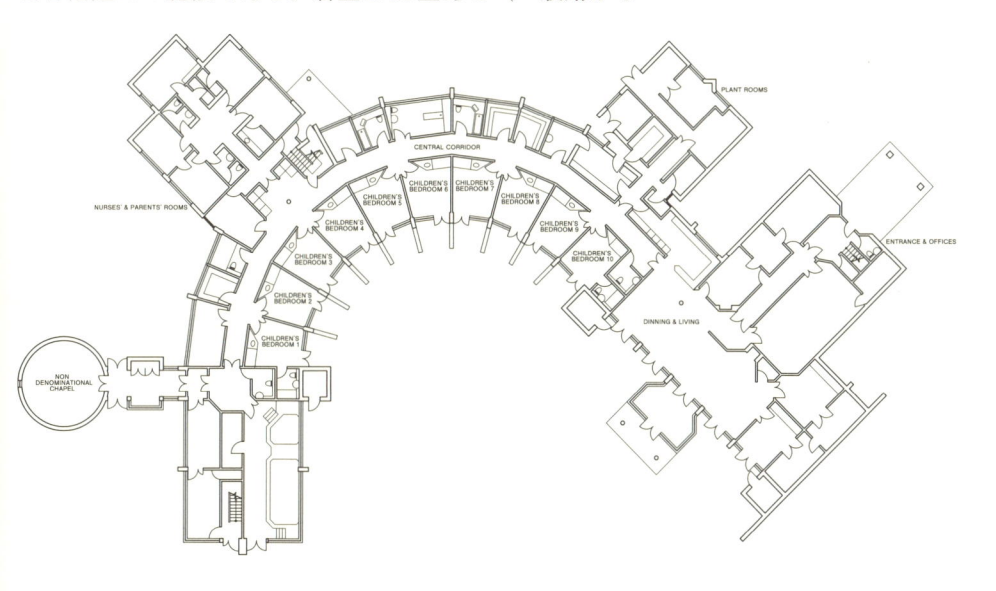

図 4.9　1 階平面図　　Naomi House, Wessex Children's Hospice Trust

写真4.9　外観 　　　　　　　写真4.10　プールとジャグジー 　　　　写真4.11　メモリアルガーデン

ッド、緊急用2ベッド)。0～19歳が対象で、調査時点の登録患者数140名、稼働率は70%であった。1回の平均利用期間4日、登録者が1年間に利用できる割当て日数は14日間に定められていた。

　運営費は100%寄付で賄われ、土地は所有者から無償で貸与されている。施設の名称Naomiは、地主の娘の名前にちなんでつけられた。この土地で、毎年夏に咲く真っ赤なバラが賃貸料の代わりに地主に届けられている。

事例3　チェイスチルドレンズホスピス
　　　　(CHASE Children's Hospice)

　2001年に新築された小児ホスピス。中庭型の平面型をした2階建ての施設である。居室は9室（一般用8ベッド、緊急用1ベッド)。調査時点の稼働率95%、利用圏域は車で45分程度、最長でも2時間以内としている。建設費約7億円。

　平均利用期間8～9年であるが、最長10～12年、最短で数日のケースもある。1回の利用期間は平均3日である。登録者が1年間に利用できる割当て日数は28日に定められている。登録患者数160人、毎年80名程度の新規登録がある。運営費は100%寄付によって賄われている。

　開設後、霊安室と家族室をセットにしたエンヴァイロメンタルスウィート（Environmental Suite）を1室増設した。これは他施設のファミリースウィートにあたるものである。

4.5 施設事例

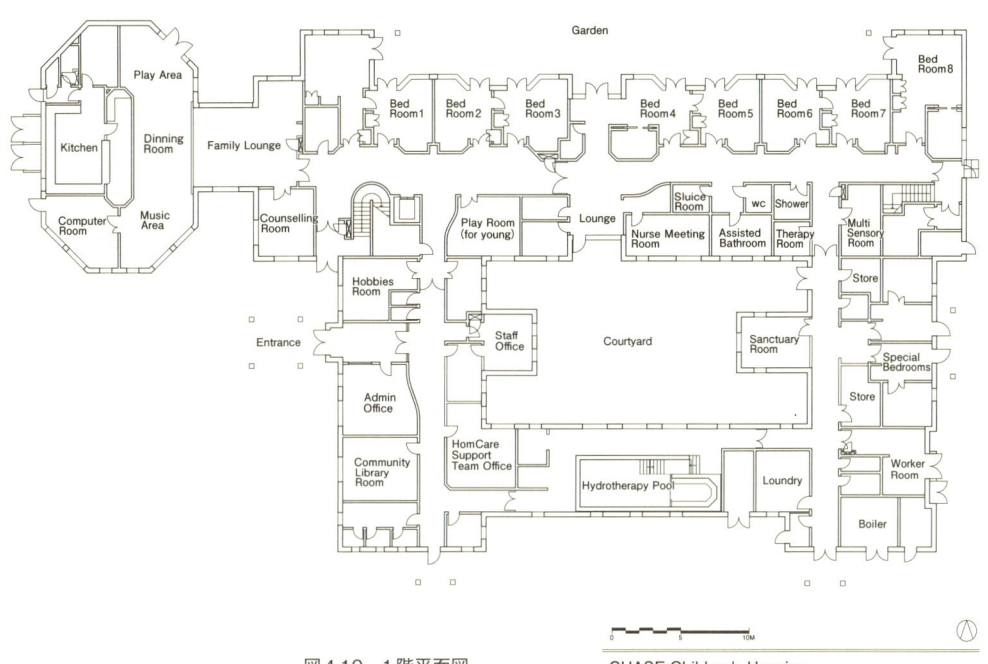

図4.10 １階平面図　　CHASE Children's Hospice

写真4.12　庭の遊具

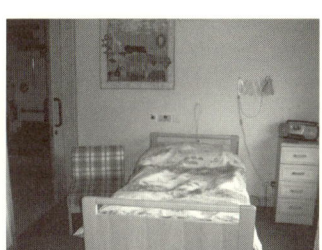

写真4.13　ベッドサイドの多機能リモコン

写真4.14　エンビロンメンタルスウィート

事例4　ヘレンハウスチルドレンズホスピス
(Helen House Children's Hospice)

1982年にイギリスで最初に設立された小児ホスピス。中廊下を屈折させた平面型の2階建ての施設である。居室は8室（一般用6ベッド、緊急用2ベッド）、0〜18歳が対象になっている。調査時点の稼働率80％、登録患者数150名であった。平均利用期間は14〜28カ月である。運営費は100％寄付によって賄われている。

2002年に、利用者の高年齢化に対応したダグラスハウス（Douglas House）を隣地に開設した。これは16〜40歳までを対象にしたものである。

本章は、日本建築学会計画系論文集に掲載された内容をもとにしている。
竹宮健司「英国における小児ホスピスの療養環境計画と運営体制」『日本建築学会計画系論文集』第73巻第634号、pp.2573-2581、2008年12月

図4.11　1階平面図　Helen House Children's Hospice

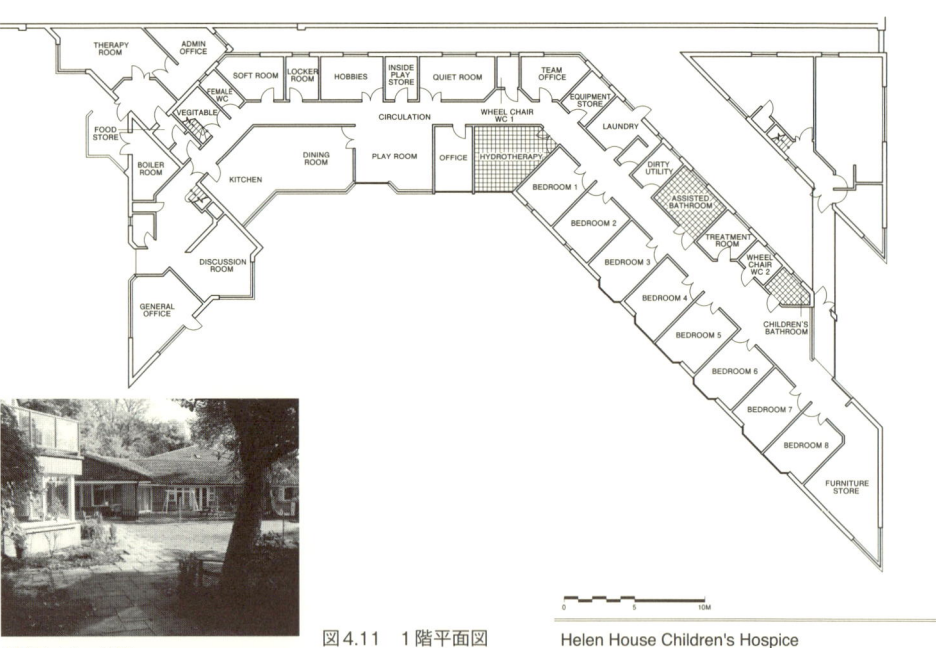

写真4.15　外観

写真4.16　庭にあるプレイルーム

写真4.17　キッチン

写真4.18　家族用ラウンジ

◆参考文献

ACT and Royal College of Paediatrics and Child Health (RCPCH) : A Guide to the Development of Children's Palliative Care Services, 1997
Hospice Information : Hospice Directory 2003 ; Hospice and Palliative Care Services in the United Kingdom and Ireland, 2003
Armstrong-Dailey, Ann and Goltzer, Sarah Zarbock : Hospice Care for Children, Oxford University Press, 1993
ACT, ACH and National Council for Hospice and Specialist Palliative Care Services : Joint Briefing ; Palliative Care for Children, National Council for Hospice and Specialist Palliative Care Services, 2001
While, A.,Citrone, C. and Cornish, J.: A study of the needs and provisions for families caring for children with lifelimiting incurable disorders, Department of Nursing Studies, King's College, London, 1996
Davies, R.E. : Mortality in all children in South Glamorgan 1990-1995 ; with special reference to life limiting conditions, Welsh Paed J 2001 ; 15, pp.31-36, 2001
Maguire, H. : Assessment of need of life-limited children in Northern Ireland, Northern Ireland Hospice Children's Service, 2000
竹宮健司「英国における小児ホスピスの現況と施設計画の特徴 小児ホスピスの療養環境のあり方に関する研究(1)」『日本建築学会大会学術講演梗概集』E-1分冊、pp.817-818、2004年
竹宮健司「英国における小児ホスピスのケア提供体制 小児ホスピスの療養環境のあり方に関する研究(2)」『日本建築学会大会学術講演梗概集』E-1分冊、pp.269-270、2005年

あとがき

　緩和ケア病棟入院料が診療報酬の中に組み込まれてから20年がたち、緩和ケア病棟の施設数は195施設にまで増えてきた。また、がん対策基本法の成立によって、緩和ケアはがん医療の一部に位置づけられ、特別なケアではなくなろうとしている。
　しかし、現状の医療施設で、シシリー・ソンダースの目指した全人的なケアが環境を含めて十分に提供されているのであろうか。

　本書で取り上げた研究は、それぞれの共著者との協働によって蓄積されたものである。各章の引用論文の著者名をもって紹介に替えたい。海外のホスピス視察調査では、アルフォンス・デーケン氏（上智大学名誉教授）に多くの示唆をいただいた。緩和ケア病棟の実態調査では、志真泰夫氏（筑波メディカルセンター）、丸口ミサエ氏（ホスピスケア研究会世話人代表）に、特段の支援をいただいた。また、入院中の方・ご家族の方から貴重な時間をいただき、たくさんの大切なことを教えていただいた。本書で示した緩和ケアに求められる環境が、一般の医療施設でも、当たり前のように整備される日が来ることを目指して、これからも力を尽くすことを誓い、感謝の意としたい。

　鹿島出版会の相川幸二氏には、遅筆で作業の遅い著者を忍耐強く支え続けていただいた。末筆ながら、心より感謝の意を表す次第である。

　これまでの調査研究を通じて、ホスピスで出会ったすべての方たちに本書を捧げる。

2010年4月

著者略歴

松本啓俊（まつもと・あきとし）

1955年	東北大学工学部卒業
1957年	東北大学大学院工学研究科建築学専攻修士課程修了
1962年	厚生省病院管理研究所建築設備部研究員、後に主任研究官、建築設備部長を務める
1966年	東京大学工学博士取得
1988年	東北大学工学部教授（93年退官）
1989年	東北大学医学部非常勤講師（併任）
1993年	東北工業大学客員教授（99年退任）
1998年	社団法人病院管理研究協会常任理事、現在に至る

1983年日本建築学会賞（論文）、1984年第10回科学技術庁長官賞受賞。著書に「建築計画学4」（共著、丸善、1973）、「建築設計資料集成6」（共著、丸善、1979）、「病院管理大系第6巻I」（編著、医学書院、1980）、「建築図集 現代の日本の病院」（編著、鹿島出版会、1986）ほか

竹宮健司（たけみや・けんじ）

1967年	東京都生まれ
1991年	東北大学工学部卒業
1993年	東北大学大学院工学研究科建築学専攻修士課程修了
1996年	東京大学大学院工学系研究科建築学専攻博士課程修了、博士（工学）取得
1996年	財団法人がん研究振興財団リサーチレジデント
1997年	国立医療・病院管理研究所施設計画研究部協力研究員
1997年	東京都立大学大学院工学研究科建築学専攻助手
2001年	東京都立大学工学部建築学科／大学院都市科学研究科助教授
2005年	首都大学東京都市環境学部建築都市コース准教授
2010年	首都大学東京都市環境学部建築都市コース教授、現在に至る

1997年日本建築学会「奨励賞」受賞。著書に「改訂増補版 都市の科学」（共著、東京都立大学出版会、2005）

ホスピス・緩和ケアのための環境デザイン

発行：2010年6月25日　第1刷発行

著者：松本啓俊・竹宮健司
発行者：鹿島光一
発行所：鹿島出版会
〒104-0028　東京都中央区八重洲2丁目5番14号
電話 03-6202-5200　振替 00160-2-180883
ブックデザイン：田中文明
印刷：三美印刷
製本：牧製本

© Akitoshi Matsumoto, Kenji Takemiya, 2010 Printed in Japan
ISBN978-4-306-04545-3 C3052
無断転載を禁じます。落丁・乱丁本はお取替えいたします。

本書の内容に関するご意見・ご感想は下記までお寄せください。
URL：http://www.kajima-publishing.co.jp
E-mail：info@kajima-publishing.co.jp